기업법무 매뉴얼 시리즈 3

국가계약의 주요 쟁점

강성용 · 이장준 · 강석민
강선일 · 성주목 · 정재진

세창출판사

이 도서의 국립중앙도서관 출판시도서목록(CIP)은 e-CIP 홈페이지(http://www.nl.go.kr/ecip)에서 이용하실 수 있습니다.(CIP제어번호: CIP2010004703)

| 머 리 말 |

국가계약제도의 발전과정을 한 마디로 표현하면 '사법적 가치와 공법적 가치의 균형점에 대한 끊임없는 모색'이라고 할 수 있을 것입니다. 효율성과 공정성으로 각각 대표되는 양 가치는 어떤 경우에는 서로 상승효과를 나타내기도 하지만, 많은 경우에는 상충작용을 일으켜 양 가치 사이의 균형이 깨뜨려지기도 합니다. 이 때문에 법 제도의 입안자들은 애써 찾아낸 미묘한 균형을 그대로 유지하기 위해 적지 않은 제도적 장치들을 국가계약법령에 고안해냈고, 이것은 현재도 계속 진행 중에 있습니다. 그러나 이러한 과정이 거듭되면서 국가계약제도는 사인간의 계약에서는 찾아보기 어려운 복잡한 양상을 띠게 되었습니다. 물론 국가계약제도는 관계법령 및 세부기준이 마련되어 있어 정형화되어 있기는 하지만, 여전히 복잡한 제도로 인하여 관계자들의 이해를 어렵게 하고, 계약의 해석과 관련하여 분쟁이 속출하는 등 부작용도 발생하고 있는 것이 엄연한 현실입니다.

저자들 또한 계약서 검토 및 해석, 소송 업무를 담당하면서 효율성과 공정성의 접점에서 발생하는 수많은 난제들로 인해 실무상 어려움과 아쉬움을 겪었습니다. 이로 인해 언젠가는 국가계약 분쟁의 일선에서 검토하고 고민했던 주요 쟁점들을 알기 쉽게 정리해 보겠다는 소박한 희망을 가지게 되었고, 저자들의 이러한 개인적 욕심이 드디어 이 책의 발간으로까지 이어지게 되었습니다. 그 과정에서 저자들은 알고 있는 내용을 체계적으로 요약하고, 보다 쉽게 전달하는 것이 얼마나 어려운 일이라는 것을 새삼 느끼게 되었습니다.

이번 집필동안 격려를 아끼지 않으신 방위사업청의 김대희 법무담당관님, 백인주, 박중섭 법무지원팀장님, 높은 식견으로 조언과 영감을 주신 권재갑, 이상진, 노희영, 정원 변호사님, 항상 고민을 함께해준 유재은, 김태완, 최규희 법무관님, 조준현, 권규진 사무관님에게 각별한 감사의 말씀을 올립니다. 그리고 국가계약제도와 실무 사이에서 혜안을 제시하고자 노력하는 법무지원팀 및 법무담당관실 관계자 분들에게도 고맙다는 인사를 전합니다. 또한 지금 이 자리에 서기까지 사랑과 애정을 베풀어주신 부모님과 가족에게도 사랑한다고 전하고 싶습니다.

2011년 1월

대표저자 강성용 · 이장준

| 차　례 |

제2장 공동수급체의 법률관계 ▸ 61

제3장 계약금액 조정제도 ▸ 121

| 참고문헌 |

■ 단 행 본

곽윤직, 『채권총론』, 박영사, 2003.

박채규 외 2인, 『채권총론』, 도서출판 삼일, 2010.

유지태 · 박종수, 『행정법신론』, 박영사, 2009.

윤재윤, 『건설분쟁관계법』, 박영사, 2008.

이범상, 『건설분쟁관계법』, 법률문화원, 2008.

이시윤, 『신민사소송법』, 박영사, 2006.

이철송, 『상법강의』, 박영사, 2010.

장훈기, 『정부계약제도해설』, 범신사, 1998.

정원, 『공공조달계약법』, 법률문화원, 2008.

조달청, 『국가를 당사자로 하는 계약에 관한 법령의 조달청 해석기준』, 2008.

조달청, 『물가변동검토실무와 질의응답집』, 2009.

홍정선, 『행정법원론(상)』, 박영사, 2007.

■ 논 문

구해동, "국가계약법상의 지체상금," 『정부계약연구논집』 제2집, 2006.

남효순, "약관의 해석," 『공정거래법 강의 Ⅱ』, 법문사, 2000.

정원, "건설공동수급체의 법률관계 및 운영상의 개선방안," 『국방조달계약연구논집』, 국방부조달본부, 2005.

정원, "부정당업자에 대한 입찰참가자격제한의 내용과 문제점," 『국방조달계약연구논집』, 국방부조달본부, 2005.

정진명, "건설공사공동수급체의 공사대금채권," 『민사법학』 제33호, 한국민사법학회, 2006.

제1장

불공정한 계약특수조건으로 인한 분쟁

국가계약의 주요 쟁점

제1절 | 서 설[1)]

통상의 계약에 있어 발주처는 계약상대방인 업체에 비하여 사실상 우월한 지위를 점하게 된다. 더군다나 발주처가 중앙관서나 지방자치단체일 경우 발주처라는 사실상의 우월적 지위에 더해 공법상 고권적 지위가 작용함으로써 계약일방의 우월성이 더욱 강화되는 경향이 있다. 이로 인해 때때로 공공계약은 대등한 계약주체간 체결되는 사법상의 합의가 아니라 우월적 지위에서 발하는 일방적 처분의 모습으로 변질되기도 한다.

계약주체 사이에 존재하는 지위의 불균등은 계약과 관련된 불공정성 문제의 발단이 된다. 계약의 불공정성은 계약금액의 조정, 대금의 지급, 하자보수 등 그 이행과정에서 갑작스럽게 모습을 드러내기도 하지만, 상당부분은 계약의 시초부터 불공정성이 이미 잉태되어 있는 경우가 많은데 그 가장 핵심에 있는 것이 불공정한 계약특수조건이다. 계약일반조건은 전 정부부서에 적용되는 회계예규로서 그 내용과 형식에 있어 엄격한 통제를 받고 있으나 특수조건은 개별계약 또는 발주관서마다 독자적으로 정해지고 있어 불공정성이 침투할 여지가 일반조건에 비해 훨씬 크다고 하겠다.

원칙적인 모습에서 계약특수조건은 계약의 내용을 이루는 것으로서 당사자간 합의의 산물이라고 할 수 있다. 계약의 내용을 이루는 합의는 계약당사자를 구속하며 이는 계약 그 자체라고 해도 과언이 아니다. 따라서 불공정한 특수조건으로 인한 피해는 최초 계약합의에 있어 불공정성을 배제함으로써 예방하여야 하며 일단 불공정한

---

1) 국가 등 행정주체가 행하는 조달계약에 대하여 이를 공법관계의 측면에서 이해하려는 움직임이 있으나 종래의 판례 및 다수의 견해는 여전히 이를 사법관계로 파악하고 있는바, 이하에서는 이러한 조달계약을 사법관계로 전제하고 각종 사법규정 및 제도와 연관지어 설명한다.

내용이라도 계약이 체결된 이상 사후에 구제받기는 매우 어려운 것이 현실이다.

그러나 위와 같은 계약의 현실 및 공공계약의 특수성을 십분 감안하더라도 계약에 있어 불공정성을 쉽게 정당화해서는 안 된다. 공공계약의 상대방이 계약당사자로서 법률상 대등한 지위에 있다는 이유만으로 모든 불공정성을 감내하라고 하는 것은 민사관계의 대원칙인 신의칙에 위배될 소지가 매우 크다고 하겠다. 이하에서는 공공계약에서 발생하는 불공정성의 모습 및 거래의 불공정성을 시정하기 위한 각종 제도들이 공공계약에도 적용될 수 있는지에 대하여 살펴본다.

제2절 | 불공정한 특수조건의 모습

공공계약에서 발생하는 불공정성의 양태는 매우 다양하므로 이를 유형화하여 모든 경우를 포섭한다는 것은 원천적으로 불가능하다. 따라서 이하에서는 그간 논의가 되었거나 실제로 문제가 된 사례를 중심으로 그 대표적인 몇 가지 사례를 살펴보고자 한다.

1. 계약대금의 감액특약

일반적으로 계약대금은 계약의 체결시 확정되며 이의 변경을 위해서는 계약당사자간 별도의 합의를 필요로 한다. 국가계약법 등의 계약금액조정과 관련된 규정도 일방의 요구로 당연히 계약금액이 변경되는 형성권 유사의 권리를 규정한 것은 아니다. 이는 오히려 일방의 신청에 의해 당사자간 합의로 계약금액을 변경할 기준과 의무를 정한 것에 불과하다.

그러나 공공계약에 있어서는 계약체결 후라 할지라도 계약금액 결정에 하자 또는 착오가 있어 계약금액을 감액하여야 할 사유가 발생하였을 경우에는 국가 등이 일방적으로 감액 또는 환수조치할 수 있도록 하는 내용을 특수조건에 삽입하는 경우가 있다.[2] 이를 흔히 '계약대금의 감액특약'이라고 하는데 이러한 특약이 있는 경우 계약대금의 감액에 상대방의 동의를 요하지 않는다는 점에서 계약금액조정과는 현격한 차이가 있다.

계약의 내용에는 제한이 없으므로 특수조건에 이러한 감액특약을 삽입하는 것은 법상 원칙적으로 유효하다. 그러나 계약대금의 감액이 오로지 발주처의 사정에만 의존하고 감액의 사유도 포괄적으로 정해진 경우가 많아 감액특약이 있는 경우 계약상대방은 불측의 손해에 노출된 불안한 지위에 처하게 된다. 이 때문에 조달청 훈령인 「국가를 당사자로 하는 계약에 관한 법령의 조달청 해석기준」에서도 「국가를 당사자로 하는 계약에 관한 법률」(이하 '국가계약법') 제64조 내지 제66조에서 계약금액조정사유로 정한 것 이외에 다른 사유를 이유로 계약금액을 감액토록 하는 특약을 정해서는 안 된다고 규정하고 있다.[3] 그러나 이러한 훈령은 대외적 효력이 없으므로 감액특약의 유무효를 논함에 있어서는 하나의 참고자료에 불과하며 이러한 조항의 효력에 관하여는 제3절 이하에서 서술하는 바와 같이 별도의 논의가 필요하다.

2. 장기계속계약에서 지체상금약정

국가계약법 시행령과 「지방자치단체를 당사자로 하는 계약에 관

---

2) 예를 들어 "공무원의 착오 등으로 계약금액이 결정된 경우 갑은 계약금액에서 착오 등으로 과다하게 산정된 금원 상당액을 감액할 수 있다" 등, 일부 발주처의 경우 같은 내용을 "부당이득금을 환수할 수 있다"라고 표현하는 경우가 있는데 계약의 일부가 무효 또는 취소된 사안이 아니므로 이러한 경우도 엄밀한 의미에서 민법상 부당이득에 해당하는 것이 아니라 감액특약의 일종에 불과하다.

3) 동 기준 4-4.

한 법률」(이하 '지방계약법') 시행령은 계약상대방의 이행지체시 계약금액에 일정한 비율과 지체일수를 곱한 금액을 지체상금[4]으로 납부하도록 하고 있다. 그런데 위 시행령들은 장기계속계약에 있어서는 총계약금액이 아닌 연차별 계약금액을 지체상금 산정의 기준이 되는 계약금액[5]으로 하도록 정하고 있음에도 개별 계약상 지체상금약정은 지체상금의 계산에 있어 총계약금액을 기준으로 정하도록 하는 경우들이 있다.

통상 장기계속계약에 있어서는 각 연차별로 엄격한 검사 및 납품이 이루어지기 어렵기 때문에 최종 납품 후에야 당사자간 이행지체의 여부가 확정적으로 결정되는 경우가 많다.[6] 그런데 이런 경우에 있어서도 지체상금을 최종년도 계약금액만을 기준으로 정하는 경우 발주처의 입장에서는 이행지체에 대하여 충분한 배상을 받지 못한다고 여기게 된다. 더군다나 최종년도 계약금액이 타년도 계약금액과 비교하여 적은 경우라면 이러한 기준은 더더욱 받아들이기 어렵게 된다. 결국 실제 장기계속계약을 체결함에 있어서는 연차별계약금액이 아니라 총계약금액을 기준으로 지체상금을 산정하도록 합의하는 경우가 발생하게 된다.

그러나 계약상대방인 업체의 입장에서는 각 연도의 연차별계약상 의무를 성실히 이행하였으나 최종연도의 계약상 의무 일부에만 지체가 있는 경우에도 총계약금액에 따라 지체상금을 지급해야 할 처지에 놓이게 되어 불공평한 결과를 강요당하는 것이 될 수도 있다.

---

4) 지방계약법 제30조 및 같은 법 시행령 제90조는 '지체상금'이 아니라 '지연배상금'으로 규정하고 있다. 다만, 양자간에 실질적 차이는 없다.

5) 이에 대하여 일반에서는 지체상금의 '모수'라는 표현이 널리 사용되고 있다.

6) 예를 들어 전산시스템을 구축하는 장기용역계약의 경우 특정년도의 일부 성과물만 가지고 계약의 내용대로 이행이 되었는지 검사하는 것이 곤란하고 최종 납품의 단계에 이르러서야 전체 시스템의 체계적 연동이 확인되는 것이 보편적이다.

3. 차액보증금약정

단순 최저가 낙찰제에 의한 계약에 있어서는 덤핑에 의한 부실공사를 방지하고 계약의 이행을 담보할 필요성이 매우 강한데 이러한 계약에 있어서 예정가격의 100분의 85 미만에 낙찰받은 자는 예정가격과 낙찰금액의 차액을 보증금으로 납부하게 하고 채무불이행의 경우 보증금을 발주자에게 귀속시키기로 하는 특약을 체결하는 경우가 있다. 이 경우의 보증금을 차액보증금이라고 하는데 과거 예산회계법과 그 시행령에서 이를 규정하고 있었으나[7] 국가계약법의 제정과 일반적 적격심사제도가 도입되면서 현재는 계약관련법령에서 삭제된 상태이다. 이러한 제도는 차액보증금의 납부여부가 오로지 예가대비 낙찰가라는 우연한 사정에 따라 결정되는 면이 있어서 계약상대업체들은 강한 불만을 가지고 있었다. 이 때문에 이러한 차액보증금제도가 신의성실에 반하는 불공정약관 또는 우월적 지위를 이용한 불공정거래행위에 해당하는지에 대하여 논란이 발생할 수밖에 없었다.

---

7) ㅁ 구 예산회계법(1995.1.5. 법률 제4868호로 개정되기 전의 것)
제93조(차액보증금) ① 각 중앙관서의 장 또는 그 위임을 받은 공무원은 경쟁계약에 있어서 예정가격에 비하여 현저하게 저가로 입찰한 낙찰자로 하여금 차액보증금을 납부하게 하여야 한다.
ㅁ 구 예산회계법 시행령(1995.7.6. 대통령령 제14710호로 개정되기 전의 것)
제123조(차액보증금) ① 각 중앙관서의 장 또는 위임을 받은 공무원은 경쟁계약에 있어서 예정가격(단가계약에 의하는 경우에는 총이행예정량을 기준으로 하여 산출된 금액을 말한다)의 100분의 85 미만으로 낙찰된 경우에는 법 제93조의 규정에 의하여 그 낙찰자로 하여금 현금으로 납부하고자 하는 경우에는 예정가격과 낙찰금액의 차액을, 제119조 제2항 각호에 규정된 보증서 등으로 납부하고자 하는 경우에는 예정가격과 낙찰금액의 차액의 2배에 상당하는 금액을 차액보증금으로서 제121조의 규정에 의한 계약보증금과 함께 납부하게 하되 예정가격의 100분의 70 미만으로 낙찰된 경우에는 예정가격의 100분의 85에 상당하는 금액과 낙찰금액과의 차액을 반드시 현금으로 납부하게 하여야 한다.

4. 상한가개산계약

개발시제품의 제조계약, 시험・조사・연구용역계약, 정부투자기관 또는 정부출연기관과의 법령의 규정에 의한 위탁 또는 대행계약 등에 있어서 미리 가격을 정할 수 없을 때에는 개산계약을 체결할 수 있다.[8)] 개산계약이 체결된 경우에는 추후 정산확정계약을 통해 계약금액을 확정함으로써 발주처는 구체적 대금지급의무를 부담하게 된다. 그런데 정산확정시 하한의 제한은 없는 반면에 개산계약금액을 상한가로 하여 그 금액까지만 계약대금을 인정하는 특약을 하는 경우가 있는데 이를 흔히 '상한가개산계약'이라고 한다. 이러한 계약에 있어서는 계약상대방이 계약의 이행에 실제 투입한 비용이 개산계약금액을 초과하더라도 초과분을 청구할 수 없게 된다. 최초 개산계약의 체결당시 실제 투입될 비용을 예측하기 어려운 경우에는 계약상대방이 불측의 손해를 입을 가능성이 높은 반면에 계약금액의 하한은 제한이 없다는 측면에서 발주처에 일방적으로 유리한 조항이기 때문에 그 공정성에 관하여 논란이 있다.

5. 대가지급시기에 관한 각종 특약

계약내용에 따른 이행이 있는 경우 대가지급은 발주처가 계약상대방의 청구를 받은 날로부터 국가계약은 5일 이내, 지자체계약은 7일 이내에 이루어져야 한다.[9)] 만일 위의 기간을 도과할 경우 국가나

8) 국가계약법 제23조, 지방계약법 제27조.

9) 국가계약법 시행령 제58조 제1항, 지방계약법 시행령 제67조 제1항. 양자는 모두 7일이었으나 국가계약법 시행령의 개정으로 5일로 단축되었음. 다만, 당사자간 특약으로 이 기간에 국가계약은 5일을, 지자체계약은 7일을 추가하여 지급유예기간을 설정할 수 있도록 하고 있으며 대가지급기한이 국가재정법이나 지방재정법에 의하여 예산이 배정된 날로부터 20일 이내에 있는 경우는 예산배정일로부터 20일이 경과한 시점을 대가지급기한으로 보게된다.

지방자치단체는 대가지급이 지연된 기간만큼 계약상대방에게 고율[10]의 지연이자를 지급해야 하는 엄격한 제한이 있다.

이 때문에 발주처의 입장에서는 계약법령상의 이러한 엄격한 제한을 피하여 지연이자의 발생시점을 늦추려 노력하게 되고 각종 회피조항을 특수조건에 포함시키려고 하는 경우가 있다. 예를 들어 지급유예기간을 법상의 기간보다 장기화하는 조항 또는 전자조달체계를 이용하여 통상적 근무시간 이후에 대가의 지급을 청구하는 경우에는 다음 근무일에 대금을 청구한 것으로 간주하는 조항 등이다. 그러나 이러한 조항이 특수조건에 삽입되더라도 법령상 보장된 계약상대방의 이익을 해하는 불공정조항에 해당할 가능성이 높아 실제 그 유효성이 다투어지게 된다.

6. 발주처의 해제 · 해지권 확대조항

예산상의 장애나 정책변경 등과 같이 채무불이행과는 무관한 발주처에 고유한 사정을 이유로 계약을 해제 또는 해지할 수 있음을 정하는 사례들이 있는데 이는 계약상대방을 귀책사유 없이 불안한 지위에 처하게 하는 것으로써 일반적으로 공정성이 부정되어 왔다. 「약관의 규제에 관한 법률」(이하 '약관규제법')도 사업자에게 법률에서 규정하고 있지 아니한 해제권 · 해지권을 부여하거나, 법률의 규정에 의한 해제권 · 해지권의 행사요건을 완화하여 고객에 대하여 부당하게 불이익을 줄 우려가 있는 조항은 무효로 하고 있다.[11]

한편 2000년대에 들어서 서울의 한 자치구에서 청렴계약제도를 최초로 도입한 이후로 중앙행정기관은 물론 지방자치단체나 정부투

---

10) 국가계약의 경우 한국은행통계월보상의 대출평균금리(국가계약법 시행령 제59조) 지자체계약의 경우 지방자치단체의 장이 지정한 금고의 일반자금 대출시 적용되는 연체이자율(지방계약법 시행령 제68조).

11) 약관규제법 제9조 제2호.

자기관에 이르기까지 동 제도가 광범위하게 전파되었는데, 보통 그 내용으로 계약의 이행과 관련하여 부정한 금품 등을 건네는 등 부정행위를 하는 경우에 발주처가 계약을 해제·해지하거나 일정기간 입찰참가자격을 제한할 수 있다는 내용을 담고 있다. 일반적인 경우에는 계약상대방의 도덕적 비난가능성이 있는 행위에 대하여 불이익을 줄 수 있음을 합의한 것을 두고 불공정조항이라고 하기는 어려울 것이다. 그러나 하급심[12] 중에는 이러한 청렴계약조항도 특수한 경우에는 무효가 될 수 있음을 밝힌 사례가 있는데 계약의 적정한 이행가능성과는 상관없이 금품수수 사실만 인정되면 무조건 계약을 해지할 수 있는 것으로 규정된 윤리실천협약서(계약특수조건의 일종)의 계약해지조항, 부제소합의조항 및 입찰참가제한기간에 관한 조항은 불공정약관으로 무효라고 본 사례가 있다.[13]

---

12) 대전지방법원 2006.8.11. 선고 2006카합774 결정.

– 다만 해지의 적법성을 직접적으로 다룬 본안사건이 아니라 계약상대방의 금품제공을 이유로 발주처가 계약을 해지하자 효력정지가처분을 제기한 사안이다.

"이 사건 윤리실천협약서는 채무자가 2005.3.29. 채무자가 발주하고 있는 공사에 참여하고 있는 230여 개의 업체와 협약식을 거행한 후 일괄하여 체결한 것으로 채권자가 윤리실천협약서 중 해지 조항의 계약 내용 형성에 관여하지 않은 것으로 보이는 점, 윤리실천협약서 중 계약해지에 관한 내용은 이 사건 계약 체결 당시의 공사도급계약일반조건 및 특수조건의 계약해지 조항과는 달리 금품수수 사실만이 인정되면 계약목적 달성여부를 불문하고 계약을 해지할 수 있는 것으로 규정되어 있는 점, 채무자가 정부산하기관으로 실질적으로 행정기관에 준하는 지위에 있어 채권자와 같은 건설회사에 비해 우월적인 지위에 있는 점 등에 비추어 보면 비록 채권자와 채무자 사이에 이 사건 윤리실천협약서의 내용을 이 사건 계약내용으로 채용하도록 하는 명목상의 합의가 있다고 하더라도, 이 사건 윤리실천협약서 중 계약해지에 관한 규정은 이 사건 계약내용을 형성한다고 보기 어렵다."

13) 그러나 이러한 기준에서 본다면 현재도 각종 청렴계약조건에서 계약의 적정한 이행 가능성을 해제 또는 해지의 요건으로 정하고 있지 않다.

조달청 청렴계약특수조건

제4조(계약해지 등) ① 입찰, 낙찰, 수의시담, 계약체결 또는 계약이행(준공이후도 포함)과 관련하여 관계공무원에게 금품, 향응 등을 제공한 자는 다

제3절 | 약관규제법에 의한 통제

1. 계약특수조건의 약관성

약관규제법의 적용을 논하기 위해서는 우선 그 전제로서 계약특수조건이 약관규제법의 적용대상인 사업자[14]의 약관에 해당해야 한다. 약관규제법은 약관을 “그 명칭이나 형태 또는 범위에 상관없이 계약의 한쪽 당사자가 여러 명의 상대방과 계약을 체결하기 위하여 일정한 형식으로 미리 마련한 계약의 내용”으로 정의하고 있다.[15] 즉 통상적인 약관으로 인정받기 위해서는 당사자간 합의가 배제되고 한쪽 당사자가 그 내용을 확정하였다는 측면에서 ① 일방성, 특정 또는 불특정의 다수 상대방과 계약체결을 위한 것이라는 측면에서 ② 일반성, 계약의 체결에 앞서 미리 마련되어 있어야 한다는 측면에서 ③ 사전성의 요건을 갖추어야 한다.

그러나 약관의 통제가 문제되는 사인간의 대량·반복거래와 달리 공공계약에서는 이러한 대량·반복성이 나타나는 경우가 극히 드물고 설사 대량·반복거래라고 하더라도 특수조건에 대하여는 계약

음 각호의 어느 하나에서 정하는 바에 따라 해당 계약에 대한 조치를 받는다.
1. 계약체결 이후 착공전의 경우에는 해당 계약을 해제한다. 다만, 수요기관의 사업수행상 부득이한 경우에는 그러하지 아니할 수 있다.
2. 계약이행 이후에는 계약의 전부 또는 일부를 해제 또는 해지한다. 다만, 계약대상물의 성격, 진도, 규모, 이행기간 등을 감안하여 부득이한 경우에는 그러하지 아니할 수 있다.
3. 계약상대자는 제1호부터 제2호에 따른 조달청의 처리에 대하여 민·형사상 일체 이의를 제기하지 않는다.

14) 국가나 지방자치단체가 사업자에 해당하는지 의문이 있을 수 있으나 약관규제법은 사업자를 단순히 “계약의 한쪽 당사자로서 상대 당사자에게 약관을 계약의 내용으로 할 것을 제안하는 자”로만 정의하여(제2조 제2호) 특별한 제한을 두고 있지 않다.

15) 약관규제법 제2조 제1호.

상대자와 형식적 협의절차를 거친 후 그 내용을 확정하기 때문에 일방성 또는 사전성을 입증하는 데 난점이 있다. 판례[16]는 구체적인 계약에서 일방 당사자와 상대방 사이에 교섭이 이루어져 계약의 내용으로 된 조항은 작성상의 일방성이 없으므로 그 형태와 관계없이 약관규제법의 규제 대상인 약관에는 해당하지 않는다고 보고 있다.

공공계약에서 약관인지 여부가 특히 문제되는 것은 소위 표준특수조건이다. 계약담당공무원 등에게 계약체결에 관한 통일적 기준을 제시하고 일정한 내부적 구속력을 발휘하기 위하여 특수조건의 내용을 지침이나 예규의 형태로 행정규칙화하는 경우가 있는데 이를 흔히 표준특수조건이라고 한다. 공공계약에서 우연히 반복적으로 같은 내용의 특수조건이 포함되었다고 하더라도 반복적 유사성만 가지고는 사전성의 요건이 충족되었다고 단언하기 어렵다. 그러나 표준특수조건의 경우에는 사전성과 일방성을 인정하기가 보다 쉬워지고 약관규제법에 의한 통제대상으로 인정될 여지가 더 크다.

한편 판례 중에는 계약일반조건[17]이 정하고 있는 차액보증금조항이 약관에 해당함을 전제로 약관규제법상 불공정성여부에 대하여 판단한 사례[18]가 있다. 여기에서 법원은 예정가격의 100분의 85 미만에 낙찰받은 자가 예정가격과 낙찰금액의 차액을 보증금으로 납부하게 하고 채무불이행의 경우 보증금을 발주자에게 귀속시키기로 하는 조항은 허용될 수 있으나, 차액보증금을 현금에 갈음하여 건설공제조합 등이 발행하는 보증서로 납부하고자 하는 경우에는 그 차액의 2배를 납부하게 하고 수급인의 채무불이행의 경우 계약보증금과 차액보증금을 발주자에게 귀속시키기로 하는 약관조항은 지나치게

16) 대법원 2001.11.27. 선고 99다8353 판결, 대법원 2002.1.11. 선고 2002다39807 판결, 대법원 2008.2.1. 선고 2005다74863 판결.

17) 단, 본 사안에서 일반조건은 구 예산회계법 시행령 제123조가 규정하고 있던 내용을 약관화시킨 것이다.

18) 대법원 2000.12.8. 선고 99다53483 판결, 대법원 2002.4.23. 선고 2000다56976 판결.

과중하여 약관규제법에 따라 무효라고 판시한바 있다.

표준특수조건이 약관으로 인정될 경우 공정거래위원회는 약관규제법에 따라 불공정한 약관의 시정에 필요한 조치를 할 수 있다. 공정거래위원회는 일반적 약관의 경우 시정권고를 발하고, 사업자가 계약당사자로서의 우월적 지위가 현저하여 약관을 계약의 내용으로 하는 것이 사실상 강제되는 경우에는 시정명령을 발하고 이를 이행하지 않는 경우 벌칙을 부과하여 그 이행을 강제한다. 하지만 행정관청이 작성하거나 인가한 약관의 대해서는 시정권고나 시정명령을 발할 수 없게 하고 오직 당해 행정관청에 시정요청만이 가능하도록 하고 있다.[19] 따라서 각 중앙관서 또는 지방자치단체가 작성한 특수조건을 행정관청이 작성한 약관으로 볼 것인지 여부에 따라 공정거래위원회가 행하는 시정조치의 구체적 모습이 달라질 수밖에 없다. 시정요청의 제도적 취지는 행정관청이 행한 정책적 고려를 존중함과 동시에 공정거래위원회가 타 행정관청의 정책결정을 직접적으로 무력화시키는 것을 방지하려는 데 있다고 할 것이다. 그러나 공법상의 행정주체가 아니라 사경제주체로서 자신들이 체결하는 계약에 직접 사용하기 위하여 특수조건을 마련하고 있다면 이러한 경우는 시정요청이 필요한 일반적 경우와는 달리 볼 필요가 있다고 판단된다. 즉 각 중앙관서나 지방자치단체가 마련한 계약특수조건은 계약의 주체라는 사적 지위에서 사용할 목적으로 작성된 것이라는 점에서 행정청이 행정목적에 따라 사인간의 계약을 공법적으로 규율하기 위해 약관을 작성하거나 인가하는 경우와는 그 목적상의 차이가 있다고 할 것이다. 따라서 계약상 우월적 지위에 있는 행정관서나 지방자치단체가 불공정한 표준특수조건을 마련하고 있다면 공정거래위원회가 직접적으로 시정명령을 발할 수 있다고 보아야 할 것이다. 다만 시정명령의 이행강제수단인 벌칙규정은 국가와 지방자치단체라는 특성

---

19) 독점규제 및 공정거래에 관한 법률 제18조 제2항.

으로 인해 적용할 수 없을 것으로 보이므로 그 실효성 면에서 큰 차이는 없을 것이다.

2. 약관규제법에 의한 통제의 내용

가. 편입통제

특수조건이 약관으로 인정되는 경우 약관규제법이 정하는 편입통제를 받게된다. 즉 명시설명의무에 따라 발주처는 특수조건의 내용을 계약의 종류에 따라 일반적으로 예상되는 방법으로 명시하여야 하고, 계약상대방의 이해관계에 영향을 미치는 중요한 내용에 대하여는 설명을 해주어야 한다. 만일 이러한 의무를 이행하지 않은 경우에는 발주처는 당해 조항을 계약의 내용으로 주장할 수 없다. 협상에 의한 계약을 제외하고는 대부분 이러한 설명절차가 결여되어 있는 것이 공공조달계약의 현실임을 감안할 때 분쟁이 예상되는 계약의 중요사항에 있어서는 편입통제의 문제가 발생할 여지가 크다.

나. 해석통제

약관으로 인정된 특수조건은 신의성실의 원칙에 따라 공정하게 해석되어야 하고 계약상대방에 따라 달리 해석되어서는 안 된다.[20] 또 약관의 뜻이 명백하지 않은 경우에는 작성자에게 불리하게 해석되어야 하므로[21] 약관으로 인정되는 계약특수조건의 문구가 불명확하여 발주처와 계약상대방 사이에 분쟁이 있는 경우 특수조건을 작성한 발주처에 불리하게 해석되어야 함을 주장할 수 있다. 또한 계약특수조건이 약관으로 인정된다면 그 문구가 불명확한 경우뿐 아니라 내용상 흠결이 있는 경우에도 작성자에게 불이익하게 해석되어야

20) 약관규제법 제5조 제1항.

21) 약관규제법 제5조 제2항.

함을 주장할 수 있을 것이다.[22)]

다. 내용통제

약관통제의 가장 핵심이 되는 것은 내용통제로서 신의성실의 원칙에 반하여 공정을 잃은 조항은 당연 무효가 되며[23)] 무효로 된 부분은 사실인 관습이나 임의규정, 조리의 적용영역이 된다. 약관규제법은 ① 부당하게 불리한 조항, ② 계약의 거래형태 등 제반사정에 비추어 예상하기 어려운 조항, ③ 계약의 목적을 달성할 수 없을 정도로 계약에 따르는 본질적 권리를 제한하는 조항 등은 불공정성이 추정되는 것으로 규정하고 있다.[24)] 특히 동종의 통상적 거래에서 예상하기 어려운 조항이라는 사실만 입증되면 불공정성이 법률상 추정되고 발주처에서 당해 특수조건이 불공정하지 않다는 점을 입증해야 하므로 위의 규정은 소송수행상 매우 중요한 의미를 가진다.

약관의 전부 또는 일부의 조항이 명시설명의무위반으로 계약의 내용이 되지 못하는 경우나 불공정한 조항으로서 무효인 경우 계약은 나머지 부분만으로 유효하게 존속한다. 다만, 유효한 부분만으로는 계약의 목적 달성이 불가능하거나 그 유효한 부분이 한쪽 당사자에게 부당하게 불리한 경우에는 그 계약은 무효로 한다. 원칙적으로 법률행위의 일부분이 무효인 경우에는 민법 제137조에 따라 그 전부가 무효가 되고 예외적으로 무효부분이 없더라도 법률행위를 하였을 것이라고 인정되는 경우에만 나머지 부분이 무효가 되지 아니하나, 반복적 대량거래를 특징으로 하는 약관거래에 있어서도 이를 적용할 경우 거래의 안정성에 장애를 가져올 위험이 높기 때문에 잔존부분의 유효를 원칙으로 규정한 것이다.

---

22) 남효순, “약관의 해석,” 공정거래법강의Ⅱ, 법문사, 2000, 470면.

23) 약관규제법 제6조 제1항.

24) 약관규제법 제6조 제2항.

제4절 | 불공정거래행위로서의 통제

1. 공공계약에 있어 '불공정거래행위'의 성립 가능성

「독점규제 및 공정거래에 관한 법률」(이하 '공정거래법')은 사업자의 공정한 거래를 저해할 우려가 있는 행위를 불공정거래행위로 규제하고 있다.[25] 과거 우리 공정거래법은 불공정거래행위를 한정적으로 열거하는 입법형식을 취하고 있어 그 통제가능성이 넓지 않은 편이었다. 그러나 1999년 법개정으로 인해 제23조 제1항 제8호의 일반조항이 신설됨으로써 통제의 범위가 확대되었다.[26] 한편 공정거래법상 불공정거래행위는 사업자의 행위를 대상으로 하는데 동법은 사업자를 "제조업, 서비스업, 기타 사업을 행하는 자"로 정의하고 있어 공공계약의 주체인 국가나 지방자치단체가 여기의 사업자에 해당할 것인지 의문의 여지가 있다. 이에 대하여 판례[27]는 국가나 지방자치단체도 사경제의 주체로서 타인과 거래행위를 하는 경우에는 그 범위 내에서 공정거래법 소정의 사업자에 포함된다고 보고 있다.

불공정거래행위의 세부유형과 기준은 공정거래법 시행령 「별표

---

25) 공정거래법 제23조 제1항.

26) 제23조(불공정거래행위의 금지) ① 사업자는 다음 각 호의 어느 하나에 해당하는 행위로서 공정한 거래를 저해할 우려가 있는 행위(이하 "불공정거래행위"라 한다)를 하거나, 계열회사 또는 다른 사업자로 하여금 이를 행하도록 하여서는 아니된다.

1.~7.(생략)

8. 제1호 내지 제7호 이외의 행위로서 공정한 거래를 저해할 우려가 있는 행위

다만, 제8호의 규정취지에도 불구하고 이러한 일반조항이 실제 규제처분에서 얼마나 실효성을 발휘할 수 있을지에 대하여 회의적인 의견을 개진하는 경우도 많다.

27) 대법원 1990.11.23. 선고 90다카3659 판결. 실제 공정거래위원회의 조사와 관련된 실무례는 국가가 아니라 발주 행정청을 사업자로 보고 있다.

1의2」에서 정하고 있는바, 공공계약에서 부당한 특수조건을 삽입하는 것은 위 별표 6. '거래상지위의 남용'에서 정하는 불이익제공행위의 일종으로서 거래상대방에게 불이익이 되도록 거래조건을 설정 또는 변경하는 행위에 해당할 여지가 있다. 공정거래위원회의 예규인 「불공정거래행위 심사지침」은 거래상대방에게 불이익이 되도록 거래조건을 설정 또는 변경하는 행위로서 각종의 구속사항, 저가·고가매입, 대금지급방법 및 시기, 반품, 제품검사방법, 계약해지조건 등 모든 조건이 여기에 해당할 수 있다고 규정하고 있으며 법위반의 예시로 원가계산상의 착오를 이유로 계약금액을 무조건 환수 또는 감액할 수 있다는 조항(감액특약)을 들고 있다.[28] 또한 판례 중에는 사안에 따라 공공계약에 있어 감액특약을 설정하는 것이 불공정거래행위가 될 수 있음을 전제로 그 위법성을 판단한 예가 있다.[29]

다만, 거래상대방이 자신이 거래할 사업자를 여러 사업자 중에서 선택할 수 있었고 계약내용을 충분히 인지한 상태에서 자신의 판단에 따라 거래를 개시하였고 계약내용대로 거래가 이루어지고 있다

---

28) 「불공정거래행위 심사지침」 V. 개별행위 유형별 심사기준 6. 거래상 지위의 남용 라. 불이익 제공.

29) 대법원 1990.11.23. 선고 90다카3659 판결.
"원고는 피고가 이 사건 전동차에 관한 독점적 수요자의 지위에 있었음을 이유로 거래상 우월적 지위에 있었다고 주장하나 원고의 기업규모를 고려할 때 전동차의 판매시장이 반드시 국내에 한정된다고 할 수 없고, 또 이 사건 계약체결의 경위, 즉 피고는 당초 한국산업연구소에 용역을 주어 계약목적물의 원가계산을 의뢰하였으나 위 연구소도 전동차의 원가계산은 최근의 정보부족 등으로 반드시 정확하다고 할 수 없으니 개산계약을 체결하라는 건의를 하였고, 이에 따라 사후원가계산에 의한 개산계약으로 하여 정산가격이 계약금액을 초과할 때에는 계약금액으로 하고 계약금액 이하일 때에는 정산가격으로 한다는 조건으로 계약을 체결하려고 하였으나 원고의 반대로 이 사건 총액확정계약으로 한 것인데다가 그래도 실제거래가격에 대한 정보부족 때문에 여전히 불안이 남아 이 사건 감액특약을 한 사정에 비추어 볼 때, 이 사건 계약체결에 있어서 피고가 원고의 자유의사를 부당하게 억압하였다거나 위 감액특약이 정상적인 거래관행에 비추어 상대방에게 불이익이 되도록 부당하게 거래조건을 설정한 행위라고 할 수 없다."

면 이는 공정거래법의 적용대상이 아니라는 것이 공정거래위원회의 입장이다.[30] 또한 거래조건의 설정이나 변경이 공정성을 침해한다고 판단되는 경우에도 효율성 증대효과나 소비자후생 증대효과가 공정거래의 효과를 현저히 상회하는 등 합리적인 사유가 있는 경우에는 법위반으로 보지 않을 수 있다. 따라서 공공계약에서 설정된 부당한 특수조건 중 특별한 행정목적을 가지지 않고 단지 계약담당공무원의 예산집행상 편의 기타 계약당사자로서의 사법상 이익을 목적으로만 삽입된 경우에는 불공정거래행위로서 통제할 여지가 있다고 할 것이다.

2. 불공정거래행위에 대한 통제방법

가. 시정조치[31]

공정거래위원회는 불공정거래행위를 금지하는 규정에 위반하는 행위가 있을 때에는 당해 사업자에 대하여 당해 불공정거래행위의 중지, 계약조항의 삭제, 시정명령을 받은 사실의 공표 기타 시정을 위한 필요한 조치를 명할 수 있다. 불공정한 계약특수조건이 있는 경우 공정거래위원회는 당해 특수조건의 삭제를 명할 수 있고 이로 인해 당사자간 별도의 수정합의 없이도 계약의 내용이 변경되는 효과를 거둘 수 있다. 다만 이러한 시정명령 등 행정처분을 하기 위해서는 거래상대방에게 발생한 불이익의 내용이 객관적으로 명확하게 확정되어야 하고, 여기에서의 불이익이 금전상의 손해인 경우에는, 법률상 책임 있는 손해의 존재는 물론 그 범위(손해액)까지 명확하게 확정되어야 한다는 것이 판례[32]의 입장이다.

30) 불공정거래행위 심사지침.
31) 공정거래법 제24조.
32) 대법원 2002.5.31. 선고 2000두6213.

나. 과징금[33] 및 형벌[34]의 부과

공정거래위원회는 불공정거래행위를 금지하는 규정을 위반하는 행위가 있을 때에는 당해 사업자에 대하여 대통령령이 정하는 매출액에 100분의 2(공정거래법 제23조 제1항 제7호를 위반하여 부당한 지원을 한 경우에는 100분의 5)를 곱한 금액을 초과하지 아니하는 범위 안에서 과징금을 부과할 수 있다. 다만, 매출액이 없는 경우 등에는 5억원을 초과하지 아니하는 범위 안에서 과징금을 부과할 수 있다. 불공정거래행위를 금지하는 규정에 위반하여 불공정거래행위를 한 자 또는 불공정거래행위에 관한 시정조치나 금지명령에 응하지 않은 자는 2년 이하의 징역 또는 1억 5천만원 이하의 벌금에 처한다. 다만 이러한 제재가 공공계약의 발주처인 국가나 지방자치단체를 대상으로도 가능할지가 문제된다. 지방자치단체는 국가와 구별되는 법인이므로 과징금이나 벌금형의 부과가 이론상 불가능하지는 않을 것으로 판단되지만 국가에 대해서는 논의 자체가 무리라고 보지 않을 수 없다.

제5절 | 국가계약법 시행령 제4조에 의한 통제

국가계약법 시행령 제4조는 계약의 원칙이라는 제호 아래 "각 중앙관서의 장 또는 그 위임·위탁을 받은 공무원은 계약을 체결함에 있어서 국가계약법, 국가계약법 시행령 및 관계법령에 규정된 계약상대자의 계약상 이익을 부당하게 제한하는 특약 또는 조건을 정하여서는 아니된다"라고 규정하고 있다. 지방계약법은 제6조 제1항[35]에

33) 공정거래법 제24조의2.

34) 공정거래법 제67조.

35) 지방자치단체를 당사자로 하는 계약에 관한 법률
제6조(계약의 원칙) ① 계약은 상호 대등한 입장에서 당사자의 합의에 따라 체결

서 국가계약법 시행령 제4조와 동일한 취지의 규정을 두고 있다.

이 조항의 성질과 관련해서는 실무에서도 의견이 대립하고 있다. 이를 효력규정으로 파악하여 국가계약법 시행령 제4조에 반한 계약상 합의는 무효가 된다는 견해와 국가계약법령은 국가의 내부규정에 불과하므로 시행령은 공무원에게 일반적 주의의무를 부과한 규정이지 법률행위의 유무효에 관한 효력규정이 아니라는 견해가 대립하고 있다. 이에 관하여 확립된 판례는 없으나 국가계약법 시행령 제4조에 반한 합의가 무효임을 수긍하는 듯한 취지의 대법원판결[36]과 이를 직접적인 효력규정으로 파악한 하급심판결이 있다.[37]

되어야 하고, 당사자는 계약의 내용을 신의성실의 원칙에 따라 이행하여야 하며, 지방자치단체의 장 또는 계약담당자는 이 법 및 관계 법령에 규정된 계약상대자의 계약상 이익을 부당하게 제한하는 특약이나 조건을 정하여서는 아니 된다.

36) 대법원 1998.4.28. 선고 97다51223 판결.

"한편 피고 시의 재무회계규칙은 피고 시 내부의 업무처리 기준을 정한 행정규칙에 불과하여 원고를 구속하는 법규적인 효력을 가지는 것으로 볼 수 없을 뿐만 아니라 위 재무회계규칙 제85조는 '세입 · 세출 외 현금을 예금함으로써 생기는 이자는 법령, 조례(에 따로 정한 경우) 또는 기금의 조성이 필요한 경우와 계약에 따로 정한 것을 제외하고는 시에 귀속하며 예산에 편입하여야 한다'고 규정하고 있는바, 그 해석상 구 예산회계법 제93조와 그 시행령 제123조가 정하는 바에 따라 납부받은 차액보증금을 예금함으로써 생기는 이자는 같은 조에서 규정하는 '법령에 따로 정한 경우'에 해당하여 피고 시에 귀속할 수 없는 것으로 해석하여야 할 것이고, 구 지방재정법시행령 제70조에 의하여 지방자치단체를 당사자로 하는 계약에 준용되는 구 예산회계법시행령 제64조(현행 국가계약법 시행령 제4조에 해당-저자주)에 따르면 지방자치단체의 장은 계약을 체결함에 있어서 구 예산회계법과 그 시행령 및 관계 법령에 규정된 계약상대자의 계약상 이익을 부당하게 제한하는 특약 또는 조건을 정하여서는 아니 된다는 것이므로 피고가 주장하는 바와 같이 원고와 피고가 이 사건 계약을 체결함에 있어서 이 사건 차액보증금을 예금함으로써 생기는 이자를 피고 시에 귀속시키기로 하는 묵시적인 약정이 있었다 하더라도 그와 같은 약정은 구 예산회계법과 그 시행령 및 관계 법령인 정부보관금취급규칙에 규정된 계약상대자의 계약상 이익을 부당하게 제한하는 특약으로서 효력을 가질 수 없다 할 것이다."

37) 서울고등법원 2007.1.30. 선고 2005나88543 판결.

동 판결은 장기계속계약의 계약서에 지체상금을 연차별계약금액이 아닌 총계약금액을 기준으로 산정하도록 규정되어 있다고 하더라도 지체상금은 총계약금액이 아닌 각 개별계약상의 계약금액을 기준으로 부과하기로 약정한 그러나 국가계약법 시행령 제4조를 법률행위의 유무효에 관한 효력규정으로 파악하는 것은 헌법상 법률유보원칙에 정면으로 위배될 위험이 있다. 헌법 제10조가 규정하는 행복추구권의 범위에는 일반적 행동자유권이 포함되어 있고 계약의 자유는 이러한 일반적 행동자유권에서 파생되는 것이므로 계약을 체결할 것인지 여부를 스스로 결정할 권한 및 어떠한 내용의 계약을 체결할 것인지를 결정할 권한은 헌법상 기본권의 일종이라고 보아야 할 것이다.[38] 그렇다면 이러한 권리는 당연히 헌법 제37조 제2항에 따라 법률로서만 제한되어야 한다. 그런데 대통령령인 국가계약법 시행령 제4조를 법률행위의 무효사유를 정하는 효력규정으로 파악하면 계약상대방이 계약관계법령이 정하는 자신의 이익을 포기하고서라도 국가와 계약을 체결할 수 있는 자유가 제한될 수밖에 없고 이는 법률로써만 기본권을 제한할 수 있다는 헌법 제37조 제2항에 반한다. 그렇다고 계약상대방이 법령에 규정된 계약상 이익을 스스로 포기한 경우에는 계약상 이익을 부당하게 제한하는 것이 아니라고 보아 이를 유효하다고 해석할 수도 없을 것이다. 왜냐하면 법령상 계약상대자의 계약상 이익이란 것은 매우 포괄적이고 방대한데 반하여 이러한 포괄적인 부분과 관련된 법률행위의 유무효가 계약상대방의 내심의 의사에 온전히 좌우된다면 제3자의 보호 및 거래의 안정에 치명적 결과를 가져오게 될 것이기 때문이다.

또한 규정 형식면에서 보더라도 법률행위에 관한 각종 효력규정

것으로 해석하여야 하며, 가사 총계약금액을 기준으로 부과하기로 약정한 것으로 인정된다고 하더라도 그와 같은 지체상금약정은 계약상대자의 계약상 이익을 부당하게 제한하는 특약에 해당하여 국가계약법 시행령 제4조에 반하여 무효라고 판시하였으며 상고심에서는 국가계약법 시행령 제4조의 성격에 관하여 별도의 판단을 하지 않은 채 당사자가 지체상금을 개별계약상의 계약금액을 기준으로 산정하기로 합의한 것으로 보고 국가측 상고를 기각하였다.

38) 헌법재판소 1991.6.3. 선고 89헌마204 결정.

들은 그 위반시 법률행위의 효력이 '무효'라고 명시적 선언을 하고 있는 데 반하여[39] 국가계약법 시행령 제4조는 단지 "공무원은… 하여서는 아니된다"라고 주의의무를 규정하는 데 그친다. 주의의무를 규정한 조항을 두고 계약의 무효사유로까지 확장하여 해석하는 것은 지나친 논리적 비약이라고 할 것이다.

결국 국가계약법 시행령 제4조는 위법한 특수조건을 제한하는 수단으로는 용인되기 어렵다고 하겠다.

제6절 | 민법 제103조의 적용

선량한 풍속 기타 사회질서에 위반한 사항을 내용으로 하는 계약은 법률행위의 일반원칙을 정하고 있는 민법 제103조에 따라 무효이다. 특히 판례[40]는 당사자의 일방이 그의 독점적 지위 내지 우월한 지위를 악용하여 자기는 부당한 이득을 얻고 상대방에게는 과도한 반대급부 또는 기타의 부당한 부담을 과하는 법률행위는 반사회적인 것으로서 무효라고 하고 있다. 따라서 통상의 우월적 지위와 함께 특정 품목에 있어서는 수요독점적 지위에 있는 국가 등 공공계약주체가 계약상대자에게 특수조건으로 과도한 부담을 과하는 경우 민법 제103조가 적용될 여지가 있다고 하겠다.

다만 국가나 지방자치단체 등이 계약주체가 되는 공공계약에 있어

---

39) 그 예는 아래와 같다.

제조물책임법

제6조(면책특약의 제한) 이 법에 의한 손해배상책임을 배제하거나 제한하는 특약은 무효로 한다.

이자제한법

제2조(이자의 최고한도) ①~②(생략)

③ 계약상의 이자로서 제1항에서 정한 최고이자율을 초과하는 부분은 무효로 한다.

40) 대법원 1996.4.26. 선고 94다34432 판결.

사회질서위반에 이를 정도로 극단적인 특수조건이 나타나는 경우는 쉽게 발생하기 어려워 보인다. 그러나 여타 통제수단에 의해서도 해결이 불가능한 경우에는 보충적으로 검토해 볼 여지가 있다는 점에서는 민법 제103조도 불공정특수조건과 관련해 독자적 의미를 가진다고 하겠다.

공공계약과 관련된 판례 중에서도 직접적으로 민법 제103조를 이유로 특수조건을 무효라고 한 사례는 찾기 어렵다. 다만 행정기관이 일방적으로 계약된 공사기간의 단축을 요구하여 계약상대방이 부득이 이에 응한 경우에, 그 단축된 기간 내에 공사를 준공하는 것이 물리적으로 불가능하거나 총체적으로 부실공사를 강요하는 것이 될 수밖에 없다면 준공기한을 앞당기기로 하는 합의는 준공에 절대적으로 필요한 기간에 해당하는 지체상금 부분에 한하여 무효라고 한 사례가 있는데[41] 판시만으로는 특수조건의 일부인 지체상금약정의 일부무효를 인정한 것인지 공기단축 합의의 일부무효를 인정한 것인지 명확치 않다.

사회질서위반행위를 내용으로 하는 특수조건이 있을 경우에는 원칙적으로 계약 전체가 무효이다. 그러나 계약상의 부수적 의무와 같이 해당 특수조건을 제외하더라도 당사자가 계약을 체결하였을 것이라고 인정될 때에는 해당 특수조건만이 효력을 잃고 계약은 그 효력을 유지하게 된다.[42] 이 점에서 약관규제법이 적용되는 경우와 차이가 있음은 앞서 설명한 바 있다.

---

41) 대법원 1997.6.24. 선고 97다2221 판결.
"도급인인 행정기관이 수급인이 전혀 예상하지 못했을 정도로 상당한 공사기간의 단축을 계약체결 후 일방적으로 요구하여 수급인이 이에 부득이 응하게 한 경우에, 그 단축된 기간 내에 공사를 준공하는 것이 물리적으로 불가능하거나 총체적으로 부실공사를 강요하는 것이 될 수밖에 없다면, 지체일수 전부에 대하여 당초의 약정에 의한 지체상금을 그대로 물게 하는 것은 선량한 풍속 기타 사회질서에 비추어 허용할 수 없는 것이고, 따라서 준공기한을 앞당기기로 하는 위 합의는 준공에 절대적으로 필요한 최소한의 기간에 해당하는 지체상금 부분에 한하여 무효…."

42) 민법 제137조.

제7절 | 일반조건상 계약상대자의 이익보호조항

계약일반조건에는 계약특수조건에 공공계약관계법령이나 계약일반조건에 정한 계약상대자의 이익을 제한하는 내용이 있는 경우 그 내용은 효력이 인정되지 않는다고 규정하고 있다.[43] 효력이 인정되지 않는다는 의미는 당해 특수조건에 대한 합의가 무효가 된다는 취지가 아니라, 특수조건의 기재에도 불구하고 계약합의의 범위에서는 최초부터 제외된다는 의미이다.

공공계약관계법령은 국가나 지방자치단체의 내부규정에 불과하고[44] 계약일반조건은 회계예규로서 행정규칙에 불과하므로 양자가

43) 공사계약일반조건

제3조(계약문서) ③ 제2항의 규정에 의하여 정한 공사계약특수조건에 「국가를 당사자로 하는 계약에 관한 법령」, 공사 관계법령 및 이 조건에 의한 계약상대자의 계약상 이익을 제한하는 내용이 있는 경우 특수조건의 동 내용은 효력이 인정되지 아니한다.

※ 같은 내용으로 용역계약일반조건 제4조 제3항, 물품구매(제조)계약일반조건 제3조 제3항.

지방자치단체 공사계약 일반조건(행정안전부 예규)

Ⅱ. 공사계약의 체결

1. 계약문서

가. (생략)

나. 계약담당자는 「지방자치단체를 당사자로 하는 계약에 관한 법령」, 공사관계법령 및 이 조건에 정한 계약일반사항 외에 당해 계약의 적정한 이행을 위하여 필요한 경우 공사계약특수조건을 정하여 계약을 체결할 수 있다.

다. 나항목에 의하여 정한 공사계약특수조건에 「지방자치단체를 당사자로 하는 계약에 관한 법령」, 공사 관계법령 및 이 조건에 의한 계약상대자의 계약상 이익을 제한하는 내용이 있는 경우 특수조건의 동 내용은 효력이 인정되지 아니한다.

※같은 취지의 내용으로 '지방자치단체 용역계약 일반조건' Ⅱ. 1. 나, '지방자치단체 물품구매계약 일반조건' Ⅱ. 1. 나.

44) 대법원 2004.12.10. 선고 2002다73852 판결.

"「국가를 당사자로 하는 계약에 관한 법률」의 규정은 국가와 사인 간의

모두 사법상 계약에 직접 적용되는 것은 아니다. 다만 계약일반조건은 특수조건과 마찬가지로 계약당사자간 합의를 전제로 당연히 개별계약의 내용을 이루는 것이고, 이로써 발주처와 계약상대방 양자를 모두 구속하게 된다. 따라서 계약관계법령 또는 계약일반조건에 반하는 계약특수조건은 계약당사자 간의 합의, 즉 계약의 효과에 따라 효력이 발생하지 않는 것이다.

일반조건의 계약상대방 보호조항에 의하여 불공정한 특수조건을 통제하는 방법은 여타 통제방법과 달리 당해 계약 내의 통제방법이라는 점에서 가장 직접적이고 명쾌한 해결책이 될 수 있다. 그러나 계약일반조건이나 계약관계법령이 계약과 관련된 모든 내용을 망라하고 있지 않고, 추상적인 것은 계약특수조건에서 구체화시키고 있는 경우도 많기 때문에 구체적인 사례에 있어서는 충분한 통제가 어려운 경우도 발생한다.

다만, 법령에 위반되는 특수조건이 있는 경우 당해 특수조건은 효력이 발생하지 않지만 관련 법령을 계약의 내용으로 포섭하는 조항[45]이 따로 없는 이상 법령의 규정이 바로 계약의 내용으로 되는 것은 아니라고 할 것이다. 예를 들어 특수조건에 발주처인 국가가 대금지급을 지체하는 경우 금융기관 대출 '최저금리'에 따른 지연이자를 지급키로 정한 경우를 상정해보자. 이는 국가의 대가지급 지연시 국가계약법 시행령 제59조가 금융기관 대출 '평균금리'(한국은행 통계월보상의 대출평균금리)에 따라 지연이자를 지급토록 한 규정에 위배되고 계약상대방에게 불리한 조항이므로 일반조건에 의해 계약내용으로서는 효력이 발생하지 않는다. 그러나 당해 계약에서 국가계

계약관계에서 관계 공무원이 지켜야 할 계약사무 처리에 관한 필요한 사항을 정한 국가의 내부규정에 불과할 뿐만 아니라…."

같은 취지의 판결로 대법원 1996.4.26. 선고 95다11436 판결.

45) 예) "국가를 당사자로 하는 계약에 관한 법률은 계약서에 첨부되지 않더라도 본 계약의 일부로서 효력을 가진다."

약법시행령 제59조가 당연히 적용되는 것도 아니므로 대가지급지연시 금융기관 대출평균금리에 따른 지연이자를 지급해야 한다고 볼 수도 없다. 결국 이러한 경우 약정이자가 없으므로 5% 또는 6%의 법정이자율이 적용된다고 할 것인데 이러한 지연이자율은 경우에 따라 최초 약정된 '대출 최저금리'보다도 계약상대방에게 불리하게 되어 제도의 취지와 모순되는 상황이 발생하는 경우도 생길 수 있다. 따라서 일반조건의 관련 규정을 개정하여 단순한 효력의 부정뿐 아니라 관련법령의 규정으로 합의를 대체하는 것까지 포함되어야 할 필요성이 있다.

〈조달청 물품구매(제조)계약 특수조건〉

□ 물품구매(제조)계약 특수조건

제1조【적용】 이 특수조건(이하 "조건"이라 한다)은 조달청이 집행하는 비저장품(협정 또는 비협정물자)의 구매("제조 및 공급"을 포함한다. 이하 같다) 계약에 적용하며, 이 조건에서 따로 정하는 경우를 제외하고는 회계예규 「물품구매(제조)계약 일반조건」(「지방자치단체를 당사자로 하는 계약에 관한 법률」을 적용받는 수요기관은 「지방자치단체 물품구매계약 일반조건」)(이하 "일반조건" 또는 "지방자치단체 일반조건"이라 한다) 에서 정하는 바에 따른다.

제2조【용어의 정의】 이 조건에서 사용하는 용어의 정의는 다음과 같다.

1. "수요기관"이란 조달청에 계약물품을 조달요청한 기관 또는 계약상대자로부터 물품을 인수할 기관을 말한다.
2. "검사"란 계약목적물이 관련법령에 적합하고 구매규격 · 시방서대로 제조 · 설치되어 있는지 여부를 검사공무원이 확인하는 것을 말한다.
3. "시험"이란 계약목적물의 물리적인 기능 · 성능 · 특성 또는 화학적인 변화 · 반응 등을 해당 시험기관에서 측정 · 분석하는 것을 말하며 그 시험 성적은 제2호의 검사에 활용한다.
4. "검수"란 제2호의 검사에 합격한 계약목적물이 손상 또는 훼손품이

없고 계약서 또는 납품서류상의 수량대로 납품되었는지 여부를 물품출납공무원이 확인하는 것을 말한다.

5. “비저장품”이란 수요물자 중 수요기관의 조달요청에 따라 계약·공급하는 물자로서 국내 또는 국외에서 구매하는 물자를 말한다.
6. “협정물자”란 수요물자 중 「국가를 당사자로 하는 계약에 관한 법률」(이하 “국가계약법” 이라 한다) 제4조(「지방자치단체를 당사자로 하는 계약에 관한 법률」(이하 “지방계약법”이라 한다) 제5조) 및 「특정조달을 위한 국가를 당사자로 하는 계약에 관한 법률 시행령 특례규정」(이하 “특례규정”이라 한다) 제3조에 따른 물자 및 용역을 말한다.
7. “계약담당공무원(계약담당자)”이란 「국가계약법 시행규칙」 제2조 (「지방계약법 시행규칙」 제2조)에 따른 공무원을 말하며, 물품구매의 제작 감독, 도면 승인, 대가의 직접 지급, 검사, 시험, 검수, 지체상금 부과, 하자관리 등 수요기관 책임으로 진행되는 계약이행과 관련된 사항에 대하여는 달리 규정을 정한 경우를 제외하고는 수요기관의 장(그 위임을 받은 공무원을 포함한다. 이하 같다)을 계약담당공무원(계약담당자)으로 본다.

제3조【계약보증금 면제 및 지급각서 제출】 「국가를 당사자로 하는 계약에 관한 법률 시행령」(이하 “국가계약법시행령”이라 한다) 제50조 제6항[「지방자치단체를 당사자로 하는 계약에 관한 법률 시행령」(이하 “지방계약법시행령”이라 한다) 제53조 제1항]에 따라 계약보증금의 전부 또는 일부를 면제하는 경우 계약상대자는 국고 귀속사유가 발생한 때에 해당 계약보증금을 현금으로 납입할 것을 확약하는 계약보증금지급각서를 1인 이상의 연대보증인(인감증명서 첨부)의 서명 또는 날인을 받아 제출하여야 한다. 다만, 국가계약법시행령 제50조 제6항 제1호부터 제3호(지방계약법시행령 제53조제1항제1호부터 제3호)의 경우에는 연대보증인을 세우지 아니할 수 있다.

제4조【포장】 ① 계약상대자는 납품할 물품의 포장을 일반조건 제14조(지방자치단체 일반조건 Ⅴ-3)에 따라 내용물의 보전에 충분하도록 포장하여야 하며, 골판지 상자를 사용하여 포장하는 경우에는 재활용이

가능하도록 포장상자를 평철사 대신 강력접착제로 접합하여야 한다.

② 계약상대자는 단위당 포장이 필요하여 소단위 포장을 하는 경우에도 제1항에 준하여 재활용이 가능하도록 포장상자를 풀, 종이테이프, 강력접착제 등으로 접합하여야 한다.

제5조【검사 및 검수】 (삭제)

제6조【시험】 (삭제)

제7조【계약이행관리】 ① 계약상대자는 납품이행 완료 ( )전에 납품이행 가능 여부를 조달청에 서면(Fax 포함) 또는 국가종합전자조달시스템을 통하여 통보하여야 한다. 다만, 주문에 따라 제조하는 물품(이하 "제조물품"이라 한다)의 경우 계약상대자는 계약체결시 계약이행계획서(계약이행 일정, 원·부자재 확보계획 등을 내용으로 한다)를 작성하여 수요기관 및 조달청에 제출하여야 하며, 당초 제출한 계획내용이 변경되는 경우에도 즉시 수정사항을 통보하여야 한다.

② 수요기관이 제조물품을 일반조건 제24조 제3항(지방자치단체 일반조건 Ⅶ-1-다) 각 호의 어느 하나에 해당하는 사유로 납품기한을 연기하려면 계약상대자에게 납품기한의 연기를 통보하고, 조달청에는 납품기한의 변경을 요청하여야 한다. 다만, 계약상대자가 제조를 착수한 후에는 납품기한을 연기하지 않는 것을 원칙으로 한다.

③ 물품의 제조를 착수한 후에 수요기관의 불가피한 사정으로 납품기한을 연기하여야 하는 경우 3월 이내의 기간을 연기할 수 있으며 1회에 한한다. 다만, 수요기관과 계약상대자간에 합의를 한 경우에는 예외로 하되, 이 경우 납품기한 연기로 계약상대자가 부담하는 추가비용은 계약상대자의 요청에 따라 국가계약법시행령 제66조(지방계약법시행령 제75조)를 준용하여 계약금액을 조정할 수 있다.

④ 수요기관은 제2항 및 제3항에 따라 조달청에 납품기한의 변경을 요청하는 경우 계약상대자의 납품기한 연기 동의서를 첨부하여야 한다.

제8조【납품이행정보의 제공】 ① 수요기관은 다음 각 호에 해당하는 사실이 있는 경우에는 해당 사실이 있는 날로부터 10일 이내에 조달청에 관련 사실을 통보하여야 한다.

1. 수요기관이 계약상대자에게 계약물품에 대해 검사 불합격을 결정

또는 통보한 경우

2. 수요기관이 계약상대자를 지체상금 부과대상자로 결정 또는 통보한 경우

3. 수요기관이 계약상대자로부터 감가조건부로 납품받는 것을 승인한 경우

② 계약상대자는 계약체결 후 납품 중의 정보를 조달청 계약이행진행상황 추적관리시스템(이하 "추적시스템"이라 한다)에 직접 입력하여야 한다.

③ 제2항에서 정한 추적시스템에 대한 입력사항을 허위 또는 부실하게 입력함에 따른, 조달청에서 실시하는 업체평가 등에서 발생되는 불이익은 계약상대자가 진다.

제9조【물품의 타소보관】 ① 수요기관은 계약상대자가 제조물품을 완성하여 납품하는 때에는 인수하는 것을 원칙으로 한다. 다만, 수요기관에서 불가피한 사정으로 인수가 불가능한 경우에는 계약상대자의 책임하에 보관(이하 "타소 보관"이라 한다) 관리하게 하고 물품납품 및 영수증을 발행하며, 타소 보관으로 발생하는 비용은 수요기관에서 직접 계약상대자에게 지급한다. 이 경우 계약상대자는 다음 각 호의 서류를 수요기관에 제출하여야 한다.

1. 납품할 물품대가의 110%에 해당하는 동산종합보험증권 또는 이행(지급)보증보험증권(피보험자를 수요기관으로 하고 보험기간은 수요기관과 협의하여 결정하되 동 기간을 연장할 때에는 계약상대자가 기간이 만료되기 전에 조치하여야 한다.)

2. 물품보관 중 발생하는 망실·훼손에 대한 책임 및 수요기관에서 인도조건대로 인수할 때까지 계약규격에서 정하는 성능을 유지할 것을 확약하는 각서

② 제1항에 따른 비용은 계약상대자의 요청에 따라 국가계약법시행령 제66조(지방계약법시행령 제75조)를 준용하여 결정한다.

③ 계약상대자는 제1항에 따라 보관하고 있는 물품을 수요기관에서 인도받고자 할 경우 인도조건대로 지체 없이 이에 응하여야 하며, 수요기관은 계약상대자가 이에 응하지 않을 경우에는 보험금을 청구하고

조달청에 그 내용을 통보하여야 한다.

제10조【지체상금】 ① 계약담당공무원은 계약상대자가 납품기한을 경과하여 납품하였을 때에는 매 지체일수마다 계약서에서 정한 지체상금률을 계약금액 또는 납품대가에 곱하여 산출한 금액을 지체상금으로 결정하고 계약상대자에게 지급될 대가에서 상계한다. 이 경우 납품기한의 마지막 날이 공휴일(관련 법령에 따라 발주기관의 휴무일인 경우를 포함한다)인 경우에는 공휴일의 다음 날(공휴일이 2일 이상 연속되는 경우에는 마지막 공휴일의 다음날)을 납품기한으로 한다.

② 제1항에 따른 지체일수는 다음 각 호에 따라 산정하며, 예시와 같이 계산한다.

1. 『물품구매계약 품질관리 특수조건』 제11조 제1항 본문에 해당하는 경우의 지체일수 산정
   가. 납품기한 내에 검사요청을 하고 납품기한 경과 후 검사에 합격하고 검수완료한 경우에는납품검사 및 검수에 소요된 기간은 지체일수에 포함하지 아니한다.
   나. 납품기한 내에 검사요청을 하고 납품기한 경과 후 검사에 합격하지 못하여 시정조치를 한 경우에는 시정조치를 한 날부터 최종검사에 합격한 날까지를 지체일수에 산정한다.
   다. 납품기한 경과 후에 검사요청한 경우에는 납품기한 다음 날부터 최종 검사에 합격한 날까지를 지체일수에 산정한다.
2. 『물품구매계약 품질관리 특수조건』 제11조 제1항 단서 및 제3항에 해당하는 경우의 지체일수 산정
   가. 납품기한 내에 검사합격 후 검수요청을 하고 납품기한 경과 후 검수완료한 경우에는 납품검수에 소요된 기간은 지체일수에 포함하지 아니한다.
   나. 납품기한 내에 검사요청을 하고 납품기한 경과 후 검사에 합격하지 못하여 시정조치를 한 경우에는 시정조치를 한 날부터 검수요청일까지를 지체일수에 산정한다.
   다. 납품기한 경과 후에 검사를 요청한 경우에는 납품기한 다음 날

부터 검수요청일까지를 지체일수에 산정한다.

3. 실제 검사 또는 검수가 지연되어 납품기한을 경과하였을 때에는 검사 또는 검수 소요기간을 초과한 일수를 지체일수에 포함하지 아니하며, 납품기한을 경과하여 검사요청을 한 경우에도 계약상대자의 책임이 아닌 사유로 검사 또는 검수가 지연된 때에는 그 지연된 일수를 지체일수에 포함하지 않는다. 다만, 검사 또는 검수 지연사유가 계약상대자에게 책임이 있을 경우에는 그 초과일수 또는 지연일수를 지체일수에 산입한다.
4. 산정된 지체일수에서 일반조건 제24조 제3항(지방자치단체 일반조건 Ⅶ-1-다) 각 호의 어느 하나에 해당되는 일수를 차감한다.

제11조【계약금액의 감액 또는 환수】 ① 계약상대자는 계약 체결 후 거래가격(공공기관 납품가격, 시중판매가격 등)이 계약금액의 3% 이상 변동이 있는 경우에는 그 사실을 계약담당공무원에게 통보하여야 하며, 계약금액의 조정은 일반조건 제11조(지방자치단체 일반조건 Ⅵ-2)에 따른다.

② 계약담당공무원은 계약체결 후에도 계약상대자가 예정가격 또는 계약금액 결정(제12조에 따른 사후원가 검토를 포함한다)에 참고하도록 제출한 증빙자료가 위조, 변조 또는 사실과 상이한 사실이 명백한 것으로 확인되거나 기타 고가구매로 판명될 때에는 고가로 계약된 금액 상당액을 계약금액에서 감액 또는 계약상대자로부터 환수할 수 있다.

③ 계약담당공무원은 제1항 및 제2항에 따라 계약금액을 조정하였을 때에는 계약상대자에게 그 사유를 통지하고 계약상대자에게 지급될 타 지급금액에서 상계할 수 있으며, 타 지급금액이 없을 경우에는 계약상대자가 현금으로 조달청에 납부하게 하여야 한다.

제12조【사후원가 검토】 ① 계약상대자는 사후원가 검토조건으로 계약을 체결한 경우에는 납품이 완료되어 대가를 청구하는 날까지 사후 원가계산서 및 이 내용에 대한 투입 수량·단가·비용 등을 입증할 수 있는 증빙자료를 계약담당공무원에게 제출하여야 한다.

구 분	"물품구매계약 품질관리 특수조건" 제11조 제1항 본문 규정	"물품구매계약 품질관리 특수조건" 제11조 제1항 단서 및 제3항 규정
지체 일수 산정	(1) 납품기한이 10일인 계약에서 10일 이전에 검사를 요청한 경우: 지체 없음 (2) 납품기한이 10일인 계약에서 10일 이전에 검사요청을 하고, 12일에 검사에 불합격하여 시정통보를 받고 17일에 최종 검사에 합격한 경우: 6일 지체	(1) 납품기한이 10일이고 검사 소요기간이 3일인 계약에서 실제 9일에 검사요청하여 14일에 검사완료하고 17일에 검수요청한 경우: 5일 지체(7일 지체에서 검사지체일수 2일 공제) (2) 납품기한이 10일인 계약에서 10일 이전에 검사요청을 하고, 12일에 검사에 불합격하여 시정통보를 받고 17일에 최종 검사에 합격하고 19일에 검수를 요청한 경우: 8일 지체
	(3)납품기한이 10일인 계약에서 실제 17일에 검사를 요청하여 20일에 완료한 경우: 10일 지체 (4)납품기한이 10일인 계약에서 실제 12일에 검사요청을 하고, 15일에 검사불합격하여 시정통보를 받고 20일에 최종 검사에 합격한 경우 : 10일 지체	(3) 납품기한이 10일인 계약에서 실제 11일에 검사요청하여 16일에 검사완료하고 20일에 검수요청한 경우: 10일 지체 (4) 납품기한이 10일인 계약에서 실제 12일에 검사요청을 하고, 15일에 검사불합격하여 시정통보를 받고 20일에 최종 검사에 합격하고 22일에 검수요청한 경우 : 12일 지체

② 계약담당공무원은 계약상대자가 제출한 자료를 검토하여 『조달청 수요물자가격관리규정』 제5장에 따라 사후원가검토금액(이하 "검토금액"이라 한다)을 산출하고 검토금액과 계약금액을 비교하여 다음 각 호와 같이 지급대금을 확정한다. 이 경우 계약금액을 변경하여 지급하되, 이미 지급된 경우에는 계약상대자에게 감액을 반환하도록 청구하거나 증액을 지급하여야 한다.

1. 검토금액이 계약금액보다 낮은 경우에는 그 차액을 계약금액에서 감액한 금액

2. 검토금액이 계약금액과 동일한 경우에는 당초 계약금액
3. 검토금액이 계약금액보다 높은 경우에는 계약당사자간에 예산, 사후원가 인정범위 등을 고려하여 계약체결 전에 협의한 범위 내 금액

③ 계약상대자는 제2항에 따른 지급대금 또는 감액한 금액의 반환 청구에 이의가 있을 때에는 통지받은 날로부터 7일 이내에 서면으로 이의를 신청하여야 하며 동 기한 내에 이의를 신청하지 않을 때에는 이의가 없는 것으로 간주한다.

④ 계약담당공무원은 제2항에 따른 사후원가 검토 완료시까지 계약금액의 100분의 10에 해당하는 금액의 지급을 유보할 수 있으며, 이 금액에 대한 이자는 지급하지 아니한다. 다만, 계약상대자가 유보금액 이상에 상당하는 보증서[국가계약법시행령 제37조제2항(지방계약법시행령 제37조 제2항) 각 호의 어느 하나에 해당하는 보증서로서 보증기간이 납품완료 후 6월 이상일 것]를 제출하는 경우에는 해당 유보금을 지급할 수 있다.

⑤ 제2항에 따라 이미 지급된 대가를 환수하는 경우에는 제11조 제3항을 준용한다. 다만, 제4항 단서에 따라 보증서를 제출한 경우로서 타 지급금액이 없거나 계약상대자가 현금으로 납입하지 않는 경우에는 즉시 해당 보증기관에 해당 금액을 청구한다.

제13조【선금지급】 ① 계약담당공무원은 「국고금관리법 시행령」 제40조 제1항 제14호에 따라 계약상대자로부터 선금지급 신청이 있을 때에는 선금을 지급하여야 한다. 다만, 조달사업회전자금 사정 등으로 선금지급이 불가능할 경우에는 계약상대자에게 그 사실을 통지하여야 한다.

② 제1항에 따라 선금을 지급할 때에는 계약상대자가 선금지급을 신청한 당시의 「정부 입찰·계약 집행기준」 제33조(지방자치단체 입찰 및 계약집행기준 제4장 Ⅲ-2)에 따라 지급하되, 계약상대자로부터 채권을 확보하고 선금에 대한 사용 및 반환조건을 이행한다는 내용의 확약서를 받아야 한다.

③ 계약담당공무원은 제1항 및 제2항에 따라 선금을 지급한 후 계약기간이 연장되는 경우에는 채권의 보증기간 연장과 추가 발생할 이자

에 대한 보증금액이 증액된 보증서 등을 계약상대자로부터 제출받아야 한다.

④ 제2항에 따라 선금을 지급한 후 계약상대자의 귀책사유로 인하여 선금을 반환받는 경우에는 다음 각 호의 금액을 계약상대자에게 청구한다.

1. 선금잔액
2. 선금잔액에 대한 약정이자 상당액(한국은행 통계월보상의 대출평균금리 수준에 따라 산출한 금액을 말한다)

⑤ 계약담당공무원은 선금지급시 채권확보를 면제한 계약상대자에 대하여는 선금 반환사유가 발생한 때에 제4항에 해당하는 금액을 현금으로 반환할 것을 확약하는 지급각서를 제출받아야 한다. 다만, 「중소기업협동조합법」에 따른 중소기업협동조합(이하 “조합”이라 한다) 또는 그 중앙회에 선금을 지급하는 경우에는 실제 선금을 지급받는 조합을 피보험자로 하는 지급보증서 또는 이행보증서 사본 등 채권확보 증빙서류와 조합의 지급각서를 함께 제출받아야 한다.

⑥ 계약상대자가 선금을 수령한 후 중소기업으로부터 원자재, 부품, 반제품, 금형 등을 구입하거나 외주가공 등을 하는 경우에는 현금으로 그 대금을 지급하여야 한다. 이 경우 이를 증명할 수 있는 서류(입금명세서, 영수증 등)를 선금사용내역서에 첨부하여 제출하여야 하며, 만약 이를 이행하지 않은 경우에는 「정부 입찰·계약 집행기준」 제33조(지방자치단체 입찰 및 계약집행기준 제4장 Ⅲ-2)에서 규정한 선금 의무지급률을 초과한 금액을 회수하여도 이의를 제기할 수 없다.

제14조【대가지급】 ① 계약담당공무원은 국가계약법시행령 제58조 제1항(지방계약법시행령 제67조 제1항)에 따른 기한 내에 대가를 지급할 수 없을 경우에는 그 사유를 계약상대자에게 통지한 후 지급기한을 7일까지 연장할 수 있다.

② 교육훈련비 등이 계약서상 별도로 구분 표시되어 있는 경우에는 동 교육, 훈련 등이 완료되었음을 확인하는 수요기관 문서에 의하여 해당 금액을 지급한다.

③ 계약상대자는 제1항 및 제2항에 따른 대가에 대한 이자를 청구할 수 없다.

④ 시운전조건부 계약의 대가는 제1항부터 제3항과 별도로 정한 지급방법에 따른다.

⑤ 계약담당공무원은 계약상대자의 요청으로 본 건 계약상대자가 수령할 대금으로 계약상대자의 체납세금(국세 및 지방세)을 정산처리 할 수 있으며, 이 경우 계약상대자는 『체납세 정산처리요청서』를 작성하여 계약담당공무원에게 제출하여야 한다.

제15조【대가의 수요기관 직접지급】 ①수요기관의 장은 계약물품의 납품이 정상적으로 이행된 경우에는 계약상대자에게 수요물자의 대금(선금을 포함)을 직접 지급할 수 있다. 이 경우 수요기관의 장은 그 대금지급을 완료한 후 그 내용을 조달청장에게 통보하여야 한다. 다만, 수요기관이 자금사정 등의 사유로 조달청장에게 물품대금을 우선 지급하도록 요청한 경우에는 조달청장이 동 대금을 계약상대자에게 지급할 수 있다.

② 수요기관에서 물품대금을 직접 지급하는 경우, 계약상대자는 법령 또는 지방자치단체의 조례 등에서 정한 바에 따라 국·공채 매입필증을 수요기관에 제출하여야 한다.

제16조【협력업체 자금지원】 ①계약상대자는 비협정물자로서 계약금액이 5억원 이상이고 계약기간이 6월 이상인 계약물품(제3자 단가계약은 제외한다)을 중소기업(이하 "협력업체"라 한다)으로부터 부품 구입 또는 외주가공 하여 납품하는 경우에는 이와 관련한 협력업체와의 계약내용 및 협력업체에 대한 자금지원 확약서를 계약체결일 이전까지 계약담당공무원에게 제출하여야 한다.

② 계약상대자는 제1항에 해당하는 계약의 선금을 수령하는 때에는 협력업체와 계약한 금액의 70%를, 물품대금을 수령하는 때에는 협력업체와 계약한 계약금액 전액을 수령일로부터 7일 이내에 현금으로 협력업체에 지급하여야 한다. 만약, 이를 이행하지 않은 경우에는 「정부입찰·계약 집행기준」 제33조(지방자치단체 입찰 및 계약집행기준 제4

장 Ⅲ-2)에서 규정한 선금 의무지급률을 초과한 금액을 회수하여도 이의를 제기할 수 없다.

③ 계약상대자는 당초 제출한 협력업체와의 계약내용을 변경하였을 경우에는 그 내용과 사유를 계약담당공무원에게 계약내용이 변경된 날로부터 7일 이내에 제출하여야 한다.

제17조【하자보수】 (삭제)

제18조【제조물책임】 (삭제)

제19조【물가변동으로 인한 계약금액 조정방법】 일반조건 제11조(지방자치단체 일반조건 Ⅵ-2)에 따라 물가변동으로 인한 계약금액의 조정시(품목조정률, 지수조정률)을 적용한다.

제20조【종합낙찰된 물품의 사후관리】 (삭제)

제21조【단가계약】 ① 단가계약에 대한 납품은 계약조건에 따라 납품수량, 납품기한, 납품장소, 인도조건, 분할납품 여부, 기타 필요한 사항 등을 명시하여 계약담당공무원이 발급하는 납품요구서에 따른다.

② 계약수량은 계약기간 동안의 구매예상량을 추정한 수량이며, 실제 납품요구량이 이보다 적거나 없어도 이에 대하여 조달청은 어떠한 책임도 지지 아니한다.

③ 계약담당공무원은 필요한 경우 계약금액의 100분의 10 이내 금액을 계약금액에 초과하여 납품을 요구할 수 있다. 다만, 계약상대자의 동의가 있을 경우에는 그 이상의 금액에 대하여 납품을 요구할 수 있다.

④ 1회 최대 납품요구금액은 계약금액의 100분의 (　)을 기준하되, 제3항의 경우에도 이를 준용한다.

⑤ 계약담당공무원은 필요한 경우 계약상대자의 동의를 받아 계약기간을 연장할 수 있다.

⑥ 계약상대자는 부득이한 사유가 없는 한 납품기한 이전이더라도 수요기관으로부터 분할 납품요청이 있을 경우 이에 응하여야 한다.

⑦ 계약상대자는 제4항에서 정한 1회 최대 납품요구금액이 증가하는 경우에는 그 초과금액에 해당하는 소정의 추가 계약보증금을 계약담당공무원이 정하는 바에 따라 조달청에 납부하여야 한다.

제22조【장기계속계약 및 계속비계약】 ① 장기계속계약을 체결하는 경우 제2차 이후의 계약은 부기된 총 계약금액에서 이미 계약한 금액을 공제한 금액의 범위 안에서 계약을 체결한다.

② 계속비계약인 경우에는 총 계약금액으로 계약을 체결한 후 일반조건 제12조 제3항(지방자치단체 일반조건 Ⅴ-1-다)에 따라 분할 납품할 수 있는 경우에는 각 회계연도 예산의 범위 내에서 대가를 지급한다.

제23조【입찰참가 제한】 (삭제)

제24조【계약의 해제 또는 해지】 (삭제)

제25조【입찰 공동행위 방지】 개찰결과 담합이라고 판단할 수 있는 정황인 경우에는 해당 입찰을 유찰시키고 재공고를 실시하며, 모든 입찰자는 재공고 입찰조치에 대하여 이의를 제기할 수 없다.

제26조【계약해석의 우선순위】 계약내용에 대한 해석의 우선순위는 다음 각 호의 순서로 한다. 다만, 계약서류에 명시되어 있지 않거나 국가계약법(지방계약법), 특례규정 및 「특정조달을 위한 국가를 당사자로 하는 계약에 관한 법률 시행령특례규칙」등 관계법령상의 강행규정에 저촉되는 사항에 대하여는 그 강행규정을 적용한다.

1. 계약서(갑・을지)
2. 물품구매 규격서(시방서 및 보완규격 포함)
3. 물품구매(제조)계약 추가특수조건
4. 물품구매(제조)계약 특수조건
5. 물품구매계약 품질관리 특수조건
6. 물품구매(제조)계약 일반조건(지방자치단체 물품구매계약 일반조건)
7. 물품구매(제조)입찰권유서
8. 물품구매(제조)입찰유의서[지방자치단체 물품구매(제조)입찰유의서]

〈방위사업청 물품 제조·구매 계약특수조건 표준(일반 및 방산)〉

□ 물품 제조·구매 계약특수조건 표준(일반 및 방산)

제1조【계약당사자 등의 표시】 이 특수조건에서 사용하는 계약당사자 등의 표시는 다음과 같다.

1. 방위사업청 계약관리본부를 "갑"이라 한다.
2. 계약상대자를 "을"이라 한다.
3. "을"의 수급자인 하수급자를 "병"이라 한다.

제2조【계약의 목적】 "을"은 계약서상의 표시물품을 (제조)납품하고, "갑"은 그 대가를 지불한다.

제3조【정의】 이 조건에서 사용하는 용어의 정의는 다음과 같다.

1. "품질보증"이라 함은 "갑"이 요구한 조건에 부합하는지 여부를 확인하기 위하여 군수품의 품질을 검사하는 활동을 말한다.
2. "검사"라 함은 계약목적물이 관련법령에 적합하고 해당 규격·구매사양서대로 제조·설치되어 있는지 여부를 검사관이 확인하는 것을 말한다.
3. "검수"라 함은 제2호의 검사에 합격한 계약 목적물이 운송 중에 손상 또는 훼손을 입었는지 여부와 계약서 또는 납품서류상의 수량대로 납품되었는지 여부를 확인하는 업무를 말한다.
4. "관급품"이라 함은 정부에서 "을"에게 공급하는 자재와 관련 기술자료를 말한다.

제4조【계약문서 적용 등】 ① 다음 사항은 계약서에 첨부되지 않더라도 본 계약의 일부로서 효력을 가진다.

1. 기술자료, 도면에 관한 방위사업청 규정
2. 국방규격서 등 적용규격서
3. 물품구매(제조)입찰유의서
4. 물품구매(제조)계약일반조건(단, 원본과 부본, 총3부에는 생략하지 아니한다)

② 이 조건에서 따로 정하는 경우를 제외하고는 물품구매(제조)계약일반

조건(이하“일반조건”이라 함)에서 정하는 바에 의한다.

③ 이 조건에서 인용하는 관계규정은 따로 정하는 경우를 제외하고는 계약당시의 규정을 적용한다.

제5조【선금】 ① “을”이 “갑”에게 선금을 청구하는 경우에 “갑”은 「국고금관리법 시행령」 제40조 제1항 제14호의 규정에 의하여 선금을 지급할 수 있다. 다만 “갑”의 사정으로 선금지급이 불가능할 경우에는 “을”에게 그 사실을 통지하여야 한다.

② 제1항에 의하여 선금을 지급할 때에는 정부입찰・계약 집행기준(이하 ‘회계예규’라 함) 제9장 등에 의하여 지급하며, “을”은 위 각 규정 및 선금지급조건상의 제반 의무를 성실히 이행하여야 한다.

③ 선금을 지급받고자 하는 “을”은 “갑”의 선금반환채권의 확보를 위하여 「국가를 당사자로하는 계약에 관한 법률」(이하 ‘국계법’이라 함) 시행령 제37조 제2항에 정한 보증서 또는 「방위사업법」제43조의 규정에 의한 보증기관이 발행한 지급보증서 (이하 ‘보증서’라 함)를 제출하여야 한다. 다만, 회계예규 제34조 제1항 단서규정에 의한 “을”의 경우에는 반환사유 발생시 선금잔액에 해당하는 금액을 현금으로 반납할 것을 보장하는 지급 확약서를 제출하여야 한다.

④ 선금을 받은 “을”은 당해 선금을 계약목적 달성을 위한 노임지급 및 자재확보에 우선 사용하여야 한다.

⑤ “갑”은 기성부분 또는 기납부분의 대가 지급시마다 위 회계예규 제9장에 정한 방식에 의하여 선금을 정산한다.

⑥ “을”에게 선금이 지급된 이후 다음 각 호의 1에 해당하는 경우에는 당해 선금 잔액에 대해서 “을”은 “갑”의 청구에 따라 지체 없이 선금잔액(선금 미정산액)을 반환하여야 하며, 특히 그 선금반환이 “을”의 귀책사유에 의한 경우에는 당해 선금잔액에 선금수령일로부터 반환일까지의 약정 이자 상당액(사유발생 시점의 한국은행 통계월보상의 대출평균금리를 기준으로 회계예규에서 정한 산식에 의하여 산정된 금액)을 가산하여 반환하여야 한다.

1. 계약을 해제 또는 해지하는 경우

2. “을”이 선금지급조건을 위배한 경우

3. 사고이월 등으로 반환이 불가피하다고 인정되는 경우

⑦ “갑”은 선금잔액의 반환사유가 발생하였을 때 “을”의 기성·기납부분의 대가 및 다른 계약의 이행에 대한 대금에서 반환받아야 할 선금상당액을 상계처리할 수 있다.

⑧ “을”은 “갑”으로부터 선금을 수령시 근로자, “병” 및 자재공급업체에게 현금으로 지급하여야 하며, 결제받은 현금비율 미만으로 지급하여서는 아니 된다.

⑨ 제3항에 의한 보증서의 보증 개시일은 선금 지급일 이전이어야 하며, 그 종료일은 이행기간의 종료일 다음날로부터 60일(단, 계약이행기간이 60일 이내인 경우는 30일) 이상으로 하여야 한다. 다만 그 이행기간을 연장하고자 하는 경우에는 보증기간 역시 납품통지서상의 최종납기 종료일 다음날로부터 60일 이후까지로 연장하여야 한다.

제6조 【착수금 및 중도금】 ① “을”이 “갑”에게 착수금 및 중도금(이하 ‘착·중도금’이라 함)을 청구하는 경우에 “갑”은 방위사업법 제46조에 의하여 착·중도금을 지급할 수 있다. 다만 “갑”의 사정으로 착·중도금 지급이 불가능할 경우에는 “을”에게 그 사실을 통지하여야 한다.

② 제1항에 의하여 착·중도금을 지급할 때에는 방위산업에 관한 착수금 및 중도금지급규칙(이하 ‘방산착·중도금 규칙’이라 함)에 의하며, “을”은 위 각 규정 및 착·중도금지급조건상의 제반 의무를 성실히 이행하여야 한다.

③ 착·중도금을 지급받고자 하는 “을”은 “갑”의 착·중도금반환채권의 확보를 위하여 위 방산착·중도금 규칙에 따른 착·중도금 보증보험증권 등의 보증서를 제출하여야 한다.

④ 착·중도금을 받은 “을”은 당해 착·중도금을 계약목적 달성을 위한 용도에만 사용하여야 하며, 특히 노임지급 및 자재확보에 우선 사용하여야 한다.

⑤ “갑”은 기성부분 또는 기납부분의 대가 지급시마다 위 방산착·중도금 규칙에 정한 방식에 의하여 착·중도금을 정산한다.

⑥ “을”에게 착・중도금이 지급된 이후 착・중도금 규칙에서 정한 반환사유에 해당하는 경우에는 당해 착・중도금 잔액에 대하여 “을”은 “갑”의 청구에 따라 지체없이 착・중도금 잔액(미정산액)을 반환하여야 한다. 특히 그 착・중도금의 반환이 “을”의 귀책사유에 의한 경우에는 당해 착・중도금잔액에, 착・중도금수령일로부터 반환일까지의 약정이자상당액(사유발생 시점의 한국은행 통계월보상의 대출평균금리를 기준으로 방위산업에 관한 착수금 및 중도금 지급조건에서 정한 산식에 의하여 산정된 금액)을 가산하여 반환하여야 한다.

⑦ “갑”은 착・중도금 반환사유가 발생하였을 때 “을”의 기성・ 기납부분의 대가 및 다른 계약의 이행에 대한 대금에서 반환받아야 할 착・중도금 상당액을 상계처리할 수 있다.

⑧ “을”은 “갑”으로부터 착수금 및 중도금을 수령시 근로자, “병” 및 자재공급업체에게 현금으로 지급하여야 하며, 결제받은 현금비율 미만으로 지급하여서는 아니된다.

⑨ 제3항에 의한 보증서의 보증 개시일은 착・중도금 지급일 이전이어야 하며, 그 종료일은 이행기간의 종료일부터 30일 이상으로 하여야 한다. 다만 그 이행기간을 연장하고자 하는 경우에는 보증기간 역시 납품통지서상의 최종납기 종료일로부터 30일 이후까지 연장하여야 한다.

第7조【감독 및 검사】 ① 이 계약물품의 감독 및 검사는 방위사업법령 및 감독 또는 검사담당기관(이하 ‘품질보증기관’이라 함)이 정한 관계 규정에 의하며, “을”은 위 법령 및 규정에서 정한 의무를 이행하여야 한다.

② 위 규정상의 품질보증형태와 품질보증기관은 다음과 같다.

1. 계약서상의 순번: (　　)

2. 품질보증형태: (　　)

3. 품질보증기관: (　　)

③ 검사준비를 완료한 때 “을”은 국계법상의 검사규정과 계약물품의 특수성에 따른 검사소요기간을 고려하여 검사개시 요구일 3근무일 전에 “갑”이 정한 품질보증기관에 검사준비 완료사실을 통지하여야 한다.

④ “을”은 적용규격(또는 물품구매조건, 사양서)에 규정된 의무를 수행

할 책임이 있으며, "갑"의 감독 및 품질보증기관은 이를 확인할 권리가 있다. "을"은 계약품목이 적용규격(또는 물품구매조건, 사양서)의 모든 항목에 일치함을 보증하여야 하며 "갑"의 감독 및 품질보증기관의 확인 시 이를 입증하여야 한다.

⑤ "을"은 품질보증형태별로 다음의 의무를 진다.

1. 단순품보형(Ⅰ 형)

"을"은 품질보증에 필요한 자체 또는 공인기관 발급의 증빙자료(품질보증서, 최종제품검사 및 시험성적서)를 품질보증기관에 제출하여야 한다.

2. 선택품보형(Ⅱ 형), 표준품보형(Ⅲ 형), 체계품보형(Ⅳ 형)

"을"은 품질보증형태별로 품질보증기관이 정한 규정에 따라 KDS 0050-9000(품질경영시스템 요구서)의 요구사항에 충족하는 품질경영시스템의 수립/이행과 품질보증기관의 평가 및 시정조치에 따라야 한다. 특히, 품질경영시스템이 미구축된 업체의 경우에는 시스템 구축계획을 업체품질보증계획서에 반영하여 품질보증기관에 제출하여야 한다.

3. 수요군검사품목

"을"은 수요군이 정한 검사 또는 수량확인 관련 규정 및 기준을 따라야 한다.

⑥ "을"은 제5항 제2호의 경우 생산계획(일정 및 방안 포함), 생산 및 품질보증 준비현황, KDS 0050-9000에 의한 품질경영시스템 수립 및 이행계획서, 업체일반현황(신규업체)이 포함된 품질보증계획서를 품질보증기관에 제출하여야 한다.

⑦ "을"은 제5항 제3호의 경우 생산계획 및 품질보증 준비현황이 포함된 품질보증계획서를 해당 수요군에 제출하여야 한다.

제8조【검사 불합격 물량의 처리】 ① "을"은 검사과정에서 불합격품으로 최종판정된 불량품을 검사관의 확인하에 처분할 수 있다. 다만, 이 때 표시의 삭제 등 군수품이 아닌 것으로 인정되는 조치를 취하여야 한다.

② 군용임을 표시한 품목은 「군수품관리법」에 위배하지 않는 경우에 한

하여 처분할 수 있다.

제9조【납품】 ① 납품은 "갑"의 검사관이 검사후 검사조서에 날인하고, "갑"의 물품출납관이 검수 후 납품조서에 날인함으로써 완료된다. 다만, 전자문서로 작성된 검사 및 납품조서의 날인은 공인전자서명으로 갈음한다.

② "을"은 "갑"이 정한 품질보증기관의 검사를 받은 후 납품하여야 한다. 다만, 방위사업관리규정 제421조 제1항에 의거 "갑"의 요청에 의한 품목의 경우에는 선납품 후 검사할 수 있다.

③ 소량소액 품목의 경우에는 "갑"의 승인을 받은 후, 전문택배업체를 이용하여 납품할 수 있으나 배송과정에서 발생하는 물건의 분실 및 손상발생에 따른 책임은 "을"에게 있다.

제10조【대가의 지급 및 지급지연에 대한 이자】 ① "갑"은 국계법 시행령 제58조 및 제59조에 의해 대가 및 대가지급 지연에 대한 이자를 지급한다. 다만, 국고채무부담행위에 의한 계약의 경우에 "을"은 당해 국고채무부담의 예산이 배정된 이후 대가지급청구를 하여야 하며, 납기일로부터 대가지급기한(예산배정일로부터 20일)까지는 당해 대가지급지연에 대한 이자상당액을 청구하지 아니한다.

② 국방전자조달체계를 이용하여 근무일 17시 이후에 대금청구를 하거나, 휴무일에 대금청구를 한 경우 다음 근무일에 대금 청구를 한 것으로 간주한다.

③ "갑"이 국계법시행령 제58조 제1항의 규정에 의한 기한 내에 대가를 지급할 수 없는 경우에는 동항 단서 규정에 의거 "을"에게 그 사유를 통지한 후 지급기한을 5일까지 연장할 수 있다. 또한 연장기간에 대해서는 대가지급지연일수에 산입하지 아니한다.

④ 사후원가정산 계약건에 대하여는 원가확정 시까지 계약금액의 10% 범위내 금액을 유보액으로 남겨두고 지급할 수 있다, 다만, 이자는 지급하지 아니한다.

제10조의2【지체상금에 대한 채권보전】 ① "갑"이 "을"의 이행지체에 대하여 방위사업관리규정 제367조(지체상금 면제 및 납기 조정범위 등)에 따

라 지체상금 면제 여부에 대한 검토시 "을"로부터 다음 각 호 1의 채권보전서류를 제출받은 후 납품대가의 전액을 지급할 수 있다.

1. 국가재정법 시행령 제46조 제4항의 규정에 의한 금융기관 또는 은행법에 의한 외국금융기관이 발행한 지급보증서
2. 보험업법에 의한 보험사업자가 발행한 보증보험증권
3. 방위사업법 제43조 및 같은 법 제57조의 규정에 의하여 방위사업청장이 지정한 보증기관이 발행한 지급보증서
4. 소프트웨어산업진흥법 제27조의 규정에 의한 소프트웨어공제조합이 발행한 보증서

② 제1항에 의하여 채권보전 조치를 할 경우 보증 또는 보험금액은 지체상금액과 지체상금의 120일 이상에 해당하는 약정이자상당액을 가산한 금액이어야 한다. 이때의 약정이자상당액은 보증기간 또는 보험기간에 한국은행에서 발표하는 통계월보상의 금융기관대출평균금리에 의하여 아래와 같이 산출한 금액을 말한다.

> 약정이자상당액 = 청구액 × 금융기관대출평균금리 × 보증 또는 보험기간일수/365일

③ "을"은 제1항 각 호의 보험기간 또는 보증기간이 지체상금 면제 여부 결정 이전에 종료될 경우 종료 이전에 그 기간을 연장하여야 한다.

④ "을"은 제1항 각호의 채권보전서류를 제출하여 납품대가의 전액을 지급받은 이후 "갑"이 지체상금 면제 여부 검토결과에 따라 반환해야 할 금액을 통보하면 즉시 현금으로 반환하여야 한다.

제11조【채권자 계좌입금】 ① "을"은 대가지급시 입금을 희망하는 금융기관의 예금계좌번호(우편대체계좌)를 계약서에 명시하여야 한다.

② "을"은 하도급대가를 지급하고자 할 때에 "갑"에게 "병"의 계좌로 직접 입금을 요청할 수 있다. 이경우 "병"은 입금을 희망하는 금융기관의 예금계좌번호(우편대체계좌)를 "갑"에게 신고하여야 한다.

③ "을"이 입금계좌의 변경을 요청할 때는 "갑"은 계좌명의인이 일치할 경우에 이를 승인한다. 이 때 "을"은 대표자의 인감증명서를 첨부하여

변경신청을 하여야 한다.

④ "을"이 금융기관에 공공구매론 신청으로 인해 발생한 계좌변경은 제3항에 의한 계좌변경으로 본다.

제12조【납품예정일자의 통지】 ① "을"은 5근무일 이전 일까지 납품 도착 예정일시를 "갑"과 납지부대 및 해당 군수사령부에 통지하여야 한다.

② 계약서상의 납기일의 시한은 납지부대의 당일 일과 시작시부터 일과 종료 30분 전까지로 한다.

제13조【납품지체 통지】 ① 납기를 준수할 수 없다고 판단될 경우 "을"은 즉시 "갑"과 "갑"이 정한 품질보증기관에 납품예정일자 및 지체이유를 서면으로 통지하여야 한다.

② "을"의 책임에 속하지 않는 사유로 인하여 납기 내 납품이 불가능하다고 판단될 경우 "을"은 증빙자료를 첨부하여 납기도래 30일 전까지 "갑"에게 납기연기신청서를 제출하여야 한다.

③ "을"의 책임에 속하지 않는 사유로 인하여 납품이 지체되어 지체상금을 면제받고자 할 경우 "을"은 증빙자료를 첨부하여 납품 후 지체없이 "갑"에게 지체상금면제원을 제출하여야 하며 면제원 미제출 또는 제출지연에 따른 불이익은 "을"이 부담한다.

④ 위 제3항에 의해 지체상금면제원을 제출하는 경우 다음의 서류를 첨부하여야 한다.

1. 계약내용의 현황
2. 지체경위서
3. 지체사유를 구체적으로 입증할 수 있는 자료
4. 기타 사실 확인 및 지체사유의 책임소재 판단에 도움이 되는 자료

제14조【납지부대 영내에서의 하화작업】 납지부대 영내에서의 하화작업에 소요되는 인력 및 장비는 계약조건으로 특별히 명시된 경우를 제외하고는 수납부대가 담당한다.

제15조【분할 · 조기납품 및 조기분할납품】 "을"은 다음 각 호의 경우 계약물품을 분할납품하거나 또는 납기 전에 납품(이하 "조기납품"이라 함)할 수 있다. 다만, 계약품목의 특성상 분할납품으로는 계약의 목적을 달성

할 수 없는 때에는 예외로 한다.

1. 분할납품

가. 계약서상의 납기가 지난 후 납품할 때

나. 계약납기 내에 전량 납품은 불가능하나 일부 분할하여 납기 내 납품할 수 있는 때

다. 계약물량의 사업별(군별), 납지별, 품목별로 각기 전량을 납품할 경우

2. 조기납품 및 조기분할납품

계약 후 부터 납기 (30)일 전까지의 조기납품 및 조기분할납품으로서 아래의 요건이 충족된 경우

가. "갑"의 서면통지가 있을 때

나. 수요군 또는 "을"의 요청에 따라 "갑"의 승인을 받은 경우

제16조【단가계약시의 납품】 ① 단가계약의 경우 계약의 이행은 계약담당공무원이 발급하는 납품통지서에 의하며, 납품수량, 납품기한, 납품장소, 인도장소, 분할납품여부, 기타 필요한 사항은 "갑"의 수요군에서 발행하는 납품지시서에 의한다.

② "갑"은 당해 물품의 생산소요기간을 고려하여 납품통지서를 발부하여야 하며, 납품일로부터 최소한 30일 전에 납품통지서를 발급하여야 한다. 다만, 필요한 경우 "갑"과 "을"의 협의에 따라 앞당길 수 있다.

③ 단가계약의 경우 계약수량은 연간 구매예상량으로서 납품지시는 계약수량의 10%를 초과하거나 미달할 수 있다.

제17조【취급설명서】 ① "을"은 계약 장비에 대한 취급설명서(일반조건 제18조에 의한 "주의서"의 내용을 포함할 경우 일반조건상의 주의서는 따로 제출하지 아니함) 및 장비이력자료를 장비 대당 1권씩 포함하여 납품하여야 한다. 다만, 사용자교범에 취급설명서의 내용이 포함되어 있는 경우에는 취급설명서를 납품하지 않을 수 있다.

② 주기성 교환품목은 품목별로 최종교환시기를 기록한 장비이력자료를 포함하여 납품한다.

제18조【하도급】 ① "을"은 하도급 계약시 하도급거래 공정화에 관한 법

률(이하"하도급법")과 표준하도급계약의 계약조건을 준수하여야 한다.

② 계약물품의 일부 부품 또는 공정의 일부를 제3자로 하여금 제조 또는 가공처리하게 할 경우에는 "갑"이 정한 품질보증기관의 규정에 따른다.

③ 다음 각 호의 1과 같이 계약물품의 일부·전부에 대하여 제3자에게 완제품을 제조하게 하는 것은 원칙적으로 불가하며, 천재지변 등 불가항력의 사유로 제3자에게 완제품을 제조하게 할 경우에는 "갑"으로부터 직접 하도급승인을 얻어야 한다.

1. 계약물품 전부의 완제품 하도급
2. 계약물품 일부의 완제품 하도급
3. 동일 건으로 계약한 다종의 물품 중 일부 품목의 완제품 하도급

④ 제3항의 규정에 불구하고 다음 각 호의 1에 해당하는 경우에는 "갑"의 하도급승인을 요하지 아니한다.

1. 완성장비와 함께 계약된 수리부속, 기본불출품목 및 공구류
2. 조립체와 함께 계약된 당해 조립체의 부품
3. 조립체 생산업체와 조립체 수리부속만을 계약한 경우 그 수리부속
4. 방산업체가 협력업체에 기술지원하여 연구개발한 품목

⑤ 하도급승인 신청시 "을"은 품질·가격·인도시기 등을 고려하여 다음 순위에 따라 "병"을 선정하여야 한다.

1. 방산물자 해당 품목의 방산업체(소·부재업체 포함)
2. 연구개발단계에서 시제품 생산시 참여한 협력업체
3. "갑"이 인정하는 기타 업체

⑥ "을"은 제3항의 하도급 승인 신청시 다음 사항에 대한 자료를 첨부하여야 한다.

1. 하도급 내용 및 이유
2. 하도급 물량 및 계약금액
3. 하도급 업체 현황
4. 하도급 기간
5. 구입부품 내역

6. 원부자재 내역

⑦ "을"은 하도급 계약조항에 다음 사항을 포함하여 계약하여야 하며, 하도급 계약업체별 계약현황(품목, 수량, 금액 등)을 제출하여야 한다. 다만, "갑"이 요구할 경우 하도급 계약서 사본 1부씩을 추가로 제출하여야 한다.

1. "갑"의 요청이 있을 때 "병"은 원가자료 등 관계 증빙서류를 제출하여야 한다.
2. 제출한 위 근거자료를 "갑"이 검토한 결과 적정가격보다 과다하게 계산된 경우 "갑"은 "을" 및 "병"에 대하여 하도급의 감액 또는 환수처리를 할 수 있다.

⑧ "갑"의 승인에 따른 하도급의 경우에도 계약에 의한 "을"의 의무는 면제되지 아니한다.

⑨ "을"은 하도급 계약시 특별한 사정이 없는 한 물품의 생산개시 이전에 해당 업체에 대하여 하도급계약서를 교부하여야 한다.

⑩ 원사업자는 제5조(제6조)에 의거 "갑"에게 선금(착 · 중도금)을 받은때에는 하도급법 제6조에 따라 지급받은 날로부터 15일 이내에 수급사업자에게 일정비율을 지급하여야 한다.

⑪ 장기계약의 경우, "을"은 제2항 및 제3항에 따라 "갑" 또는 "갑"이 정한 품질보증기관으로부터 승인받은 하도급업체와 원가절감이 가능하도록 장기계약을 하여야 하며, 계약기간 중 하도급업체를 임의 변경할 수 없다. 다만, 부득이하게 하도급업체를 변경해야 할 경우에는 "갑"의 동의를 받아야 한다.

제19조【하도급대금의 직접지급】 ① "갑"은 다음 각 호의 1에 해당하는 사유가 발생한 경우로서 수급사업자가 제조 · 수리 · 시공 또는 용역수행한 분에 상당하는 하도급대금의 직접지급을 요청한 때에는 해당 수급사업자에게 직접 지급하여야 한다. 이 경우 원사업자는 기성부분의 확인 등 필요한 조치를 지체없이 이행하여야 한다.

1. 원사업자의 지급정지 · 파산 그 밖에 이와 유사한 사유가 있거나 사업에 관한 허가 · 인가 · 면허 · 등록 등이 취소되어 원사업자가 하도

급대금을 지급할 수 없게 된 경우

2. 발주자가 하도급대금을 직접 수급사업자에게 지급한다는 뜻과 그 지급방법 및 절차에 관하여 발주자, 원사업자 및 수급사업자가 합의한 때

3. 원사업자가 하도급법 제13조 제1항 또는 제3항의 규정에 의하여 지급하여야 하는 하도급대금의 2회분 이상을 지급하지 아니한 경우

② 제1항의 규정에도 불구하고 원사업자가 당해 하도급계약과 관련하여 수급사업자가 임금, 자재대금 등의 지급을 지체한 사실을 입증할 수 있는 서류를 첨부하여 당해 하도급대금의 직접지급 중지를 요청한 경우에는 "갑"은 당해 하도급대금을 직접 지급하지 아니할 수 있다.

③ 이 조항에서 따로 정하지 아니한 사항은 하도급법 및 같은 법 시행령의 규정에 따르며, 하도급법 및 같은 법 시행령의 개정이 있는 경우 본조에도 불구하고 개정된 법령의 내용 및 효력에 따른다.

제20조【보증】 ① "을"은 검사 및 검수 와는 별도로 납품 후 (　)년간 납품한 물품의 규격과 품질이 계약내용과 동일함을 보증하여야 한다.

② 제1항에 규정한 기간 내에 납품된 물품의 규격과 품질이 계약내용과 상이함이 발견된 때 "갑"이 정한 품질보증기관은 그 사실을 "을"에게 통지하고 상당한 기간을 정하여 당해 물품의 보수, 대체납품(교환)을 청구할 수 있다. "갑"은 필요한 경우 보수 또는 대체납품(교환)에 갈음하여 물품대금의 반환을 청구할 수 있다. 이때, 발생되는 제반 경비는 "을"이 부담하기로 한다.

③ 제2항의 '상당한 기간'이라 함은 하자발생시 "갑"의 검사관이 "을"에게 통보한 날로부터 (　)일을 뜻하며, 그 기간을 초과하여 하자복구시는 초과일수에 대하여 아래 산식에 의한 지연배상금을 "갑"에게 납부하여야 한다. 다만, 위 지연배상금은 당해 하자발생물품의 계약금액의 100분의 30을 초과할 수 없다.

> 지연배상금 = (하자수량) × (단가) × (지정기일 후 보수완료일까지의 일수) × (당해물품의 지체상금률)

④ “갑”의 하자보수 또는 대체납품 요구에도 불구하고 하자보증이 이루어지지 않은 경우 “갑”은 당해 하자발생품목을 계속 사용하면서 “을”에게 당해 하자발생물품의 계약금액의 100분의 30에 해당하는 금액을 청구할 수 있다.

⑤ “을”을 통한 하자보수 또는 대체납품이 불가하거나 하자보수 또는 대체납품이 이루어지지 않음으로 인하여 계약의 목적을 달성할 수 없는 경우 “갑”은 위 제4항에 의한 손해배상 청구와 함께 계약의 전부 또는 당해 하자발생부분에 대한 계약을 해제하여 원상회복할 수 있다. 다만, 하자보수 불이행에 따른 계약해제가 계약보증기간 중에 이루어질 경우 “갑”은 위 제4항에 의한 손해배상을 청구하지 않고 계약보증금을 국고귀속시킨다.

⑥ “을”은 납품 후 사후봉사(A/S)의 실시가 필요하다고 판단될 때에는 이를 수요군에게 요청할 수 있으며, 사후봉사계획 및 그 결과를 “갑”의 품질보증기관에 제출하여야 한다.

⑦ 제2항에 의하여 보수 또는 대체 납품한 경우 “을”은 보수 또는 대체납품이 종료된 때로부터 본조에 의한 보증 책임을 새롭게 부담한다 이 경우 하자보증기간은 제1항 괄호에 정한 기간을 적용한다.

제21조【분리계약품목의 보증】 분리계약품목 중 분리할 수 없는 품목에 대한 하자 발생시 다음에 의한다.

1. 관급품 자체의 결함으로 인한 하자는 관급품공급업체가, 정상관급품의 관급 이후 완성품 생산과정에서 하자가 발생하였을 경우 완성품을 생산한 업체가 하자처리를 담당한다.
2. 하자책임이 양측에 있을 때 하자책임부분이 불명확하여 양측의 의견이 대립될 경우 양측이 공동으로 선 하자처리를 한다.

제22조【제조물책임】 ① 계약물품의 결함으로 인하여 “갑” 또는 제3자에게 손해(당해 제조물에 대해서만 발생한 손해를 제외한다)가 발생하였을 경우 “을”은 「제조물책임법」이 정한 바에 의하여 손해를 배상하여야 하며, “갑”이 “을”에게 손해배상을 청구하는 경우 결함의 부존재 및 당해 손해가 제품의 결함으로 인한 것이 아님에 대한 입증책임은 “을”이 부

담한다.

② "을"은 "갑"에게 납품한 물품으로 인하여 제조물책임이 발생하지 않도록 제반의 노력을 다하여야 하며, 납품시 계약물품에 제조업체 및 공급업체를 명확히 표기하여야 한다.

③ "을"은 당해 적용규격(또는 물품구매조건, 사양서)에 이상이 있음을 알았을 경우에는 이 사실을 "갑"에게 통보하여야 하며, 적용규격(또는 물품구매조건, 사양서)과 관련한 국가의 제조물책임 여부에 대한 입증책임은 "을"에게 있다.

④ "을"은 제조물책임법에 따라 책임을 부담할 자가 따로 있는 경우에도 그 사유 및 책임질 자에 대한 내용을 "갑"에게 통보하여야 한다.

제23조【관급품】 ① "을"에게 지급된 관급품의 소유권은 "갑"에게 있으며, "을"은 선량한 관리자로서의 주의의무를 다하여 관급품을 보관, 관리하여야 한다.

② 만일 "을"이 관급품을 수령한 이후 이를 멸실, 훼손하거나 망실 또는 부정처분하였을 경우 "갑"에게 즉시 통보하여야 하며 이를 변상하여야 한다.

③ 관급품 보증을 위해 "을"은 보증서를 제출하여야 하며, 보증서의 기한은 계약서상 관급품 인도일로부터 해당 관급품이 포함된 장비의 납기 종료일 이후로 한다.

④ "을"은 관급품의 인수, 사용내역, 재고와 저장 및 위치표시 등에 관하여 각 관급품목별로 정확히 장부에 기록 관리하여야 하며, "갑"이 위 장부의 제시를 요구한 때에는 이에 응하여야 한다.

⑤ 관급품 사용 후 발생한 잉여량은 "갑"에게 반환하여야 한다.

⑥ 관급품의 지급과 반환은 별지 관급품목록 기재 보유장소에서 한다.

⑦ "갑"이 "을"에게 관급품의 지급시 따르는 제 비용 및 관급품의 하화작업에 소요되는 인력 및 장비는 납품받는 자가 부담한다.

⑧ "갑"이 필요에 의거 관급품의 반납을 요청할 경우에는 관급품의 지급을 받은 자는 지체없이 이에 응하여야 한다.

⑨ "갑"은 관급품 공급범위와 인도시기가 미확정된 상태에서 계약이 체

결된 경우에는 관급품 인도일 이전에 확정된 자료를 “을”에게 통보하여야 한다.

第24条【보증기간의 연장 및 보증금의 증액】 ① 수정계약으로 계약기간이 연장되는 경우 “을”은 수정계약체결과 동시에 당초 설정하였던 계약보증금 및 관급품 보증금의 보증기간을 연장된 계약기간 종료일 이후로 연장하여야 한다.

② 수정계약으로 계약금액이 증액된 경우 “을”은 이에 상응하는 계약보증금을 증액하여야 한다.

③ 단가제 계약에 있어 계약보증금 및 관급품 보증금의 보증기간이 납품통지서상의 최종납기를 기준으로 보증기간을 확보하지 못하는 경우 “을”은 계약보증금 및 관급품 보증금의 보증기간을 연장된 계약기간 종료일 이후까지로 연장하여야 한다.

④ “을”은 위 각항의 추가분에 대한 보증서를 “갑”에게 제출하여야 한다.

第25条【보증금의 국고귀속】 계약보증금 및 선금반환보증금, 착・중도금반환보증금, 관급품보증금의 각 귀속사유가 발생한 경우 “갑”은 즉시 각 보증금을 국고귀속한다. 다만, 합리적인 입증여부에 따라 계약불이행으로 인한 실손해액이 국고귀속된 계약보증금의 액수를 초과할 경우 “갑”은 초과되는 손해에 대한 배상을 “을”로부터 지급받을 수 있다.

第26条【장기계속계약 등】 ①장기계속계약에 있어 연차별 납품(또는 기성) 처리분을 분명히 정한 연차별 계약이 완료된 때에는 당초의 계약보증금에서 이행이 완료된 연차별 계약금액에 해당하는 분을 반환한다.

② “을”은 장기계속계약의 연부액 변동으로 인한 수정계약시 사업변경내역 및 새로운 활동계획을 제출하여야 한다.

③ “을”은 확정계약을 제외한 성과관리시스템을 적용받지 않는 계약금액기준 1,000억원 이상의 장기계속사업(협력업체 포함)에 대해서 현장원가관리지침에서 정한 중점점검대상 자료 중 국내・외 재료비 발생내역, 월별 공수 발생내역, 직접경비 발생내역을 해당 원가팀에 매월 제출하여야 한다.

제27조【계약의 해제, 해지】 ① "갑"과 "을"은 합의에 의하여 본 계약을 해제 또는 해지할 수 있다.

② 일반조건상의 계약해제 또는 해지 사유가 발생하였을 경우에 "갑"은 "을"에게 계약해제 또는 해지의 의사표시를 하고 그 의사표시가 "을"에게 도달함으로써 계약해제 또는 해지의 효력이 발생한다. 다만, "을"의 도산 등으로 인하여 "을"에게의 의사표시 도달이 어려울 경우 계약의 해제 또는 해지의 의사표시 발송일로부터 7일이 경과한 후 해제 또는 해지의 효력이 발생한 것으로 본다.

③ "갑"은 일반조건 제26조 제1항 제3호에도 불구하고 지체상금이 당해 계약의 계약보증금 상당액에 달한 경우라 하더라도 전력화시기 · 계약이행상황 · 업체의 계약이행의사 등을 종합하여 계약해제(해지)를 아니할 수 있다.

제28조【계약의 변경】 ① 계약체결 후 필요한 경우 "갑"과 "을"의 서면합의로써 계약물량 등 계약내용을 변경할 수 있다.

② "을"이 계약내용을 변경하고자 할 경우 납기일 이전에 증빙자료를 첨부하여 계약변경신청서를 "갑"에게 제출하여야 한다.

③ 계약서 내용의 오탈자 및 경미한 정정사항은 "갑"과 "을"의 서면합의만으로 변경할 수 있다. 이때 변경사항은 계약서를 배부한 전부서에 서면으로 통지한다.

제29조【계약금액의 조정】 ① 계약금액의 조정은 국계법 시행령 제64조 제1항 제1호의 방법에 의하고, 제조계약의 경우 국계법 시행령 제65조 및 제66조를 아울러 적용한다.

② "갑"이 "을"에 대하여 물가변동에 의한 계약금액조정의 필요가 있음을 통지하거나 물가변동에 의한 계약금액조정을 위한 자료를 요구한 경우 위 통지 등이 "을"에게 도달한 이후에 지급되는 기성대가는 개산급으로 지급된 것으로 보고 물가변동적용대가에 포함시키기로 한다.

제30조【계약금액의 착오 등과 부당이득금 등의 환수 등】 ① 이 계약체결 후 원가계산자료 및 계산의 착오로 인한 예정가격 또는 계약금액의 부당한 결정으로 "을"이 부당이득을 취한 사실이 발견되거나 기타 공무원

의 착오로 국고에 손실을 끼친 사실이 확인될 경우에는 “을”은 지체없이 부당이득금을 “갑”에게 반환하여야 한다. 특히, “을”이 허위 기타 부정한 자료를 제출하여 부당이득을 얻은 때에는 방위사업법 제58조에 의거 “갑”은 부당이득금의 환수와 동시에 부당이득금에 상당하는 가산금을 환수하여야 하며, 국계법 제27조 및 같은 법 시행령 제76조에 의한 제재조치를 취할 수 있다. 또한 “을”은 방위사업법 제48조 제1항에 따라 방산업체 지정이 취소될 수 있으며, 제62조 제4항에 따른 처벌을 받을 수 있다.

② “을”은 “갑”의 원가계산자료 등 가격 증빙자료의 제출 또는 열람요구에 응하여야 하며, “을”이 정당한 이유없이 지연제출 또는 불응하거나 허위 증빙자료를 제출할 경우 “갑이 판단한 부당이득금과 그에 상당하는 가산금을 환수할 수 있으며, 위 가격 증빙자료의 검토 완료시까지 지급할 금액에서 계약금액의 10% 범위 내 금액을 유보액으로 남겨두고 지급할 수 있다.

제31조【규격】 ① 이 계약물품의 적용규격은 이 계약명세서상의 규격번호에 해당하는 규격에 합치하여야 한다.

② “을”은 “갑”에게 위 규격서(또는 견본) 및 기술자료의 열람 및 대여를 요청할 수 있으며, 제시된 견본은 규격과 일치하여야 하고, 계약에 적용되는 모든 기술자료는 계약체결시점에 확정된 최신판이어야 한다.

③ “을”은 “갑”에게 대여받은 견본을 납품일 이전에 원상태로 반드시 반납하여야 하며, 기간 내 미반납 또는 훼손하였을 때는 “갑”은 해당품목의 획득가격에 상응하는 손해액을 대가지급시 상계처리할 수 있다.

제32조【기술자료 등의 제출】 ① “을”은 “갑”의 요구가 있거나 국방규격(정식규격, 포장규격, 임시규격, 도면규격을 포함한다. 이하 같다)의 제정 또는 개정이 필요한 경우 국방규격의 제정 또는 개정에 필요한 자료를 “국방규격의 서식 및 작성에 관한 지침”에 의거 작성하여 “갑”에게 제공하여야 한다.

② “을”은 국방규격에 의하여 계약을 한 후 기술자료의 개선 또는 보완이 필요한 경우에 다음 각 호의 해당 기술자료 일체를 납품일 이전에

"갑"의 규격부서에 제출하여야 한다. 이 경우 "을"은 그의 기술자료에 관하여 특허, 실용신안, 디자인 등 지식재산권이 출원 또는 등록 중인 때에는 그 사실을 명시하고 근거 자료를 제출하여야 한다.

1. 기술변경제안서
2. 세부항목내역서
3. 수정전후 국방규격 기술자료[규격서, 도면, 자료목록, 품질보증요구서(QAR)]
4. 제안내용을 입증할 수 있는 관련자료

③ "을"은 견본(현품)에 의하여 계약을 한 후 납품일 이전에 견본(현품), 도면, 포장제원표 등 규격제정에 필요한 기술자료를 "갑"(표준관리부)에게 제출하여야 한다.

④ "갑"은 "을"이 제2항 및 제3항의 제출의무를 이행하지 않을 경우 "을"이 기술자료 제출을 완료할 때까지 대가 일부의 지급을 유보한다.

제33조【바코드 및 제원표】 ① 검사 및 납품조서와 제원표는 국방 공통서식을 사용, 다음 각 호의 내용을 바코드화한다. 다만, 전자문서로 작성된 검사 및 납품조서를 제출할 경우에는 바코드를 생략한다.

1. 검사 및 납품조서의 요구번호, 재고번호, 단위, 수량, 단가를 바코드화한다.
2. 제원표(장비/시효성물자)의 조달요구번호, 재고번호, 제조일자, 장비일련번호를 바코드화한다.

② "을"은 장비 및 시효성물자에 대한 제원표를 작성, 검사·납품조서와 함께 바코드화하여 각 군 군수사(보급창)에 제출하여야 한다. 또한, 실 소요부대에 장비를 직납할 경우에도 납품 5근무일 전에 장비 제원표를 작성 해당 군수사에 제출하여야 한다.

제34조【포장 및 표시】 ① "을"은 정부의 물류 표준화 시책에 따라 "갑"과 계약된 모든 군수품의 외부 포장치수는 KS T 1002(수송포장 계열치수)의 1100×1100mm 계열의 69개 치수 중에서 선정 납품하되, 불가피하게 KS T 1002의 기준을 준수하지 못하는 경우에는 내용물의 크기에 따라 이용률을 최대한 높이는 방법으로 가감조절할 수 있다. 다만, 정부에

서 승인한 포장규격이 있는 경우 규정된 포장규격에 따른다. 단, 자동화 창고에 납품되는 품목은 버켓 최대적재 치수(520mmX320mmX180mm)를 고려하여 외부상자의 크기를 조정할 수 있다.

② "을"은 수송과 보관 또는 장기간 저장 중에 부식과 손상방지를 위한 필요한 조치를 하여야 한다. 다만, 목재 포장상자에 외부도색을 하거나, 환경유해 물질이 포함된 완충재를 사용하여서는 아니 된다.

③ "을"은 적절한 포장방법 선택 및 포장 재활용 등을 통해 비용절감이 될 수 있도록 노력하여야 한다.

④ "을"은 임시재고번호가 부여된 물품 납품시 포장에 임시재고번호를 기록하고, 부품번호, 제조회사명 등은 포장규격서에 따른다.

⑤ 구매계약인 품목의 포장에는 원생산자명을 공급자명과 함께 표시하여야 하며, 가능한 원포장을 재활용할 수 있도록 하여야 한다.

⑥ 본 계약물품의 포장 등에 사용하는 단위는 법정계량단위를 사용하여야 한다. 다만, 군용 물품의 특성상 불가피한 경우에는 병기하여 표기하거나 "갑"과 합의하여 비법정계량단위를 사용할 수 있다.

第35조【군수품 목록화자료 제출】 ① "을"은 국가재고번호가 없어 부품번호로 계약한 물품중 "갑"이 목록화 대상품목으로 통보한 품목에 대해서는 최초납기 0개월 이전에 방위사업관리규정 및 군수품 목록화 업무지침에 따라 국방군수품 목록화 요청서를 작성하고, 관련자료(규격서, 도면, 카탈로그, 보급기술교범 해당 페이지, 사진 등)를 첨부하여 목록화 요청기관(방위사업청, 출연기관 등)에 제출하여야 한다.

② "을"은 국외구매 체계/장비 중 목록화 대상 품목의 원생산국이 나토 또는 후원합의 2단계 국가일 경우 원생산국으로부터 국가재고번호를 획득한 후 "갑"에게 제공하여야 한다. 단, "을"이 원생산국의 국가재고번호를 획득하지 못 할 경우, "을"은 "갑"의 국가목록부서와 원생산국 목록부서간 업무협조를 위해 목록화 시기, 방법 등에 대해 "갑"의 국가목록부서와 사전 협의하고, 원생산국에 목록화를 요청하는 비용이 발생하는 경우 제반비용은 "을"이 부담한다.

③ "을"은 체계/장비의 보급품이거나 비나토 또는 후원합의 1단계 국가

에서 구매하는 품목인 경우는 목록화에 필요한 정보(기부여 재고번호, 부품번호, 생산자부호 등)를 "갑"에게 제공한다.

④ "을"은 재고번호(임시재고번호 포함)로 계약한 품목으로서 목록자료 변경이 필요한 품목에 대해서는 최초납기 0개월 이전에 제1항과 같은 방법으로 목록자료 최신화를 요청하여야 한다.

⑤ 제4항에서 목록자료 변경이 필요한 품목이라 함은 제조구분, 참조자료(참조번호, 생산자 등), 특성자료 등에 변경 또는 추가할 사항이 발생한 품목을 말한다.

⑥ "갑"은 "을"이 목록화를 위한 자료의 제출의무를 이행하지 않을 경우 "을"이 제출을 완료할 때까지 계약금액 일부의 지급을 유보할 수 있다.

第36条【방사선 관련 물품의 안전확보】 "을"은 계약물품 중 방사선발생장치 및 방사선동위원소와 관련한 안전을 위하여 원자력법령, 군방사선안전관리 훈령 등 관련규정을 준수할 의무가 있으며 이러한 의무의 불성실 이행 또는 불이행으로 발생한 사고에 대하여 책임을 진다.

第37条【국산화율 향상 및 외화절약】 ① "을"은 주도적으로 국산화율(가격기준) 향상 및 국산품 우선사용을 통한 외화절약 의무가 있다.

② "을"은 국내 기술수준으로 군수품 품질요구 정도의 생산이 가능한 재료 등은 경제성 등을 고려하여 가능한 국내생산제품을 사용하여야 하며, 우수 품질인증, 신기술 인증 제품 및 부품국산화개발 완료품목을 우선 사용하도록 한다.

③ 제2항의 경우에, 「국방전력발전업무훈령」(국방부훈령) 및 「방위사업관리규정」(방위사업청훈령), 「무기체계 양산단계의 부품국산화 지침」(방위사업청지침) 등에 의거 계약 체결시 의무사용 대상품목으로 명시한 부품국산화 완료품목(계약서에 첨부된 수의계약대상품목, 국계법 시행령 제26조 제1항 제7호 아목에 근거)에 대하여는 의무적으로 이를 계약품목 생산시 적용하여야 한다. 다만, 다음 각 호의 경우에는 예외로 하되, 제1호 또는 제4호의 경우는 갑의 사전 동의를 받아야한다.

1. 계약체결 이전에 이미 확보된 수입 재고품이 있는 경우

2. 국산화개발 완료 품목에 대해 각 조달기관에서 구매시 적용하는 가격보다 높거나 개발승인 당시 외자조달 실적가격(외자조달 연도의 평균 환율로 환산한 금액에 부품 국산화 완료 품목을 구매하고자 하는 연도의 전년도까지의 물가상승률을 반영한 금액을 말한다)보다 높은 가격을 요구하는 경우
3. 국산화개발 품목을 양산설비 미비 등의 사유로 적기에 납품할 수 없거나 요구 품질에 미치지 못하는 문제로 주 장비 생산일정에 차질을 초래하는 경우
4. 기타 국산화개발 품목을 사용할 수 없는 특별한 사유가 있는 경우

④ "을"은 계약서에 명시된 국산화계획 및 제3항의 국산화개발 완료품목 우선구매 의무조건을 준수하여야 하며, 국산화 미이행 및 우선구매 의무 미이행으로 해외구매시 해당품목에 대한 해외구매가격의 120%에 대한 10%를 위약금으로 납부하여야 한다.

⑤ 국산화 및 우선구매 의무 미이행 여부 판단은 계약서상에 명시된 품목별 해당 국산화 이행계획 및 우선구매 대상품목("갑"의 변경, 추가 승인시 최종 승인계획)을 기준으로 한다.

⑥ 사업팀은 국산화계획 변경을 승인한 경우 변경내용을 "을" 및 계약팀, 품질보증기관 등에게 통보하며, 품질보증기관은 국산화 이행여부를 확인하여 미이행시 그 내용을 계약팀에게 통보하여야 한다.

⑦ "을"은 계약목적물의 최종 납품 이전에 국산화개발품 우선구매 대상품목에 대한 구매현황(구매업체, 구매수량 및 사용내역, 증빙자료, 미구매시 미구매 사유 등)을 작성하여 "갑"에게 제출하여야 하며, "갑"은 이를 확인 또는 검증하여 우선구매 이행 여부를 최종 확정한다.

⑧ "을"은 계약이행 중 추가 국산화 개발이 완료된 품목 또는 계약 체결시 의무사용대상품목으로 명시되지 않은 국산화 완료품목에 대하여도 최대한 우선하여 구매하도록 노력하여야 한다.

第38조【지식재산권】 ① "을"은 계약을 이행함에 있어서 발생하는 상표, 특허, 실용신안, 디자인 등 일체의 지식재산권상의 문제에 대하여 책임을 진다.

② "갑"은 "을"이 제1항의 규정을 위반함으로써 손해를 받은 경우에는

"을"에 대하여 손해배상을 청구할 수 있다.

제39조【보안】 ① "을"은 계약 물품이 군수품임을 감안하여 계약 체결 및 이행과 관련하여 지득한 사실과 기술자료에 대하여 일반문서로 분류된 내용일지라도 해당 업무와 직접적 관련이 없는자에게는 전파, 누설되지 않도록 자체 보안대책을 수립하여야 한다.

② "갑"은 "을"에게 관련 기술자료를 제공시 "보안경고"와 같은 보안관련 문구를 명시한다.

제40조【재판관할】 ① 일반조건 제31조 제2항의 적용을 배제한다.

② 분쟁이 발생한 날로부터 30일 이내에 계약당사자간의 협의가 이루어지지 아니한 때에는 소송에 의하여 해결하되, 그 관할법원은 서울중앙지방법원으로 한다.

제41조【청렴계약 이행】 ① 방위사업법 제6조에 의거, "갑"과 "을"이 서로 서약하여 교부한 청렴서약서(이하 전자입찰 또는 전자협상시 동의한 서약서를 포함한다)는 이 계약의 일부로 하며, 청렴서약서의 내용을 성실히 이행한다.

② "갑"은 "을"이 청렴서약을 위반한 경우에는 방위사업법 제59조에 의거 입찰참가자격을 제한하는 등의 조치를 할 수 있다.

제42조【채권양도】 ① "을"은 미리 "갑"의 서면승인을 받은 경우에 한하여 승인금액을 한도로 채권을 양도할 수 있다.

② 채권양도 승인의 기준과 절차는 방위사업청 지침에 의한다.

③ "갑"은 제1항의 규정에 의한 채권양도 서면승인 신청에 대하여 승인을 하지 않는 경우에는 그 사유를 서면으로 "을"과 그 채권을 양수하고자 하는 자에게 통보하여야 한다.

④ 제19조 제1항의 경우에는 채권양도승인을 받은 것으로 본다.

제43조【추가 및 삭제사항】 ① 본 품목은 계약의 특성을 고려하여 (　　) 조항을 삭제한다.

② 본 품목은 계약의 특성을 고려하여 (　　)조항을 추가 적용한다.

제44조【장기계속계약에서의 지체상금 부과】 본 계약에서는 물품구매(제조) 계약일반조건 제24조 제1항을 배제하며, 지체상금은 지체된 품목의 계

약금액[본 계약금액은 연차별 계약금액이 아닌 납기별 계약명세서 금액(이는 납기별 전체 계약상 가액을 말한다)을 의미한다]에 지체일수 및 지체상금률을 곱하여 산출한다.

제45조【비용 및 일정관리】 ① "을"은 사업진행에 따라 비용 및 일정준수를 위하여 성과관리(EVM)를 하여야 한다. "을"은 성과관리계획서를 제출하고 그 이행은 사업성과관리(EVM)수행지침에 따른다.

② 성과관리시스템에서 실투입 비용으로 처리되었더라도 방산물자의 원가계산에 관한 규칙에서 정하지 않은 사항에 대해서는 원가정산시 포함시키지 아니한다.

[별 지]

□ 관급품목 내역서

1. 관급품목(서식은 관급품의 성격에 따라 수정 사용)

순번	재고번호	품명	단위	수량	관급가액	관급장소	인도일	납기	비고

2. 수송책임
3. 관급품 출납공무원

제2장

공동수급체의 법률관계

제1절 | 공동수급체를 둘러싼 분쟁

1. 다양한 법률관계의 존재

공동계약은 다수 당사자가 하나의 공동수급체를 결성하여 계약상대자가 된다는 점에서 ① 공동수급체 구성원간의 내부적인 문제와 ② 발주기관에 대한 관계 및 ③ 공동수급체와 이해관계 있는 제3자와의 법률관계 등 여러 가지 다양한 유형의 분쟁이 발생할 수 있다.

여러 분쟁형태 중 주요사례를 살펴보면 ① 공동수급체 구성원 사이의 내부적인 문제로서는 대표자선임, 공동수급 내용의 변경, 구성원의 탈퇴, 출자의무 및 손익배분이 문제되며, ② 공동수급체와 발주기관 사이에는 지체 또는 하자를 포함한 각종 책임, 선금·대가 등 각종 대금청구와 관련된 분쟁이 있을 수 있고, ③ 공동수급체와 이해관계 있는 제3자와의 사이에는 하도급계약, 자재구입계약 및 고용계약 등으로 인한 각종 채권채무관계, 공동수급체 구성원 1인의 행위로 인한 공동수급체의 책임, 제3자의 가압류, 강제집행 및 체납처분으로 인한 문제 등이 있다.

2. 개별적 계약내용의 해석

위와 같은 분쟁의 해결을 위해서는 공동수급체의 법적 성격에 대한 이해가 선행되어야 하며, 각 공동계약의 유형에 따라 구체적인 법률관계가 달라지므로 이에 관한 법원 및 유권해석례를 살펴볼 필요가 있다.

또한 공동계약도 계약당사자간 사적자치의 원칙이 적용되어 각각의 계약에 있어 구체적 계약 내용이 다를 수 있으며 이에 따라 법률관계가 형성되므로 향후 법률관계를 염두에 두고 계약서 작성에

임하는 자세가 필요하다. 본장에서는 공공기관 등에서 통상적으로 활용되는 공동수급표준협정서를 기준으로 살펴보기로 한다.

제2절 | 공동수급체 일반론

1. 개 요

가. 의 의

각 중앙관서(지방자치단체)의 장 또는 계약담당(공무원)은 공사·제조 기타의 계약에 있어 필요하다고 인정할 때에는 계약상대자를 2인 이상으로 하는 공동계약을 체결할 수 있다.(국가계약법 제25조, 지방계약법 제29조)

「공동계약」이라 함은 계약방법의 결정단계에서 그 허용여부를 결정하는 것으로서 "공사·제조·기타의 계약에 있어서 발주관서와 공동수급체가 체결하는 계약"을 말하며, 여기서 「공동수급체」는 "구성원을 2인 이상으로 하여 수급인이 당해 계약을 공동으로 수행하기 위하여 잠정적으로 결성한 실체"를 말한다(공동계약 운용요령[1] 제2조).

나. 취 지

공동계약은 중소기업의 수주기회 확대와 기술이전 촉진, 계약이행의 위험부담의 분산 등을 통한 중소기업의 기술이전, 보호육성 및 지방경제 활성화와 발주기관으로서는 계약이행의 확보를 기하기 위한 제도이다. 이러한 공동계약은 건설업 특유의 제도는 아니며, 미국 및 유럽에서는 공동도급제도가 금융업 등 여러 산업분야에서 널리 사용되고 있다. 반면, 우리나라에서는 건설업계에서 타산업보다 활발

---

1) 회계예규 2200.04-136-20, 2010.1.4.

하게 활용되고 있다.

2. 공동계약의 특성[2)]

가. 공동목적성

공동도급은 2인 이상이 결합하여 보다 큰 이득을 얻을 수 있도록 공동수급체를 구성하는 것이므로 공동수급체의 구성원은 이윤의 극대화라는 공동의 목적을 가진다.

나. 손익분담성

공동도급에서 가장 중요한 것은 각 구성원의 지분이며, 이 비율에 따라 필요자금의 분담액 결정, 계약이행 후의 손익배분 등이 결정된다.

다. 구 체 성

특정사업의 공동수행을 위하여 2인 이상의 독립된 사업주체가 잠정적으로 결성하여 이루어지나, 공동수급협정을 통하여 구성원간의 책임과 의무를 구체적으로 명시하여 그 독립성이 보장되어야 한다. 공동이행방식의 경우 이러한 특성은 약화된다.

라. 일 시 성

발주자 또는 제3자에 대하여 공사와 관련된 권리·의무관계가 남아 있는 한 이 계약의 효력은 존속하지만 원칙적으로 공동도급은 계약이행의 완수와 함께 당연히 종료된다는 점에서 일시성을 가진

2) 공동수급체에 의한 공동계약은 구성원들이 발주자와의 관계에서 대등한 지위를 가진다는 점에서 일부만 계약당사자가 되고, 다른 자는 발주자와 전혀 법률관계가 존재하지 않는 하도급계약과 구분된다.

다. 공동수급체는 입찰 건별로 구성되는 것이므로 입찰공고 후부터 공동수급협정서를 제출하여야 하는 입찰등록마감일까지의 기간 동안에는 언제든지 공동수급체의 구성이 가능하다고 할 것이다.

마. 임 의 성

공동계약에 참여하는 것은 각 구성원의 자유의사에 따라 이루어지는 것으로 강제성은 없으며, 공동계약을 허용하는 것으로 입찰공고가 되었더라도 공동계약 형태로 입찰에 참여할지, 단독으로 참여할지는 입찰자의 자유라 할 것이다.

3. 공동계약의 유형

가. 공동이행방식

공동수급체 구성원이 미리 정한 일정 출자비율에 따라 연대하여 공동으로 계약을 이행하는 공동계약을 말한다. 따라서 공동수급체 구성원은 발주자에 대한 계약상의 시공, 제조, 용역의무이행에 대하여 연대하여 책임을 진다.[3)]

나. 분담이행방식

공동수급체 구성원 각자가 분담부분을 정하여 공동으로 계약을 이행하는 형태를 말하며, 각 구성원은 도급인과 관계에서는 각자가 분담한 부분에 대하여만 책임을 부담하는 공동계약을 말한다. 이 방식에 의하더라도 도급인에 대하여 당해 도급계약의 이행에 관해서 전 구성원이 상호 연대하여 책임을 지고, 하자담보책임에 관해서도

---

3) 실제로는 구성원 상호간에 구간과 공종을 나누어 시행하는 분담이행방식이면서도 공동이행방식으로 계약을 체결하는 경우가 많아 계약내용과 현실의 괴리로 인하여 분쟁의 원인이 되고 있다.

연대책임을 부담하기로 하는 특약을 한 경우에는 구성원의 책임부담에 있어 공동이행방식과 별 차이가 없는 경우도 있으므로 구체적인 계약내용과 그 해석이 중요하다고 할 것이다.

다. 주계약자관리방식

공동수급체 구성원별로 분담하여 시행하되, 건설산업기본법에 따른 건설공사를 시행하기 위한 공동수급체의 구성원 중 주계약자를 선정하고, 주계약자가 전체 건설공사계약의 수행에 관하여 종합적인 계획·관리 및 조정을 하는 공동계약을 말한다.[4] 주계약자관리방식은 1998. 4. 2. 건설교통부 고시로 우리나라에 처음 도입되어 공공계약을 제외한 민간계약에 적용되어 오다가 2009. 4. 8. 공동계약 운용요령 개정[5]시 최초로 국가계약에도 도입하게 되었다.

주계약자는 발주자 및 제3자에 대하여 공동수급체를 대표하며, 공동수급체의 재산관리 및 대금청구 등의 권한을 가진다. 공동수급체의 구성원은 각자 자신이 분담한 부분에 대해서만 책임을 지되, 불이행시 그 구성원의 보증기관이 책임을 지며, 주계약자는 최종적으로 전체계약에 대하여 책임을 지되, 불이행시 주계약자의 보증기관이 책임을 진다. 다만 주계약자가 탈퇴한 후 주계약자의 계약이행의무 대행이 이루어지지 않은 경우에는 주계약자 이외의 구성원 자신의 분담부분에 대하여 계약이행이 이루어지지 않은 것으로 본다.

계약담당공무원은 최저가낙찰제 대상공사 중 추정가격 500억원 이상 공사에 한해 주계약자관리방식에 의한 공동계약에 의할 수 있다. 다만, 건설산업기본법령에 의한 건설업종 중 겸업제한이 유지되고 있는 한 기계설비공사업의 등록을 한 자와 공동수급체를 구성하게 하여서는 아니 된다(공동계약 운용요령 제2조의3).

---

4) 이 경우 종합건설업자와 전문건설업자가 공동으로 도급받은 경우에는 종합건설업자가 주계약자가 된다.

5) 공동계약 운용요령(회계예규 2200.04-136-17, 2009.4.8).

〈표〉 공동이행방식과 분담이행방식의 비교

내 용	공동이행방식	분담이행방식
공동수급체의 구성내용	출자비율에 의한 구성	각자 분담하여 구성
공동수급체 대표자의 권한	대금의 청구, 수령 및 공동수급체의 재산관리	좌 동
계약이행책임	구성원 전체가 연대책임	분담내용에 따른 구성원별 각자 책임
하도급	다른 구성원의 동의 없이 계약 일부의 하도급 불가	각 구성원은 자기 책임하에 분담부분의 일부 하도급 가능
하자담보책임	공동수급체 해산 후 당해 공사에 하자발생시 연대책임	분담내용에 따라 각 구성원별 각자 책임
손익의 배분	출자비율에 의한 배분	분담계약별로 배분 다만, 공동비용의 경우는 분담계약금액의 비율에 의한 배분
중도탈퇴에 대한 조치	구성원 중 일부가 파산 또는 해산하는 경우 잔존 구성원이 연대하여 계약이행책임	1차적으로 당해 구성원의 연대보증인이 책임 잔존구성원은 2차적 책임
도급한도액의 적용	각 구성원의 도급한도액을 합산하여 적용, 출자비율은 도급한도액에 맞추는 것이 타당	분담계약별로 당해 구성원의 도급한도액을 각각 적용
효력기간	서명과 동시에 발효, 당해 계약의 이행으로 종결 다만, 발주자 또는 제3자에 대하여 계약과 관련된 권리의무관계가 남아 있는 한 협정서의 효력은 존속	좌 동
실적 인정	금액: 공동수급체의 구성원별 출자비율에 해당되는 금액 규모 또는 양: 분리구분 가능시에는 실제 이행한 부분, 불가능한 경우에는 각자 전체이행실적을 인정	구성원별 분담부분

4. 공동수급체의 법적 성격

가. 학 설

공동수급체의 법적 성격과 관련하여 학설은 ① 구성원의 의사는 구성원이 1명이 되더라도 공동수급체를 존속시키고자 함에 있으므로 공동수급체를 권리능력 없는 사단으로 별개의 법인격을 인정해야 한다는 비법인사단설, ② 공동수급체는 개개 구성원과 독립된 단체로서 실체나 정관을 인정할 수 없으므로 그 법적 성격은 조합으로 보아야 한다는 민법상 조합설, ③ 민법 규정은 강행규정이 아니므로 조합계약을 체결할 때 조합원이 조합재산에 관하여 지분소유권을 보유하도록 합의한 것이라는 지분적 조합설 및 ④ 공동이행방식은 조합, 분담이행방식은 분담부분에 관한 여러 개의 도급계약을 형식상 1개의 형태로 체결한 계약으로 보는 이분설로 구분된다.

나. 판 례

대법원[6]은 공동수급체는 기본적으로 민법상 조합의 성질을 가지는 것이므로 그 구성원의 일방이 공동수급체의 대표자로서 업무집행자의 지위에 있다면 그 구성원들 사이에는 민법상의 조합에 있어서 조합의 업무집행자와 조합원의 관계에 있다고 보고 있다. 다만,

---

6) 대법원 2000.12.12. 선고 99다49620 판결(공동수급체는 기본적으로 민법상의 조합의 성질을 가지는 것이므로 그 구성원의 일방이 공동수급체의 대표자로서 업무집행자의 지위에 있었다고 한다면 그 구성원들 사이에는 민법상의 조합에 있어서 조합의 업무집행자와 조합원의 관계에 있었다고 할 것이다.); 대법원 2002.1.11. 선고 2001다75332 판결(공사의 공동수급체가 기본적으로는 민법상의 조합의 성질을 가지는 것이라고 하더라도, 공동수급체가 공사도급계약과 관련하여 도급인에 대하여 갖게 되는 모든 채권이 반드시 공동수급체의 구성원에게 합유적으로 귀속되어야만 하는 것은 아니고 공사도급계약의 내용에 따라서는 공동수급체의 구성원 각자에게 지분비율에 따라 구분하여 귀속될 수도 있을 것인바…).

판례는 공동이행방식에 의한 공동수급체에 대한 것으로, 아직까지 분담이행방식 및 주계약자 관리방식에 의한 공동수급체의 법적 성격에 대한 명시적인 판결은 없는 것으로 보인다.

따라서 모든 형태의 공동수급체를 조합이라고 단정하기는 어렵다. 특히 분담이행방식[7]의 경우 계약이행책임 및 제3자에 대한 책임은 분담내용에 따라 구성원별로 개별적으로 책임을 지고, 각 구성원은 자기 책임하에 분담부분의 일부를 하도급 줄 수 있으며 공사대금도 각자 청구하고 손익분배는 분담공사별로 배분하도록 되어 있어 조합과는 전혀 다른 특성을 가지고 있다.

한편, 공동이행방식의 공동수급체는 대부분 조합의 성격과 동일하나, 구성원의 중도탈퇴로 잔존 구성원이 1인이 남게 되더라도 그 구성원이 당해계약을 이행하도록 되어 있는 점(공동이행방식 공동수급표준협정서 제12조)에서 조합의 성격과 맞지 않는 것이 아니냐는 지적이 있으나, 대법원[8]은 "조합채무는 조합원들이 조합재산에 의하여 합유적으로 부담하는 채무이고, 두 사람으로 이루어진 조합관계에 있어 그 중 1인이 탈퇴하면 탈퇴자와의 사이에 조합관계는 종료된다 할 것이나, 특별한 사정이 없는 한 조합은 해산되지 아니하고 조합원들의 합유에 속한 조합재산은 남은 조합원에게 귀속하게 되므로 이 경우 조합채권자는 잔존 조합원에게 여전히 그 조합채무 전부에 대하여 이행을 청구할 수 있다"고 하고 있고 실제로 2인으로 구성된 조합에서 1인이 탈퇴하면 조합 자체는 성질상 소멸하더라도 이미 이루어진 사업은 유지, 존속하는 것이 정책적, 경제적 견지에서 당사자의 의사에도 합치한다는 점에서 위 표준협정서 내용이 조합의 성격

7) 분담이행방식에 있어서 공동수급체와의 관련성은 공동수급체의 대표자가 선정되어 있는 점, 공동경비가 발생하였을 때 분담비율로 부담하는 점, 중도탈퇴가 제한되어 있고 탈퇴한 구성원의 연대보증인이 책임지지 않을 경우에 한하여 잔존 구성원이 2차적으로 책임을 지는 정도에 불과하다고 한다(윤재윤, 『건설분쟁관계법』, 박영사, 2008, 302면).

8) 대법원 1999.5.11. 선고 99다1284 판결.

에 배치되는 것이 아니라 오히려 조합과 사업의 특성을 합리적으로 조율하여 반영한 규정이라 할 것이다.[9)]

다. 소 결 론

결론적으로 국가 또는 지방자치단체에서 활용하는 공동수급표준협정서에 따르는 경우에는 위에서 언급한 법리가 일반적으로 적용된다고 할 것이나, 실제 계약에 있어서는 공동수급체 구성원간 또는 발주자와의 사이에서 구체적인 내용을 어떻게 규정하는지에 따라 공동수급체의 법적 성격을 구체적, 개별적으로 살펴야 할 것이며, 각 계약당사자(발주기관, 공동수급체 및 하수급인 등 제3자)는 공동수급체의 법적 성격에 따라 향후 법률관계가 달라지므로 계약체결 및 분쟁발생에 대비하여 충분한 준비가 필요하다.

실제로 공동수급협정서를 계약문서의 일부로 하는 경우도 있고, 공동수급협정서는 공동수급체 내부의 관계를 규정한 것에 그치므로 계약문서로 되어 있지 않은 경우도 있으므로 공동수급협정서는 계약의 내용이 될 수도 있고, 그 체결조건[10)]이 될 수도 있다.

---

9) 정원, “건설공동수급체의 법률관계 및 운영상의 개선방안,” 국방 조달계약 연구논집(2005), 616면.

10) 대법원 2000.9.26. 선고 99다52077 판결은 공동수급협정서가 붙임의 계약문서로 되어 있지 아니한 사안에서 “공동수급협정서의 내용은 발주자와의 공동도급계약의 체결조건에 불과할 뿐, 공동도급계약의 내용을 이루는 것은 아니라고 봄이 상당하고, 발주자가 공동수급협정서의 내용에 따른 권리를 취득하는 것은 공동수급협정서가 공동도급계약의 내용을 이루기 때문이 아니라 제3자인 발주자로 하여금 직접 공동수급협정 당사자들에 대하여 권리를 취득하게 하는 것을 목적으로 하여 체결된 제3자를 위한 계약에 해당하기 때문이라고 보아야 할 것이다”라고 판시하고 있다.

제3절 | 공동수급체 내부의 법률관계

1. 공동수급체의 결성

입찰공고시 공동계약을 허용한다는 내용이 명시된 경우 공동계약을 체결하고자 하는 자는 공동수급체 구성원 사이의 지분 또는 역할 분담에 대한 합의를 통하여 공동수급체를 결성하게 된다. 일반적으로는 공동수급체의 대표자가 공동수급체 구성원을 모집하는 형태로 공동수급체를 결성하게 된다. 공동수급체는 입찰에 참가할 목적으로 사전에 구성하여야 하며, 공동수급협정서를 입찰참가 신청서류 제출시 함께 발주기관에 제출하여야 하므로 사후에 공동수급체를 구성하는 것은 허용되지 않는다.

2. 공동수급체의 대표자

가. 공동수급체 대표자의 선임 및 권한

공동수급체의 대표자를 선임하는 경우에는 입찰공고 등에서 요구한 자격, 실적, 등급 등을 갖춘 업체를 우선적으로 선임하여야 하며(주계약자관리방식에서는 주계약자가 공동수급체 대표자가 됨), 관계 법령에서 공동수급체의 자격을 제한하는 경우와 계약목적 달성을 위하여 제한하여야 할 사유가 있는 경우를 제외하고는 발주기관에서 대표자의 자격을 임의로 제한하여 강제할 수 없다.

또한 공동도급에 있어서 공동수급체의 구성원은 상호 협의하여 공동수급체를 대표하는 자[11]를 선임하여 공동수급협정서상에 명시하

11) 최저가낙찰제 대상 공사 입찰의 경우 공동수급체의 대표자의 출자비율 또는 분담내용이 100분의 50 이상이 되도록 하여야 한다(공동계약 운용요령 제4조 제5항).

여야 한다. 공동수급체의 대표자는 기본적으로 발주기관 및 제3자에 대하여 공동수급체를 대표하며, 원칙적으로 대금의 청구, 수령 및 공동수급체의 재산을 관리할 권한을 가진다. 즉 입찰등록, 입찰관련서류 제출, 입찰서 작성, 계약금액 조정 및 대금 청구, 기타 준공서류 제출 등 입찰·계약관리와 관련한 절차의 이행에 대하여는 대표자 단독 명의로 할 수 있다. 공동수급체의 대표자가 입찰보증금 납부면제 대상자이면 공동수급체를 입찰보증금 납부면제 대상자로 처리하는 것이 실무례이다.

나. 공동수급체 대표자의 변경

공동수급체의 대표자가 파산, 해산 또는 계약내용의 변경 등의 사유로 변경이 불가피한 경우에는 구성원 전원의 합의에 의하여 변경할 수 있으며, 이 경우 새로운 대표자도 국가계약법 시행령 제36조에 따른 입찰공고 등에서 요구한 자격을 갖춘 자를 우선적으로 선임하여야 한다.

3. 공동도급내용의 변경

가. 출자비율 또는 분담내용의 변경

계약담당공무원은 공동계약을 체결한 후 공동수급체의 구성원의 출자비율 또는 분담내용을 변경하게 할 수 없다. 다만, ① 계약금액 조정 규정에 의한 계약내용의 변경이나 ② 파산·해산·부도 등의 사유로 인하여 당초 협정서의 내용대로 계약이행이 곤란한 구성원이 발생하여 공동수급체 구성원 연명으로 출자비율 또는 분담내용의 변경을 요청한 경우 및 ③ 주계약자관리방식에서 주계약자가 구성원이 정당한 사유없이 계약을 이행하지 아니하거나 지체하여 이행하는 경우 또는 주계약자의 계획·관리 및 조정 등에 협조하지 않아 계약이행이 곤란하다고 판단되는 경우에는 구성원의 출자비율 또는 분담내용, 해당 구성원을 변경할 수 있다.

과거 부도 등으로 계약을 이행할 수 없는 구성원이 발생하여도 부정당업자제재 등의 불이익을 우려하여 공사포기를 하지 않음으로써 원활한 공사이행이 되지 않고, 잔존 구성원이 피해를 입는 경우가 많았으므로 이러한 문제점을 해소하기 위하여 예외를 규정한 것으로 공동수급체의 출자비율 또는 분담내용을 변경하더라도 구성원 각각의 출자비율 또는 분담내용 전부를 다른 구성원에게 이전하게 할 수는 없는 제한이 있다[12](공동계약 운용요령 제12조 제2항).

나. 구성원의 추가

계약담당공무원은 원칙적으로는 공동수급체 구성원을 추가하게 할 수 없다. 다만, 계약내용의 변경이나 공동수급체 구성원 중 일부 구성원의 파산・해산・부도 등의 사유로 인하여 잔존구성원(연대보증인 포함)만으로는 면허, 시공능력 및 실적 등 계약이행에 필요한 요건을 갖추지 못할 경우로서 공동수급체 구성원 연명으로 구성원의 추가를 요청한 경우에는 그러하지 아니하다(공동계약 운용요령 제12조 제3항).

다. 중도탈퇴

공동수급협정서에서 별도로 정하지 않는 한, 공동계약의 유형에 관계없이 공동수급체의 구성원은 ① 발주자 및 구성원 전원이 동의

---

12) 다른 구성원 출자비율 또는 분담내용을 이전받는 방식과 관련하여 ① 구성원의 자율적 의사결정에 의할 것인지, ② 출자비율에 비례하여 이전받을 것인지가 문제될 수 있으나, 당초 공동수급체가 자율적으로 결성된 취지에 비추어 보면 각 구성원의 여건에 따라 자율적으로 결정토록 하는 것이 타당하다는 견해도 있으나(장훈기, 『정부계약제도해설』, 범신사, 1998, 1204면), 공동수급표준협정서 제12조 제3항을 따른다고 할 경우 공동이행방식은 잔존 구성원의 출자비율에 따라 분할하여 이전된다고 할 것이다.

하는 경우와 ② 파산, 해산, 부도 기타 정당한 이유 없이 당해 계약을 이행하지 아니하여 해당 구성원 외의 공동수급체의 구성원이 발주자의 동의를 얻어 탈퇴조치 하는 경우를 제외하고는 입찰 및 당해 계약의 이행을 완료하는 날까지 탈퇴할 수 없다.

그 외 공동계약의 유형에 따른 특별한 사항을 살펴보면 다음과 같다.

'공동이행방식'은 공동수급체 구성원 중 파산, 해산, 부도 기타 정당한 이유없이 당해 계약을 이행하지 아니하여 입찰참가자격제한 조치를 받은 경우에는 다른 구성원이 반드시 탈퇴조치를 하여야 한다. 또한 구성원 중 일부가 탈퇴한 경우에는 1차적으로 잔존구성원이 공동 연대하여 당해 계약을 이행하며, 2차적으로 연대보증인과 연대하여 당해 계약을 이행하여야 하며, 출자비율은 잔존 구성원의 출자비율에 따라 분할하여 변경된다라고 할 것이다.

'분담이행방식'은 구성원 중 일부가 탈퇴한 경우 1차적으로 연대보증인이 당해 구성원의 분담부분을 이행하여야 하며, 2차적으로 연대보증인이 없거나 연대보증인이 계약을 이행하지 않는 경우에 잔존 구성원이 계약을 이행하며, 3차적으로 잔존 구성원만으로 계약이행요건을 갖추지 못할 경우라면 발주기관의 승인을 얻어 당해 요건을 갖춘 자를 새로이 구성원으로 추가하여 당해 계약을 이행하여야 한다.

'주계약자관리방식'은 공동수급체 구성원이 정당한 사유 없이 계약을 이행하지 아니하거나 지체하여 이행하는 경우 또는 주계약자의 계획·관리 및 조정 등에 협조하지 않아 계약이행이 곤란하다고 판단되는 경우에도 탈퇴가 가능하다. 또한 공동수급체 구성원 중 일부가 계약을 이행할 수 없거나 주계약자가 탈퇴한 경우에는 보증기관이 당해 구성원의 분담부분 또는 계약을 이행하여야 한다.

제4절 | 공동수급체와 발주자 사이의 법률관계

1. 입찰 및 계약

가. 입찰공고

경쟁에 의하여 계약을 체결하고자 할 경우에는 동일현장에 2인 이상의 수급인을 투입하기 곤란하거나 긴급한 이행이 필요한 경우 등 계약의 목적 및 성질상 공동계약에 의하는 것이 부적절하다고 인정되는 경우를 제외하고는 가능한 한 공동계약에 의하여야 하며,[13] 계약담당공무원은 공동계약을 허용하기로 결정한 경우 공동계약이 가능하다는 뜻과 공동계약의 이행방식, 공동수급체 구성원의 자격제한사항을 입찰공고에 명시하여야 한다.[14]

이 때 '계약의 목적 및 성질상 공동계약에 의하는 것이 부적절하다고 인정되는 경우'란 동일현장에 2인 이상의 수급인을 투입하는 경우 작업상 혼잡으로 사업수행이 곤란한 경우, 입찰공고일 등을 단축하여 집행하는 긴급한 공사, 영 제21조 제1항 제6호의 지역제한경쟁, 규칙 제24조의 규정에 따른 추정가격 30억원 미만(건설산업기본법에 따른 전문공사, 전기공사업법에 의한 전기공사, 정보통신공사업법에 따른 정보통신공사 또는 소방시설공사업법에 따른 소방시설공사의 경우에는 3억

---

13) 방위사업청은 조달하는 물품 등의 특성상 일부 급식품을 제외하고 공동계약을 허용하지 않는 경우가 많은데, 이는 사업관리 측면에서 하나의 계약당사자를 상대하는 것이 유리하다는 점과 하도급업체와의 책임소재에 따른 문제점에 기인한 것으로 보인다. 그러나 계약특수조건 등에서 체계통합과 관련된 부분을 연대하여 책임을 부담하게 하는 등 보완할 경우 오히려 공동계약을 허용하는 것이 최근 하도급업체의 허위원가자료의 책임소재 공방으로부터 보다 자유로울 수 있다고 생각한다.

14) 따라서 입찰공고에 공동계약을 허용한다는 사항을 명시하지 않은 경우에는 임의로 공동수급체의 입찰참가를 허용할 수 없다.

원 미만)인 소액 공사, 계약이행에 비밀을 요하는 공사 등을 말한다.

공동수급체의 대표자는 공동수급체 구성원이 상호 협의하여 선임하여야 하므로 입찰공고시 공동수급체 대표자의 선임방법을 제한하여서는 아니 된다. 다만, 입찰공고 등에서 자격을 요구한 경우에는 그 자격을 갖춘 업체를 우선적으로 대표자로 선임하게 하여야 한다.

나. 자격요건

당해 계약을 이행하는 데 필요한 면허·허가·등록 등의 자격요건을 갖추어야 하는 경우 공동계약의 유형에 따라 달리 보아야 할 것이다. 즉 ① 공동이행방식의 경우는 구성원 각각이 자격요건을 보유하여야 하고, ② 분담이행방식의 경우는 구성원 공동으로 자격요건을 갖추는 것이 가능하며,[15] ③ 주계약자관리방식은 주계약자는 전체공사를 이행하는 데 필요한 자격요건을, 구성원은 분담공사를 이행하는 데 필요한 자격요건을 보유하면 된다.

이때 시공능력공시액, 실적, 기술보유상황 등은 건설산업기본법 등 관련법령에서 규정하고 있는 면허가 동일한 경우에는 공동수급체 구성원 모두의 것을 합산하여 적용한다.

다. 현장설명 및 입찰참가

공동수급체의 구성원이 선임한 대표자는 발주기관 및 제3자에

15) 기획재정부 유권해석(회계제도과-729, 2004.5.15.)도 “국가기관이 시행하는 공동도급계약에 있어 계약담당공무원은 회계예규 ’공동도급계약운용요령(현재 공동계약운용요령)’ 제9조 제1항의 규정에 의하여 공동수급체 구성원으로 하여금 각각 또는 공동으로 당해 계약을 이행하는 데 필요한 면허·허가·등록 등의 요건을 갖추게 하여야 하는바, 공동이행방식의 경우에는 계약상 의무이행에 대하여 연대하여 책임을 지게 되므로 구성원 각각이 당해 계약의 이행에 필요한 자격요건을 갖추어야 함. 반면에 분담이행방식의 경우에는 구성원 간에 각자 책임을 지며, 면허 보완이 필요한 경우 허용되는 방식이기 때문에 구성원 공동으로 면허보완을 통하여 계약이행에 필요한 자격요건을 갖추면 됨”이라고 하고 있다.

대하여 구성원을 대표하며, 단독으로 현장설명 및 입찰에 참가할 수 있다. 또한 공동수급체 구성원 중 현장설명 참가자격이 있는 일부 구성원이 현장설명에 참가한 경우 동 수급체는 입찰참가자격이 있으며, 실적 등의 보유여부는 현장설명 참가자격에 포함되지 아니한다. 또한 공동수급체 구성원 전원의 연명에 의하여 공동수급체 대표자 이외의 특정 구성원에게 현장설명 또는 입찰에 참가하는 업무를 위임한 경우에는 그 수임자도 단독으로 현장설명 또는 입찰에 참가할 수 있다.[16]

현장설명 참가의무공사에 있어서 현장설명에 참가한 일부 구성원(대표자 포함)이 현장설명에 참가한 후 영업정지, 부정당업자 제재 및 면허정지 등의 제한을 받은 경우에는 공동수급체의 잔존 구성원만으로도 당해 입찰에 참가할 수 있는 자격요건에 부합되거나 적격심사에 있어서 잔존구성원만의 심사점수가 당해 적격업체 선정기준을 상회하는 경우라면 잔존구성원만으로도 입찰참가가 가능하거나 적격자로 선정될 수 있다.[17]

라. 계약의 체결

공동계약을 체결할 경우 공동수급체의 구성원 모두가 계약서에 연명으로 서명·날인하여야 하며, 공동수급체 구성원 상호간에는 연대보증인이 될 수 없다.

2. 보증금을 둘러싼 법률관계

가. 보증금의 납부

공동도급계약에 있어 각종 보증금(입찰보증금, 계약보증금, 하자보

16) 조달청, 『국가를 당사자로 하는 계약에 관한 법령의 조달청 해석기준』, 2008.12, 49면.

17) 기획재정부 유권해석(회계 45101-149, 1996.1.30).

수보증금)은 공동수급협정서에서 정한 구성원의 출자비율 또는 분담내용에 따라 분할 납부하여야 하나, 공동이행방식 또는 주계약자관리방식에 의한 공동계약일 경우에는 공동수급체 대표자 또는 구성원 1인의 일괄납부도 가능하다(공동계약 운용요령 제10조). 공동수급체 일부 구성원의 분담내용에 대한 계약이행이 완료된 경우에도 전체 계약이행이 완료되지 아니한 때에는 동 구성원의 분담내용에 해당하는 계약보증금을 반환할 수 없다.[18]

또한 계약상대자가 계약이행 도중 당해 계약을 포기하거나 탈퇴한 경우에도 계약보증금 귀속여부와 관계없이 기 이행부분에 대한 대가지급시 하자보수보증금을 납부하여야 한다.

나. 보증금의 국고귀속

1) 공동수급체 자체가 계약불이행시

공동수급체 자체가 정당한 이유없이 계약을 불이행하여 계약보증금이 국고에 귀속되어야 할 때에는 구성원 모두의 계약보증금을 국고에 귀속시켜야 한다. 이는 계약상대자의 지위에 있는 공동수급체가 계약을 불이행한 것이 되어 구성원이 계약보증금을 일괄 납부하지 않고 각자가 출자비율에 상응한 계약보증금을 납부하였더라도 구성원 모두의 계약보증금을 국고에 귀속하는 것이 타당하다 하겠다.

2) 공동수급체 구성원 일부가 계약불이행시

㈎ 공동이행방식의 경우

공동수급체 구성원 일부가 계약을 불이행하게 되면 우선 부정당업자제재처분을 받게 되며, 그 다음에는 공동수급체에서 탈퇴당하게 된다. 그 경우 일부 구성원의 계약불이행은 공동수급체의 내부문제일 뿐 계약상대자인 공동수급체 자체의 계약불이행으로 볼 수 없으

18) 조달청, 앞의 해석기준, 51면.

며, 일부 구성원에 대한 계약해제는 조합의 특성상 불가하다고 보아야 한다. 또한 발주기관에 대한 공동수급체의 계약관계는 계속 유지되고 있기 때문에 당해 구성원이 납부한 계약보증금은 이를 계약불이행을 이유로 국고에 귀속시켜서는 아니 된다.

㈏ 분담이행방식의 경우

이때 일부 구성원의 계약불이행을 발주기관에 대한 계약상대자의 계약불이행과 같은 개념으로 보아 당해 구성원의 계약보증금을 국고에 귀속시킬 수 있는지가 논점이 될 수 있다. 이에 대하여 분담이행방식을 분할채권채무관계로 보아야 하며 당해 구성원의 정당한 이유없는 계약불이행에 대하여 부정당업자 제재처분까지 할 수 있으므로 해당 구성원에 대한 계약보증금을 국고귀속시켜야 한다는 견해도 있으나, 계약보증금의 국고귀속은 계약을 해제하는 경우 등 그 요건에 해당될 경우 가능한데 일부 구성원이 계약을 불이행하게 되면 1차적으로 연대보증인이, 2차적으로 잔존구성원이 계약을 이행하게 되어 발주기관에 대한 공동수급체의 계약관계는 계속 유지되는 것이므로 발주기관의 입장에서는 이러한 공동수급체 전체의 계약불이행이 없는 한 분담부분의 계약을 불이행한 일부 구성원의 계약보증금에 대한 국고 귀속사유는 되지 않는다고 생각된다.[19)]

그러면 탈퇴한 일부 구성원에 대한 계약보증금을 반환하여야 하는지 문제되나, 발주기관의 입장에서는 계약보증금은 계약불이행시 손해배상액의 예정으로서 기능하므로, 공동수급체를 탈퇴한 일부 구성원이 있는 경우 공동수급체 구성원간의 협의를 통하여 새로운 구성원이 그 탈퇴한 구성원의 계약보증금을 대체 납부할 것인지 여부를 결정하여야 하며, 그렇지 아니한 경우에는 공동수급체를 탈퇴한 일부 구성원이 납부한 계약보증금은 유지될 수밖에 없다고 본다.[20)]

---

19) 장훈기, 앞의 책, 1208면도 같은 의견이다.

20) 기획재정부 유권해석(회제 41301-1268, 1998.5.29.)도 같은 취지이다.

3. 공동수급체와 대금청구

가. 대금청구

1) 공동이행방식

공사대금채권은 조합원 전체의 합유에 속하므로 민법 제272조에 따르면 구성원 전원의 합의에 따라 공동으로 청구하거나 대표자가 공동수급체를 대표하여 청구하여야 하나, 공동계약의 경우에는 대표자가 대가를 수령하고도 구성원에게 지급을 지연하거나 어음으로 지급하는 등 폐해가 발생하여 공동수급체의 대표자는 계약담당공무원에게 구성원별로 구분 기재된 신청서를 제출하여야 하고 계약담당공무원은 그러한 신청이 있는 경우 공동수급체 구성원 각자에게 신청된 금액을 지급하도록 규정하고 있다(공동계약 운용요령 제11조 제2항).

위와 같은 구성원에게의 개별지급규정을 가지고 구성원 개인이 발주기관에 대하여 분담비율에 해당하는 공사대금 지급을 직접 청구할 수 있는지가 문제된다. 이에 대하여 공동이행방식의 공동계약의 경우 일반적인 조합의 법리가 적용될 수 없는 특수한 사정이 있으므로 구성원 개인이 발주자에게 지분비율에 따라 공사대금을 직접 청구할 수 있다는 견해[21]도 있으나, 구성원 각자에게 비율에 따라 지급한다고 규정한 것은 공동수급체의 구성원을 보호하기 위한 정책적인 고려에서 비롯된 것이고, 대금지급을 구성원 개인에게 직접 한다고 하여 바로 공사대금채권이 구성원의 개별적 채권으로 바뀐 것으로 보기는 어려우므로 개개 구성원의 발주자에 대한 대금청구는 불가하다고 할 것이다.[22]

---

21) 정진명, "건설공사공동수급체의 공사대금채권"(민사법학 제33호, 한국민사법학회, 2006), 252면.

22) 이에 따를 경우 뒤에서 살펴보는 것처럼 공동수급체 구성원의 채권자 또는 과세관청이 제기하는 공동수급체의 대금채권에 대한 압류, 가압류 또는 체납처분은 채무자 소유 아닌 제3자 소유의 재산을 대상으로 한 것으로 당연 무효라 할 것이다.

대법원[23]도 "도급인이 공동도급계약운용요령에 따라 공사대금채권을 공동수급체 구성원 각자에게 지급하고 공동수급체가 그와 같은 지급방식에 의하여 그 대금을 수령한 사정만으로 조합 구성원 사이에 민법규정을 배제하려는 의사가 표시되어 있다는 등 특별한 사정이 있었다고 할 수는 없으므로 공사대금채권은 조합원에게 합유적으로 귀속되는 조합채권으로서 조합원 중 1인이 조합의 채무자에 대하여 출자비율에 따른 급부를 청구할 수 없다"고 판시하여 같은 입장을 취하고 있다.

위에서 살펴본 것처럼 선금·대가 등을 지급함에 있어서는 공동수급체 구성원별로 구분 기재된 신청서를 공동수급체 대표자가 제출하여야 한다. 다만, 공동수급체 대표자가 부도, 파산 등의 부득이한 사유로 신청서를 제출할 수 없는 경우에는 공동수급체의 다른 모든 구성원의 연명으로 제출 가능하다. 선금, 기성대가 또는 준공대가의 신청은 공동수급체의 대표자가 하더라도 지급은 공동수급체 구성원 각자에게 지급하여야 한다.[24] 다만, 선금은 주계약자관리방식에 의한 공동계약일 경우에는 대표자가 부도, 파산 등의 부득이한 사유 외에는 공동수급체 대표자에게 지급하도록 하고 있다.

그러나 공동수급체가 공사도급계약과 관련하여 도급인에 대하여 갖게 되는 모든 채권이 반드시 공동수급체의 구성원에게 합유적으로 귀속되어야만 하는 것은 아니고 구체적인 공사도급계약의 내용에 따라서는 공동수급체의 구성원 각자에게 지분비율에 따라 구분하여 귀속될 수도 있을 것이다.

---

23) 대법원 2000.11.24. 선고 2000다32482 판결.

24) 세금계산서의 발급은 법인격이 없는 공동수급체가 독자적으로 세금계산서를 발급할 수는 없으므로 각 구성원이 자신의 출자비율 또는 분담부분에 따라 각자에게 귀속되는 대가에 대하여 세금계산서를 발급한다.

2) 분담이행방식

공동수급체 구성원은 자신이 분담한 내용에 따라 각자 계약상 책임을 부담하므로 각 구성원은 발주기관에 대하여 대금청구가 가능하다고 보아야 할 것이다. 따라서 공동수급체의 대표자가 구성원 신청금액을 기재하여 제출하도록 한 공동계약 운용요령 제11조는 공동수급체의 대표자에 의한 일괄적인 사무처리를 위한 것으로 보아야 한다.

나. 준공업무 수행

공동계약 운용요령 제4조 제2항에 의하면 공동수급체 대표자는 발주기관 및 제3자에 대하여 공동수급체를 대표하므로 준공업무(완성의 통지, 수검, 인도의 요청 등)의 수행도 공동수급체 대표자가 주체가 된다.

그러나 분담이행방식의 경우 공동수급체 구성원은 자신이 분담한 내용에 따라 각자 계약상 책임을 지므로 이러한 준공업무를 자신의 분담부분을 이행 완료하였으므로 각각 수행할 수 있는지가 문제될 수 있으나, 준공검사 신청은 자기 부담부분이 이행이 완료된 경우에 하는 것이 아니라 계약된 모든 공사의 이행이 완료된 이후에 하여야 할 것이며, 분담내용별로 각각 계약체결된 것이 아니므로 전체 공사에 대하여 공동수급체의 대표자가 준공업무를 수행하는 것으로 보아야 할 것이다.

다. 출자의무 불이행시 조치

건설공동수급체가 구성원에 대하여 출자의무의 불이행을 이유로 이익분배를 거부할 수 있는지 여부와 관련하여 대법원[25]은 "건설공동수급체는 기본적으로 민법상 조합의 성질을 가지는 것인데, 건설

---

25) 대법원 2006.8.25. 선고 2005다16959 판결.

공동수급체의 구성원인 조합원이 그 출자의무를 불이행하였더라도 그 조합원을 조합에서 제명하지 않는 한 건설공동수급체는 조합원에 대한 출자금채권과 그 연체이자채권, 그 밖의 손해배상채권으로 조합원의 이익분배청구권과 직접 상계할 수 있을 뿐이고, 조합계약에서 출자의무의 이행과 이익분배를 직접 연계시키는 특약을 두지 않는 한 출자의무의 불이행을 이유로 이익분배 자체를 거부할 수는 없다"라고 판시하였다.

4. 공동수급체의 책임

가. 공동이행방식

공동이행방식의 경우 공동수급체의 구성원은 일반적으로 발주자에 대하여 계약상의 시공, 제조, 용역의무 이행에 대하여 연대하여 책임을 진다. 따라서 구성원별로 일부이행을 하였다 하더라도 일부 계약목적물의 하자나 미완성에 대하여 전 구성원이 공동으로 책임을 져야 하므로 발주자가 하자보수청구나 이에 갈음하는 손해배상청구를 공동수급체 구성원에게 청구할 수 있으며, 구성원은 특별한 사유가 없는 한 그 부분이 자신의 시공부분이 아니라는 이유로 거절할 수는 없을 것이다.

그러나 별도의 약정이 없는 한 다른 구성원의 선급금 반환채무에 관한 책임까지 부담하는 것은 아니라 할 것이다. 대법원[26]도 "공동수급체의 구성원이 발주자에 대한 계약상의 의무이행에 대하여 연대하여 책임을 진다고 규정되어 있다고 하더라도, 도급계약의 내용에 선급금 반환채무 등에 관한 다른 구성원의 의무에 관하여는 명시적인 규정이 없고, 선급금에 관하여는 별도의 규정을 두어 그 반환채무의 담보방법으로 수급인이 제출하여야 할 문서로서 보험사업자

26) 대법원 2002.1.25. 선고 2001다61623 판결.

의 보증보험증권이나 건설공제조합의 지급보증서 등 그 담보력이 충분한 것으로 제한하고 있다면, 공동수급체 각 구성원의 연대책임의 범위는 선급금 반환채무에까지는 미치지 아니한다고 봄이 상당하므로 공동수급체 구성원으로서는 특별한 사정이 없는 한 다른 구성원의 선급금 반환채무에 관하여는 책임을 부담하지 않는다"라고 판시[27]하고 있다.

같은 취지로 대법원[28]은 "정부나 지방자치단체의 공사도급계약에 있어서는 선급금과 공사대금은 각 구성원별로 따로 따로 정산되는 것으로 보이고, 이에 따라 공동수급체의 구성원은 다른 구성원이 반환하여야 할 선급금에 대하여 아무런 책임을 부담하지 아니하고, 다른 구성원의 지분비율에 해당하는 공사대금의 지급을 구할 아무런 권리가 없다 할 것이므로, 기성공사대금을 가지고 선급금을 반환하여야 할 구성원의 선급금을 충당함에 있어서는 그 공사대금 중 해당 구성원의 지분비율에 해당하는 금액에만 충당되는 것으로 볼 것이지 이와 달리 다른 구성원의 몫까지 포함한 총 공사대금에서 충당할 수 있는 것은 아니다"라고 판시하고 있다.

위와 같은 계약상 책임과 달리 공동수급체가 행한 공사로 인하여 인근 부동산의 소유자가 피해를 입거나 부상을 당하는 등의 불법행위로 인한 손해가 발생한 경우에 그 책임을 누가 지는가가 문제된다. 실제로 손해가 발생한 것과 관련된 부분의 공사를 공동시공하였다면 이에 관여한 구성원 또는 공동수급체가 함께 책임을 부담한다. 그러나 그러한 사실이 없다면 공동수급체 또는 구성원 전원이 불법행위책임을 지는 것은 아니다. 발주자에 대하여 구성원이 연대책임을 지는 것은 계약상 책임에 국한되며 개별행위에 대하여는 실제 행위를 한 구성원이 책임을 진다.[29]

---

27) 대법원 2004.11.26. 선고 2002다68362 판결도 같은 취지이다.

28) 대법원 2001.7.13. 선고 99다68584 판결.

29) 윤재윤, 앞의 책, 311면.

나. 분담이행방식 및 주계약자관리방식

분담이행방식 및 주계약자관리방식의 경우에는 각자 분담부분이 정해져 있으므로 그에 한하여 책임을 부담한다. 공동수급체 구성원은 발주기관에 대한 계약상 의무이행에 대하여 분담내용에 따라 각자 책임을 지도록 되어 있는바, 개별 구성원의 발주자에 대한 책임은 독립되어 있어서 다른 구성원의 계약상 책임은 아무런 영향을 받지 않는다.

다. 하자담보책임

계약목적물의 인도 후 하자담보 책임기간 동안에 하자가 발생하였을 때 공동이행방식은 구성원이 연대하여 책임을 지며, 분담이행방식은 그 분담내용에 따라 책임을 진다. 하자담보책임기간과 관련해서는 계약이행방식에 관계없이 발주기관이 공동수급체 대표자의 인수청구에 의하여 전체공사를 일괄하여 인수하게 되므로 하자담보책임기간의 기산점에 관한 문제는 없다고 할 것이나, 분담이행방식의 경우 분담공사의 내용에 따라 하자담보책임기간을 달리 적용할 수는 있다.[30)]

5. 공동수급체와 지체상금

가. 공동이행방식

공동수급협정서는 공동도급계약에 있어서 공동수급체 상호간의 권리·의무 등 공동도급계약의 수행에 관한 중요사항을 규정한 계약서를 말하는데, 일반적으로 공동수급체는 공동수급체 상호간에 공동수급협정서를 통하여 출자비율을 정하고 있다. 그렇다면 공동수급체에 있어서 이행이 지체되고 지체상금이 발생한 경우에 그러한 지체

---

30) 장훈기, 앞의 책, 1212면.

상금에 대하여 이러한 공동수급체 상호간에 내부적인 출자비율에 따라 지체상금을 분담할 수 있을 것인지가 문제된다.

공동수급협정서가 공동수급체 구성원 사이의 내부적인 합의에 불과하지만 보통은 이러한 협정서를 작성함에 있어 국가에 대한 연대책임규정을 명시하고 있다. 따라서 공동으로 이행을 하는 보통의 경우에는 지체상금에 대하여도 출자비율에 의한 분담이나 별도의 계약에 의한 분담비율의 작성, 또는 지체원인에 의한 책임분담이 이루어질 수가 없다. 연대채무의 경우 수인의 채무자가 채무 전부를 각자 이행할 의무가 있고,[31] 채권자는 어느 연대채무자에 대하여 또는 동시나 순차로 모든 연대채무자에 대하여 채무의 전부나 일부의 이행을 청구할 수 있으므로[32] 공동수급체 구성원은 모든 지체상금에 대하여 책임을 진다.[33]

공동이행방식에 있어서는 지체상금에 대하여도 공동연대하여 납부하여야 하기 때문에 공동수급체 구성원별로 당해 계약의 전부 또는 일부에 대하여 해제 또는 해지할 수는 없다고 할 것이다.

나. 분담이행방식

분담이행방식에 있어서는 공동수급체의 구성원이 발주기관에 대한 계약상의 의무이행에 대하여 분담내용에 따라 각자 책임을 지도

31) 민법 제413조.

32) 민법 제414조.

33) 이에 대하여 구해동, "국가계약법상의 지체상금,"(정부계약연구논집 제2집), 2006, 102면에서는 "공동이행방식으로 도급계약을 체결한 경우라 하더라도 이행지체의 책임이 명백히 판별되는 경우에는 그 부분에 대하여 다른 공동수급체 구성원에게 연대책임을 묻는 것은 타당하지 않다. 이러한 규정이 공동수급체 구성원 사이의 협력을 강화시키는 측면이 있겠지만 개인책임의 원칙에 반하는 것이고, 이러한 공동책임의 강화는 결국 연쇄 도산의 문제로 확대될 수 있기 때문이다. 공동책임을 강제하는 공동도급계약운영요령이나 공동수급표준협정서도 문제가 있는바 개인책임을 묻는 방향으로 개정될 필요성이 있다"라는 의견이다.

록 되어 있으므로 이행지체를 발생하게 한 자만이 당해 분담부분에 대하여 지체상금을 납부하면 될 것이다.

대법원[34]도 분담이행방식으로 공동계약을 체결한 경우 지체상금의 납부의무자와 관련하여 "공동수급인이 분담이행방식에 의한 계약을 체결한 경우에는 공사의 성질상 어느 구성원의 분담부분 공사가 지체됨으로써 타 구성원의 분담 부분 공사도 지체될 수밖에 없는 경우라도, 특별한 사정이 없는 한, 공사 지체를 직접 야기한 구성원만 분담부분에 한하여 지체상금의 납부의무를 부담한다"라고 판시하고 있다.

분담이행방식의 경우 각 구성원별로 분담부분에 한하여 책임을 지므로 다른 구성원의 분담부분이 이행되지 아니하여 계약이행이 지체된 경우 등 구성원의 책임 없는 사유로 당해 분담부분의 계약이행이 지체된 경우 그 책임 없는 구성원에 대하여는 지체상금의 면제가 가능하다.[35]

다. 지체상금의 범위

공동수급체 또는 구성원이 납부하여야 할 지체상금의 기준금액이 전체 계약금액인지, 해당 분담부분에 대한 금액을 대상으로 하는지가 문제된다. 공동이행방식의 경우에는 특정 구성원이 맡은 계약목적물의 이행이 지체되었다 하여도 지체상금의 기준은 전체 계약금액이 될 것이므로 이는 특히 분담이행방식과 관련하여 실익이 있다.

기획재정부 유권해석[36]은 분담이행방식의 경우 지체상금은 공사지체를 야기시킨 자의 분담공사에만 적용되는 것으로 본 사례도 있으나, 대법원[37]은 인천시 용현지하차도 확장공사와 관련하여 "갑과

---

34) 대법원 1998.10.2. 선고 98다33888 판결.

35) 기획재정부 유권해석(회제 41301-169, 1998.3.13.)도 같은 취지이다.

36) 기획재정부 유권해석(회계 41301-740, 1997.3.27.).

37) 대법원 1994.3.25. 선고 93다42887 판결.

을이 함께 지하차도 확장공사를 국가로부터 도급받아 갑은 포장을 제외한 전체 공사를, 을은 포장공사를 각 나누어 받기로 한 경우 공사 중 갑 및 을이 각 책임지기로 한 부분이 특정되어 있기는 하나, 공사이행에 관하여 상호 연대보증을 하였으며 도급인인 국가의 입장에서 보면 갑 및 을이 맡은 위 각 공사는 전체로서 지하차도 확장공사라는 하나의 시설공사를 이루고 있는 것이고, 또한 위 공사의 성질상 을이 맡은 포장공사는 갑이 맡은 나머지 공사를 완공한 후에 할 수 있는 공사이어서, 갑이 자신이 맡은 공사를 완공하지 못하는 경우는 을도 그가 맡은 포장공사를 준공기한 내에 하지 못하는 것이며, 위 도급계약에서 정한 준공기한도 갑이 맡은 공사만의 준공기한이 아니라 을이 맡기로 한 포장공사까지 포함한 공사 전체의 준공기한이므로, 갑이 자신이 맡은 공사를 위 준공기한 내에 하지 못함으로써 지체상금을 부담하는 경우 그 지체상금의 기준이 되는 계약금액은 갑이 맡은 부분에 해당하는 공사대금뿐만 아니라 공사의 전체 공사대금으로 보아야 한다"라고 판시하고 있어 구체적인 계약내용 및 그 해석여부에 따라 개별적 법률관계가 달라질 수 있으므로 주의를 요한다.

라. 용역계약에 있어 지체일수 제외기간

용역수행이 계약상대자의 부도 등으로 연대보증인이 보증이행할 경우에는 그 해당일수를 지체일수에 산입하지 아니하고, 구체적으로 지체일수에 산입하지 아니하는 기간은 부도 등이 확정된 날(부도, 파산, 해산 등의 사유로 사실상 용역이행을 할 수 없었던 날)부터 보증이행을 지시한 날까지로 하는데, 공동계약에 있어 '공동이행방식'에 의하는 경우는 공동수급체 구성원 중 마지막으로 남은 구성원의 부도 등이 확정된 날을 기준으로 하고, '분담이행방식'에 의하는 경우는 분담구성원의 부도 등이 확정된 날을 기준으로 한다(용역계약일반조건 제18조 제4항).

6. 공동수급체와 계약금액 조정

공동계약으로 체결한 계약의 경우 계약금액 조정을 공동수급체 전체의 계약금액을 기준으로 하는지, 아니면 각 구성원별로 구분하여 계약금액을 조정할 수 있는지가 문제될 수 있다. 공동이행방식의 경우 공동수급체가 연대하여 책임을 부담할 뿐만 아니라 계약금액의 조정은 전체 산출내역서를 기준으로 하므로 문제되지 않으며, 분담이행방식의 공동도급계약의 경우라도 물가변동으로 인한 계약금액의 조정은 계약금액의 산출내역을 구성하는 모든 품목 또는 비목을 그 대상으로 하며, 전체내역서를 각 구성원별로 분할할 수 없으므로 구성원별로 구분하여 계약금액을 조정할 수는 없다.[38)]

7. 공동수급체 구성원에 대한 제재(부정당업자제재)

입찰참가자격제한은 대표적인 불이익 처분으로써 엄격하게 해석하여야 하므로 그 제한사유가 발생한 자에게 부과하는 것이 원칙이다. 그런데 공동수급체의 경우에는 사실상 하나의 계약상대자로 취급하는데 이러한 입찰참가자격을 공동수급체 구성원 모두에게 부과할 것인지, 아니면 그 사유를 야기한 자에 한하여 부과할 것인지가 문제된다. 관련규정을 살펴보면 부정당업자 제재조항은 입찰참가자격의 제한사유를 직접 야기시킨 자에 대하여 적용하며, 출자비율 또는 분담내용과 다르게 시공한 경우에는 해당 구성원에 대하여 적용한다(공동계약 운용요령 제7조 제3항).

계약담당공무원은 착수시까지 공동수급체 구성원별 출자비율 또는 분담내용에 따른 공동계약이행계획서를 제출하게 하여 승인을 받도록 하여야 하는데, 공동수급체 구성원 중 정당한 이유 없이 계약

38) 조달청, 『물가변동검토실무와 질의응답집』 2009.12, 제72면.

이행계획서에 따라 실제 계약이행에 참여하지 아니하는 구성원(단순히 자본참여만 한 경우 등을 포함) 또는 출자비율 또는 분담내용과 다르게 시공하는 구성원에 대하여는 부정당업자 제재를 하여야 한다.[39)]

또한 공동이행방식의 경우 공동수급체의 일부 구성원에 대하여 계약상대자의 책임 있는 사유로 인한 계약의 해제·해지 사유에 해당하는 경우 공동수급체 구성원별로 당해 계약의 전부 또는 일부에 대하여 계약해제 또는 해지할 수 없다.[40)] 이는 공동계약이라고 하더라도 1건의 계약이며, 공동수급체 구성원별 분담내용은 공동수급체의 내부적인 사항이라 할 것이고, 일부 구성원에 대한 제재가 이루어진다고 하여 곧바로 계약이행이 되지 않은 것이 아니라 탈퇴 절차를 거쳐 다른 구성원 또는 연대보증인 등이 계약을 이행할 수도 있기 때문으로 보인다.

8. 공동계약의 수의계약

일반적으로 수의계약은 하나의 계약상대자와 체결하는 것이므로 공동계약과는 그 개념상 일치하지 않는 것이 사실이다. 그러나 경쟁입찰 또는 수의계약의 구분 없이 계약의 목적·성질상 공동계약에 의함이 곤란하다고 인정되는 경우 외에는 공동계약이 가능하며, 수의계약 사유에 해당한다면 관련법상 요구하는 자격을 보유하고 있는 상황 등을 종합적으로 고려하여 공동계약의 경우에도 수의계약이 가능한 예가 있을 것이다. 국가계약법 시행령 제72조 제2항에서는 경쟁입찰에 의하여 계약을 체결하는 경우에는 계약의 목적·성질상 공동계약이 곤란하다고 인정되는 경우를 제외하고는 가능한 한 공동계

39) 그 경우 다른 구성원은 공동수급표준협정서(공동이행방식) 제12조 제1항 제3호에 의하여 입찰참가자격 제한조치를 받은 구성원을 탈퇴 및 후속조치를 취하게 된다.

40) 조달청, 앞의 해석기준, 55면; 기획재정부 유권해석(회제 41301-510, 2007. 6.19.).

약에 의하도록 하고 있어 경쟁입찰의 경우에 한하여 공동계약이 가능한 것으로 이해할 수도 있으나, 이 규정은 경쟁입찰의 경우 공동계약을 활성화하기 위한 규정으로 이해하여야 할 것이다.

공동계약 형태의 수의계약 가능 여부와 관련하여 조달청[41]은 "국가기관이 체결하는 공사계약에 있어 작업상의 혼잡 등으로 동일 현장에서 2인 이상의 시공자가 공사를 할 수 없는 경우로서 현재의 시공자와 계약을 하는 등 국가를 당사자로 하는 계약에 관한 법률 시행령 제26조 제1항 제4호 가목 내지 다목에 해당되는 경우에는 수의계약에 의할 수 있는바, 이때에 직전 또는 현재의 시공자가 공동계약(공동이행방식)에 의한 공동수급체인 경우에는 공동수급체와 수의계약이 가능한 것으로서 공동수급체의 일부 구성원이 부도 등으로 계약이행능력이 없는 경우이거나 수의계약체결을 거부하는 경우 잔존 구성원만으로 등록, 시공능력 및 실적 등 발주되는 공사의 계약이행요건을 갖추고 있는 경우에는 동 수급체의 잔존구성원과 동 규정에 의거 수의계약을 체결할 수 있을 것이며, 구체적인 경우에 있어서는 계약담당공무원이 잔존 구성원만으로 수의계약 요건에 해당되는지의 여부 및 수의계약의 불가피성 등을 종합 고려하여 수의계약 체결여부를 판단하여야 할 것임"이라고 하고 있다.

또한 조달청은 ① 복합공종 공사로서 장래 하자책임 구분이 곤란한 경우에 해당되어 전차 시공자와 수의계약을 체결하는 경우로서, 전차 시공자가 금차 시공분의 일부공종에 대한 면허를 소지하고 있지 않을 경우에는 전차시공자가 해당 면허를 소지한 다른 업체와 공동수급체를 구성하여 공동도급계약을 할 수 있으나, 금차 시공분에 대한 면허가 전혀 없는 전차 시공자가 면허가 있는 다른 자와 공동계약으로 수의계약을 할 수는 없으며, ② 장래 하자책임구분이 곤란하거나 작업상의 혼잡 등으로 동일 현장에서 2인 이상의 시공자가

41) 조달청 유권해석(2006121075, 2005.9.16.).

공사를 할 수 없어 수의계약을 하고자 할 때 전차시공자가 공동수급체라면 구성원 일부와의 수의계약은 불가하나, 당해 계약 이행에 필요한 관련법령상 요구되는 자격을 보유하고 있지 않은 구성원이 있는 경우에는 동 구성원을 제외하고 계약을 체결하고 있다.[42]

한편, 기획재정부 유권해석[43]에서는 "수의계약의 경우에도 계약의 목적, 성질상 공동계약에 의함이 곤란하다고 인정되는 경우 이외에는 공동계약에 의할 수 있다고 하면서도 포장공사를 발주함에 있어서 포장면허 보유업체와 포장면허 비보유업체 간의 공동계약은 인정할 수 없다"라고 하여 부정적으로 해석한 예도 있다.

제5절 | 공동수급체와 제3자 사이의 법률관계

1. 공동수급체 구성원 개별 명의의 계약의 효력

공동수급체가 제3자와 계약을 체결함에 있어 전체 구성원의 명의가 아닌 구성원 개인 명의로 하는 경우가 실제로 많으며, 그 경우 공동수급체에 미치는 영향이 문제된다. 일반적으로 공동수급체 대표자 명의로 제3자와 계약을 체결하기는 하나, 경우에 따라서 공동수급체 대표자가 아닌 구성원이 계약을 체결하기도 하므로 계약 미이행시 잦은 분쟁의 원인으로 작용하고 있다.

따라서 발주자는 공동수급체의 계약이행을 철저히 감독하여 계약내용에 따라 이행되도록 해야 하고, 하도급계약을 체결할 경우 하수급인은 계약자와 공동수급체와의 관계를 명백히 하는 것이 중요하다. 만약 공동수급체 중 일부 구성원과 계약을 체결한 후 분쟁이 생길 경우에는 해당 계약의 실제 당사자를 누구로 보아야 할 것인지와

42) 조달청, 앞의 해석기준, 56면
43) 회제 2210-1368, 1987.6.17.

관련되는 것으로 각 계약의 내용과 경위, 계약의 목적, 계약 이행시 관리감독 등을 종합하여 개별적으로 판단하여야 할 것이다.[44)]

가. 공동이행방식

1) 공동수급체 대표자 명의의 계약

공동수급체의 대표자는 이중적인 지위, 즉 공동수급체의 대표자로서의 지위와 공동수급체의 하나의 구성원으로서의 지위를 가진다. 따라서 대표자인 구성원이 단독명의로 하도급계약이나 기타 계약을 체결한 경우 계약당사자를 누구로 보아야 하는지가 문제된다. 통상 사무처리의 편의상 대표자 명의로 계약을 체결하지만, 공동수급체와 관계없이 대표자 단독 책임으로 계약을 체결하는 경우도 있어 그 경우 다른 공동수급체 구성원이 계약책임을 부담하는지가 논의의 핵심이다.

[주된 판단기준][45)]

---

① 하도급공사가 실제로 공사현장에 속하였는지 여부
- 하도급공사의 본공사에의 기여 관계와 다른 구성원과의 긴밀성, 다른 구성원 소속 직원들의 하도급공사에의 관여 정도

② 주문서, 견적서, 계산서, 영수증 등 관련 서류의 명의자에 공동수급체가 포함되는가 여부

③ 공사대금의 지급자와 어음, 수표의 발행명의인 등 공사대금의 부담에

---

44) 대법원 1997.4.11. 선고 95다56606 판결은 "갑과 을이 도로 개수 및 포장공사를 분담이행방식에 의하여 공동수급하면서 갑은 토목공사 부분을, 을은 포장공사 부분을 각 분담 시공하기로 약정한 후 을이 도산하여 공사계약상 갑·을 양인의 연대보증인인 병이 을의 분담 부분을 이행한 경우, 병은 갑에 대한 연대보증인으로서의 지위를 상실하지 않고, 따라서 공사도급계약의 주채무자의 지위에 있는 갑으로서는 을의 선급금을 발주자에게 대위변제하였더라도 도급계약상 갑과 을의 연대보증인의 지위에 있는 병에게 구상권을 행사할 수 없다"라고 판시하고 있다.

45) 윤재윤, 앞의 책, 318면.

공동수급체가 직접적인 관련이 있는지 여부

④ 하수급인과 대표자와의 관계

– 하수급인이 오랫동안 대표자와의 하청관계를 맺고 하수급공사를 해왔다면 공동수급체의 공동시공관계에 대한 책임관계를 충분히 알았으리라 보이므로 공동수급체의 책임을 인정하기가 쉬울 것이고, 하수급인이 새로 하수급인이 된 경우라면 공동시공관계를 알았을 가능성이 낮으므로 공동수급체에 대한 권리주장을 하기가 어려울 것이다.

대법원[46]은 기본적으로 공동수급체 대표자 명의로 하도급계약을 체결한 경우에 있어 공동수급체의 책임을 인정하고 있는 것으로 보인다.

2) 공동수급체 대표자가 아닌 구성원 명의의 계약

조합재산의 처분·변경에 관한 행위는 다른 특별한 사정이 없는 한 조합의 특별사무에 해당하는 업무집행으로서 원칙적으로 조합원의 과반수로써 결정하는 것이고 업무집행조합원이 선임되어 있는 경우 그 업무집행에 대리권이 있는 것으로 추정하도록 되어 있고, 공동계약 운용요령 제4조 제2항은 공동수급체 대표자는 발주기관 및 제3자에 대하여 공동수급체를 대표하고, 각 표준협정서에도 대표자는 발주자 및 제3자에 대하여 공동수급체를 대표하며, 공동수급체 재산의 관리 및 대금청구 등의 권한을 가지도록 되어 있는 점에 비추어 볼 때 원칙적으로 대표자 아닌 구성원의 제3자와의 하도급, 자재구입계약을 공동수급체의 행위로 볼 가능성은 매우 낮다.

다만, 구체적 경위에 비추어 볼 때 대표권 없는 구성원의 행위이지만 묵시적인 대리권 수여사실이 인정되거나 공동수급체를 위하여 이루어진 것으로 믿을 만한 사정이 있을 경우에는 표현대리가 성립할 수도 있다(예컨대 다른 구성원이 함께 시공하는 공사현장에서 하수

---

46) 대법원 2000.12.12. 선고 99다49620 판결.

급공사를 시공하면서 다른 구성원과 긴밀한 연관을 갖는 경우 등).[47]

나. 분담이행방식

각 구성원이 각자의 계산과 책임으로 분담부분의 계약을 이행하기 때문에 일반적으로 구성원 단독명의로 체결한 하도급계약에 관하여 다른 구성원의 책임이 인정되는 경우는 거의 없을 것이다. 다만 제3자가 구성원 개인과 계약을 체결하는 것이 아니라 공동수급체와 계약을 체결하는 것이라고 신뢰하였고 그 신뢰에 정당한 이유가 인정된다면 민법 제126조 등에 의한 표현대리책임이 인정될 수도 있을 것이다.

2. 공동수급체와 하도급

가. 공동수급체와 하도급

1) 공동이행방식

공동수급체의 구성원은 발주기관에 대한 계약상의 의무이행에 대하여 연대책임을 지기 때문에 공동수급체 구성원은 다른 구성원의 동의를 받지 않고는 일방적으로 공사의 일부분을 하도급할 수 없다.

공동수급체의 대표자가 체결한 하도급계약의 효력과 관련하여 대법원[48]은 "민법 제709조에 의하면 조합계약으로 업무집행자를 정하였거나 또는 선임한 때에는 그 업무집행조합원은 조합의 목적을 달성하는 데 필요한 범위에서 조합을 위하여 모든 행위를 할 대리권이 있는 것으로 추정되지만, 위 규정은 임의규정이라고 할 것이므로 당사자 사이의 약정에 의하여 조합의 업무집행에 관하여 조합원 전원의 동의를 요하도록 하는 등 그 내용을 달리 정할 수 있고, 그와

47) 윤재윤, 앞의 책, 317면.

48) 대법원 2002.1.25. 선고 99다62838 판결.

같은 약정이 있는 경우에는 조합의 업무집행은 조합원 전원의 동의가 있는 때에만 유효하다 할 것이어서, 조합의 구성원이 위와 같은 약정의 존재를 주장·입증하면 조합의 업무집행자가 조합원을 대리할 권한이 있다는 추정은 깨어지고 업무집행자와 사이에 법률행위를 한 상대방이 나머지 조합원에게 그 법률행위의 효력을 주장하기 위하여는 그와 같은 약정에 따른 조합원 전원의 동의가 있었다는 점을 주장·입증할 필요가 있다"고 하면서 "피고는 이 사건 공사 현장에서 조경식재공사를 시행하고 있음을 알고 있었음에도 이에 대하여 아무런 이의를 제기하지 아니하였던 사실을 알 수 있고, 위 공동수급체를 결성할 당시 그 대표자로서 갑을 선임한 후 공동수급체의 명칭까지도 갑이 경영하던 개인사업체의 명칭을 그대로 사용하기로 하였고, 특히 피고와 갑 사이에서는 실제적인 공사의 시행이 피고의 간여 없이 전적으로 갑에 의하여 이루어진 점을 보태어 보면, 피고는 갑과 공동수급체를 결성하여 수림대 조성공사를 수급받을 때부터 공사에는 관여함이 없이 일정한 수익금만 받을 목적으로 공사에 관한 일체의 권리를 포괄적으로 갑에게 위임하였던 것으로 보여지고, 이러한 포괄적 위임 속에는 위 하도급계약체결에 관한 대리권도 포함되어 있다고 보아야 할 것이다"라고 판시하였다.

위 판결에 따르면 단순히 수익금만 받을 목적으로 공동수급체 결성에 참여한 경우라도 공동수급체에 따른 책임을 부담할 수 있으므로 주의를 요한다고 할 것이다.

또한 하급심 판결[49]에서도 "입찰시 특정건설회사를 공동수급체가 선정한 하도급예정자로서 부대입찰자에 포함시켰고, 하도급예정자에 대하여 기성고에 따라 하도급 부분에 대한 대금을 지체없이 현금으로 지급하기로 하는 내용의 확약서까지 제출하였으며, 공동수급체 구성원들은 특정건설회사가 시공하는 것에 대하여 동의한 경우

49) 대전고등법원 2003.12.18. 선고 2003나1388 판결.

공동수급체의 대표자는 대표자의 자격에서 공동수급체를 위하여 하도급계약을 체결하였다고 봄이 상당하므로 공동수급체의 구성원들은 상법 제57조 제1항에 의하여 하도급계약에 기한 책임을 연대하여 부담한다"고 판시하였다.

2) 분담이행방식

공동수급체의 구성원은 발주기관에 대하여 분담내용에 따라 각자 책임을 지는 것이므로 관계법령에서 특별히 제한하고 있지 않는 한 각 구성원은 자기 책임하에 분담부분의 일부를 하도급할 수 있다.

나. 공동수급체 구성원간의 하도급

공동수급체 구성원 중 어느 일방이 사실상 전체의 공사를 시공하거나 타 구성원에게 분담부분의 일부를 하도급하는 것은 사실상 구성원의 출자비율 또는 분담내용의 변경으로서 이는 원칙적으로 금지되므로 허용되지 않는다고 할 것이다. 분담이행방식에 있어 다른 구성원에게 분담부분의 일부를 하도급할 수 있는지와 관련하여 기획재정부[50]는 "국가기관이 분담이행방식으로 체결한 공동도급계약의 경우 공동수급체 구성원은 분담내용에 따라 발주기관에 대하여 각자 책임을 지고 계약을 이행하여야 하는바, 공동수급체 구성원 간에는 공사를 하도급하거나 대행하게 할 수 없다"라고 해석하고 있다.

3. 구성원에 대한 제3자의 가압류·압류 및 체납처분 등 채권행사

가. 제3자의 채권행사

실무상 공동수급체가 발주자에 대하여 가지는 공사대금채권 등

50) 회계 41301-1895, 1998.7.11.

에 대하여 공동수급체 구성원 개인에 대한 채권을 가지고 있는 제3자가 가압류 및 압류·전부명령 또는 압류·추심명령을 신청하거나 과세관청에서 체납처분을 하는 경우가 자주 발생한다. 제3채무자인 발주기관은 가압류 및 압류·추심명령 또는 압류·전부명령 자체에 대하여 직접적으로 불복(이의 또는 취소신청, 항고)할 수 있는 방법은 없다. 왜냐하면 가압류의 경우 가압류 결정에 불복할 수 있는 자는 채무자나 일반승계인에 국한되어 있고, 압류·추심명령 또는 압류·전부명령의 경우 본안소송에서 그 무효를 주장하여 다툴 수밖에 없기 때문이다.

이 경우 발주기관으로서는 이중지급위험을 피하고자 공탁을 하거나 위와 같은 집행이 당연히 유효한 것으로 하여 업무를 처리하고 있으나, 다음에서 보는 것처럼 공동이행방식이냐 분담이행방식이냐에 따라 구분하여야 하므로 주의를 요한다.

나. 공동이행방식

1) 집행가능 여부

공동이행방식의 공동수급체의 경우 판례에 따라 민법상 조합으로 보게 된다면 공동수급체의 발주기관에 대한 공사대금채권 등은 공동수급체 구성원의 준합유에 속하게 되므로 이에 대한 가압류 및 강제집행 등은 당연 무효라 보아야 할 것이다.

민법상 조합의 채권은 조합원 전원에게 합유적으로 귀속하는 것이어서 특별한 사정이 없는 한 조합원 중 1인에 대한 채권으로써 그 조합원 개인을 집행채무자로 하여 조합의 채권에 대하여 강제집행을 할 수 없다. 따라서 조합의 채권자가 조합재산에 대하여 강제집행을 하기 위해서는 조합원 전원에 대한 집행권원이 필요하기 때문에 채권자는 조합원 전원에 대하여 채권전액을 가지고 소를 제기하여야 한다.

대법원[51]은 강제집행과 관련하여 조합이 대한민국에 대하여 가지는 채권은 조합의 채권으로서 조합원 중 1인의 채권자가 이를 임의로 청구할 수 없다고 하면서 "조합의 채권은 조합원 전원에게 합유적으로 귀속하는 것이어서, 특별한 사정이 없는 한 조합원 중 1인이 임의로 조합의 채무자에 대하여 출자지분의 비율에 따른 급부를 청구할 수 없는 것이므로, 조합원 중 1인의 채권자가 그 조합원 개인을 집행채무자로 하여 조합의 채권에 대하여 강제집행하는 경우, 다른 조합원으로서는 보존행위로서 제3자이의의 소를 제기하여 그 강제집행의 불허를 구할 수 있다"라고 판시하였다.

또한 대법원[52]은 체납처분과 관련해서도 "체납처분으로서 압류의 요건을 규정하는 국세징수법 제24조 각 항의 규정을 보면, 어느 경우에나 압류의 대상을 납세자의 재산에 국한하고 있으므로, 납세자가 아닌 제3자의 재산을 대상으로 한 압류처분은 그 처분의 내용이 법률상 실현될 수 없는 것이어서 당연 무효이다. 민법상 조합의 채권은 조합원 전원에게 합유적으로 귀속하는 것이어서 특별한 사정이 없는 한 조합원 중 1인에 대한 채권으로써 그 조합원 개인을 집행채무자로 하여 조합의 채권에 대하여 강제집행을 할 수 없고, 수급인인 6개 회사가 공동협정서에 터 잡아 상호 출자하여 신축공사 관련 사업을 공동으로 시행하기로 하는 내용을 약정한 경우 그들 사이에는 민법상 조합이 성립하므로, 세무서장이 조합의 구성원인 1개 회사의 부가가치세 체납을 이유로 6개 회사의 조합재산인 공사대금 채권에 대하여 압류처분을 한 것은 체납자 아닌 제3자 소유의 재산을 대상으로 한 것으로서 당연 무효이다"라고 판시하여 동일한 입장을 취하고 있다.

---

51) 대법원 1997.8.26. 선고 97다4401 판결.
52) 대법원 2001.2.23. 선고 2000다68924 판결.

2) 발주기관의 대응방법

위에서 살펴본 것처럼 가압류 및 강제집행이 당연 무효임에도 법원에서 가압류 또는 강제집행 결정이 송달된 경우 발주기관으로서는 가압류 또는 강제집행이 없다고 보아 대금을 정상적으로 공동수급체에 지급하는 방안 및 채권자를 확정할 수 없는 사유로 인한 채권자불확지 집행공탁을 하는 방법이 있을 것이다. 이에 대하여 압류된 대금까지 공동수급체에 지급하는 것은 외관상 압류의 효력에 반할 뿐 아니라 향후 사실관계의 변화 등에 따라 가압류, 압류 등이 유효하다고 밝혀지게 되면 이중지급의 위험을 안게 되므로 집행공탁의 방법이 안전한 방법이라는 견해[53]도 있으나, 당연 무효라는 위 대법원 판례의 입장에 비추어 볼 때 가압류 또는 강제집행이 없는 것으로 보아 처리하는 것이 타당하다고 생각된다.

3) 제3자에 대한 대응방법

만약 제3자가 신청한 압류·추심명령이나 압류·전부명령에 의해 해당 공사대금을 발주기관이 지급한 경우라면 발주기관은 공동수급체의 공사대금청구에 대하여 제3자에게 이미 지급하였다는 이유로 항변할 수 없어 공사대금전액을 공동수급체에 지급하여야 할 것이다. 따라서 이러한 경우에는 제3자(공동수급체 구성원의 채권자)를 상대로 부당이득반환청구를 할 수밖에 없을 것이다.

다. 분담이행방식

각 구성원의 채권자는 구성원을 채무자로, 발주기관을 제3채무

53) 정원, 앞의 논문, 628면(위와 같은 견해를 밝히면서도 "다만, 법원에서 해당 가압류 및 압류 등의 결정이 위법임이 확실하여 제3채무자에 대한 공사대금채무의 압류 효력이 애당초 없다는 이유로 채권자불확지공탁을 받아들이지 않을 수도 있다. 그러한 경우 발주자는 공동수급체에 대금을 지급하거나 지체상금의 위험을 부담한 상태에서 대금의 지급을 보류하느냐를 선택하여야 할 것이다"라고 하고 있다).

자로 하여 자유로이 가압류, 압류를 할 수 있다. 이 경우 발주기관은 가압류 및 압류의 효력으로 인해 해당 구성원에게 공사대금을 지급하면 이중지급의 위험이 발생하게 되고, 만일 대금을 지급하지 않으면 이행지체의 책임을 부담할 수도 있으므로 가압류나 압류결정이 제3채무자인 발주기관에 송달되면 압류 또는 가압류 부분에 해당하는 금원을 공탁하는 것이 일반적이라 할 것이다.

한편, 추심명령이나 전부명령이 압류와 병행되어 있는 경우 해당 구성원에 대한 공사대금채무가 분명히 인정된다면 그 금원을 한도로 피압류채권액을 채권자에게 지급하여 공사대금이행책임에서 벗어나야 할 것이다. 그러나 이러한 경우에도 분담이행방식의 법적 성격에 대한 명확한 판결례가 없는 점을 고려한다면 집행공탁을 하는 것이 가장 안전한 방법이라 할 것이다.

〈공동계약 운용요령(회계예규 2200.04-136-20, 2010.1.4)〉

제1조【목적】 이 예규는 국가를 당사자로 하는 계약에 관한 법률 시행령(이하 "시행령"이라 한다) 제72조의 규정에 의한 공동계약의 체결방법 기타 필요한 사항을 정함을 목적으로 한다.

제2조【정의】 이 예규에서 사용하는 용어의 정의는 다음과 같다.

1. "공동계약"이라 함은 공사·제조·기타의 계약에 있어서 발주관서와 공동수급체가 체결하는 계약을 말한다.
2. "공동수급체"라 함은 구성원을 2인 이상으로 하여 수급인이 당해 계약을 공동으로 수행하기 위하여 잠정적으로 결성한 실체를 말한다.
3. "공동수급체 대표자"라 함은 공동수급체의 구성원 중에서 대표자로 선정된 자를 말한다.
4. "공동수급협정서"라 함은 공동계약에 있어서 공동수급체구성원 상호간의 권리·의무 등 공동계약의 수행에 관한 중요사항을 규정한 계약서를 말한다.
5. "주계약자"라 함은 주계약자관리방식의 공동계약에서 공동수급체 구성원 중에서 전체 건설공사의 이행에 관하여 종합적인 계획·관리·조정을 하는 자를 말한다.

제2조의2【공동계약의 유형】 공동계약은 공동수급체가 도급받아 이행하는 방식에 따라 다음 각 호와 같이 구분한다.

1. "공동이행방식"이라 함은 공동수급체 구성원이 일정 출자비율에 따라 연대하여 공동으로 계약을 이행하는 공동계약을 말한다.
2. "분담이행방식"이라 함은 공동수급체 구성원이 일정 분담내용에 따라 나누어 공동으로 계약을 이행하는 공동계약을 말한다.
3. "주계약자관리방식"이라 함은 「건설산업기본법」에 따른 건설공사를 시행하기 위한 공동수급체의 구성원 중 주계약자를 선정하고, 주계약자가 전체 건설공사 계약의 수행에 관하여 종합적인 계획·관리 및 조정을 하는 공동계약을 말한다. 이 경우 종합건설업자(종합공사를 시공하는 업종의 등록을 한 건설업자를 말한다. 이하 같다)와 전문건설업자(전문공사를 시공하는 업종을 등록한 건설업자를 말한다. 이하 같다)가 공동으로 도급받은 경우에는 종합건설업자가 주계약자가 된다.

제2조의3【주계약자관리방식에 의한 공동계약】 계약담당공무원은 최저가낙찰제 대상공사 중 추정가격 500억원 이상 공사에 한해 주계약자관리방식에 의한 공동계약에 의할 수 있다. 다만, 건설산업기본법령에 의한 건설업종 중 겸업제한이 유지되고 있는 한 기계설비공사업의 등록을 한 자와 공동수급체를 구성하게 하여서는 아니된다.

제3조【권리행사 및 의무의 이행】 계약담당공무원(각 중앙관서의 장이 계약에 관한 사무를 그 소속공무원에게 위임하지 아니하고 직접 처리하는 경우에는 이를 계약담당공무원으로 본다. 이하 같다)은 공동수급체의 구성원으로 하여금 이 예규 및 공동수급협정서에서 정하는 바에 따라 신의와 성실의 원칙에 입각하여 이를 이행하게 하여야 한다.

제4조【공동수급체 대표자의 선임】 ①계약담당공무원은 공동수급체의 구성원으로 하여금 상호 협의하여 공동수급체 대표자를 선임하게 하되, 시행령 제36조의 규정에 의한 입찰공고 등에서 요구한 자격을 갖춘 업체를 우선적으로 선임하게 하여야 한다. 다만, 주계약자관리방식에 의한 공동계약의 경우에는 주계약자가 공동수급체의 대표자가 된다.

② 제1항의 규정에 의하여 선임된 공동수급체 대표자는 발주기관 및 제3자에 대하여 공동수급체를 대표한다.

③ 계약담당공무원은 주계약자관리방식에서 대표자로 하여금 공사시방서·설계도면·계약서·예정공정표·품질보증계획 또는 품질시험계획·안전 및 환경관리계획·산출내역서 등에 의하여 품질 및 시공을 확인하게 하고 적정하지 못하다고 인정되는 경우에는 재시공지시 등 필요한 조치를 하게 하여야 한다.

④ 계약담당공무원은 주계약자관리방식에서 대표자로 하여금 공사 진행의 경제성 및 효율성 등을 감안하여 공동수급체 구성원과의 협의를 거쳐 자재 및 장비 등의 조달을 일원화하여 관리하게 하여야 한다.

⑤ 계약담당공무원은 시행령 제42조 제4항의 규정에 의한 최저가낙찰제 대상공사 입찰의 경우 공동수급체 대표자의 출자비율 또는 분담내용이 100분의 50 이상이 되도록 하여야 한다. 다만, 주계약자관리방식에 의한 공동계약의 경우 공사의 내용 및 특성에 따라 분담내용을 정한다.

제5조【공동수급협정서의 작성 및 제출】 ①계약담당공무원은 공동수급체 구성원으로 하여금 제8조의 규정에 의하여 입찰공고 내용에 명시된 공동

계약의 이행방식에 따라 별첨 1(공동이행방식) 또는 별첨 2(분담이행방식) 또는 별첨 3(주계약자관리방식)의 공동수급표준협정서를 참고하여 공동수급협정서를 작성하게 하여야 한다.

② 계약담당공무원은 공동수급체 대표자로 하여금 제1항의 규정에 의하여 작성한 공동수급협정서를 국가를 당사자로 하는 계약에 관한 법률 시행규칙 제40조의 규정에 의한 입찰참가 신청서류 제출시 함께 제출토록 하여 이를 보관하여야 한다.

제6조【계약의 체결】 계약담당공무원은 공동계약 체결시 공동수급체구성원 전원이 계약서에 연명으로 기명날인 또는 서명토록 하여야 한다.

제7조【책임】 ①계약담당공무원은 공동수급체 구성원으로 하여금 발주자에 대한 계약상의 시공, 제조, 용역의무이행에 대하여 연대하여 책임을 지도록 하여야 한다. 다만, 별첨 2에 의한 분담이행방식 및 별첨 3에 의한 주계약자관리방식에 의한 경우에는 그러하지 아니하다.

② 주계약자관리방식에 의한 경우 구성원은 각자 자신이 분담한 부분에 대해서만 책임을 지되, 불이행시 그 구성원의 보증기관이 책임을 지며, 주계약자는 최종적으로 전체계약에 대하여 책임을 지되, 불이행시 주계약자의 보증기관이 책임을 진다. 다만, 주계약자가 탈퇴한 후 주계약자의 계약이행의무 대행이 이루어지지 않은 경우에는 주계약자 이외의 구성원 자신의 분담부분에 대하여 계약이행이 이루어지지 아니한 것으로 본다.

③ 시행령 제76조 제1항의 규정은 입찰참가자격의 제한사유를 야기시킨 자에 대하여 적용하며, 출자비율 또는 분담내용과 다르게 시공한 경우에는 해당 구성원에 대하여 적용한다.

제8조【입찰공고】 ①계약담당공무원은 입찰공고시 시행령 제72조 제2항의 규정에 의하여 동일현장에 2인 이상의 수급인을 투입하기 곤란하거나 긴급한 이행이 필요한 경우 등 계약의 목적·성질상 공동계약에 의함이 곤란하다고 인정되는 경우를 제외하고는 가능한 한 공동계약이 가능하다는 뜻을 명시하여야 한다.

② 계약담당공무원은 시행령 제72조 제1항 또는 제3항의 규정에 의한 공동계약의 이행방식과 공동수급체 구성원의 자격제한 사항을 입찰공고에 명시하여야 한다.

제8조의2【설비공사의 공동계약】 ①계약담당공무원은 「건설산업기본법시행령」 제7조의 규정에 의한 설비공사를 발주할 경우에는 설비제조업체와 시공업체간 분담이행방식에 의한 공동계약방법으로 입찰에 참가하게 할 수 있다. 다만, 단일 설비제조업체의 설비부분이 전체 추정가격의 50% 이상일 경우에 한한다.

② 제1항의 공사를 시행령 제78조의 규정에 의하여 일괄입찰방식으로 발주할 경우에는 설비제조업체, 시공업체 및 기술용역등록업체간 분담이행방식에 의한 공동계약방법으로 입찰에 참가하게 할 수 있다.

제9조【공동수급체의 구성】 ① 계약담당공무원은 공동수급체 구성원으로 하여금 당해계약을 이행하는 데 필요한 면허·허가·등록 등의 자격요건을 갖추게 하여야 하며, 다음 각 호와 같다.

1. 분담이행방식의 경우 : 구성원 공동
2. 공동이행방식의 경우 : 구성원 각각
3. 주계약자관리방식의 경우
   가. 주계약자 : 전체공사를 이행하는 데 필요한 자격요건
   나. 구성원 : 분담공사를 이행하는 데 필요한 자격요건

② 시행령 제21조 제1항의 규정에 의한 시공능력공시액, 실적, 기술보유상황 등은 「건설산업기본법」 등 관련법령에서 규정하고 있는 면허가 동일한 경우에는 공동수급체 구성원 모두의 것을 합산하여 적용한다.

③ 공동계약에 의하여 이행된 실적의 인정범위는 다음 각 호에 따라 배분한다.

1. 분담이행방식에 의한 경우 : 공동수급체의 구성원별 분담부분
2. 공동이행방식에 의한 경우
   가. 금액 : 공동수급체의 구성원별 출자비율에 해당되는 금액
   나. 규모 또는 양 : 실적증명 발급기관에서 공사의 성질상 공동수급체의 구성원별 실제 시공부분을 분리하여 구분할 수 있는 경우에는 실제 시공한 부분. 다만, 분리·구분할 수 없는 경우에는 출자비율에 따라 배분
3. 주계약자관리방식에 의한 경우
   가. 구성원 : 분담부분
   나. 주계약자 : 건설산업기본법 시행규칙 제23조 제6항에 의함

④ 계약담당공무원은 공동수급체구성원이 동일 입찰건에 대하여 공동수급체를 중복적으로 결성하여 입찰에 참가하게 하거나, 시행령 제72조 제3항의 규정에 의한 공동계약의 경우와 주계약자관리방식에 의한 공동계약의 경우 「독점규제 및 공정거래에 관한 법률」에 의한 계열회사간에 공동수급체를 구성하게 하여서는 아니된다.

⑤ 계약담당공무원은 공동계약 유형별 구성원 수와 구성원별 계약참여 최소지분율을 다음 각 호에 따라 처리한다.

가. 분담이행방식에 의한 경우 : 5인 이하

나. 공동이행방식에 의한 경우 : 5인 이하, 10% 이상(단, 시행령 제6장에 따른 공사 중 추정가격이 1,000억원 이상인 공사의 경우에는 10인 이하, 5% 이상)

다. 주계약자관리방식에 의한 경우 : 10인 이하, 5% 이상

⑥ 제5항에 불구하고 계약담당공무원은 시행령 제72조 제3항에 따른 공동계약의 경우 공사의 특성 등을 고려하여 지역업체의 최소지분율을 다음 각 호에 따라 정할 수 있으며, 이를 입찰공고에 명시하여야 한다.

1. 시행령 제72조 제3항 제1호에 따른 공동계약 : 30% 이상
2. 시행령 제72조 제3항 제2호에 따른 공동계약 : 40% 이상(다만, 시행령 제6장에 따른 공사의 경우에는 20% 이상)

⑦ 제6항 제2호에 따른 공동수급체의 구성원이 되는 지역업체는 입찰공고일 현재 90일 이상 해당 공사현장을 관할하는 특별시·광역시 및 도에 주된 영업소가 소재한 업체이어야 한다.

제10조【보증금의 납부】 각종 보증금의 납부는 공동수급체 구성원이 공동수급협정서에서 정한 구성원의 출자비율 또는 분담내용에 따라 분할 납부하여야 한다. 다만, 공동이행방식 또는 주계약자관리방식에 의한 공동계약일 경우에는 공동수급체대표자 또는 공동수급체구성원 중 1인으로 하여금 일괄 납부하게 할 수 있다.

제11조【대가지급】 ① 계약담당공무원은 선금·대가 등을 지급함에 있어서는 공동수급체 구성원별로 구분 기재된 신청서를 공동수급체 대표자가 제출하도록 하여야 한다. 다만, 공동수급체 대표자가 부도, 파산 등의 부득이한 사유로 신청서를 제출할 수 없는 경우에는 공동수급체의 다른 모든 구성원의 연명으로 이를 제출하게 할 수 있다.

② 계약담당공무원은 제1항의 규정에 의한 신청이 있을 경우 신청된 금액을 공동수급체구성원 각자에게 지급하여야 한다. 다만, 선금은 주계약자관리방식에 의한 공동계약일 경우에는 제1항 단서의 경우를 제외하고는 공동수급체 대표자에게 지급하여야 한다.

③ 기성대가는 공동수급체의 대표자 및 각 구성원의 이행내용에 따라 지급하여야 한다. 이 경우 준공대가 지급시에는 구성원별 총 지급금액이 준공당시 공동수급체구성원의 출자비율 또는 분담내용과 일치하여야 한다.

제12조 【공동도급내용의 변경】 ① 계약담당공무원은 공동계약을 체결한 후 공동수급체구성원의 출자비율 또는 분담내용을 변경하게 할 수 없다. 다만, 시행령 제64조 내지 제66조의 규정에 의한 계약내용의 변경이나 파산, 해산, 부도 등의 사유로 인하여 당초 협정서의 내용대로 계약이행이 곤란한 구성원이 발생하여 공동수급체구성원 연명으로 출자비율 또는 분담내용의 변경을 요청한 경우와 제12조 제4항의 경우에는 그러하지 아니하다.

② 계약담당공무원은 제1항 단서의 규정에 의하여 공동수급체 구성원의 출자비율 또는 분담내용의 변경을 승인함에 있어 구성원 각각의 출자지분 또는 분담내용 전부를 다른 구성원에게 이전하게 하여서는 아니된다.

③ 계약담당공무원은 공동수급체구성원을 추가하게 할 수 없다. 다만, 계약내용의 변경이나 공동수급체 구성원 중 일부구성원의 파산, 해산, 부도 등의 사유로 인하여 잔존구성원(연대보증인 포함)만으로는 면허, 시공능력 및 실적 등 계약이행에 필요한 요건을 갖추지 못할 경우로서 공동수급체구성원 연명으로 구성원의 추가를 요청한 경우에는 그러하지 아니한다.

④ 주계약자관리방식에서 주계약자는 구성원이 정당한 사유없이 계약을 이행하지 아니하거나 지체하여 이행하는 경우 또는 주계약자의 계획·관리 및 조정 등에 협조하지 않아 계약이행이 곤란하다고 판단되는 경우에는 구성원의 출자비율 또는 분담내용, 해당 구성원을 변경할 수 있다. 이 경우 변경사유와 변경내용 등을 계약담당공무원에게 통보하여야 하며, 계약담당공무원은 주계약자의 변경내용이 계약의 원활한 이행을 저해하지 않는 한 승인해야 한다.

제13조【공동수급체 구성원의 제재】 ① 계약담당공무원은 공사 착공시까지 공동수급체 구성원별 출자비율 또는 분담내용에 따른 다음 각 호의 내용이 포함된 공동계약이행계획서(이하 "계약이행계획서"라 한다)를 제출하게 하여 승인을 받도록 하여야 한다.

1. 구성원별 이행부분 및 내역서(이행부분을 구분하지 아니하는 경우에는 제외)
2. 구성원별 투입 인원·장비 등 목록 및 투입시기
3. 그 밖의 발주기관이 요구하는 사항

② 계약담당공무원은 공동수급체구성원이 연명으로 출자비율 또는 분담내용을 준수하는 범위 내에서 제1항의 규정에 의한 계약이행계획서의 변경에 대한 승인을 요청하는 때에는 공사의 적정한 이행을 위하여 필요하다고 인정되는 경우에 한하여 이를 승인할 수 있다.

③ 계약담당공무원은 주계약자관리방식에 의한 공동계약의 경우 주계약자 이외의 공동수급체의 구성원 자신이 분담한 부분을 직접 시공하게 하여야 한다. 다만, 공동수급체 구성원이 종합건설업자인 경우에는 다른 법령의 규정이나 시공품질의 향상 및 현장사정 등 불가피한 사유가 있는 경우에는 주계약자와 합의하고 계약담당공무원의 승인을 얻어 하도급하게 할 수 있다.

④ 주계약자관리방식에 의한 경우로서 주계약자는 직접시공에는 참여하지 않더라도 시공관리, 품질관리, 하자관리, 공정관리, 안전관리, 환경관리 등 시공의 종합적인 계획·관리 및 조정에만 참여하는 경우에도 이를 계약이행으로 본다.

⑤ 각 중앙관서의 장은 공동수급체 구성원 중 정당한 이유없이 계약이행계획서에 따라 실제 계약이행에 참여하지 아니하는 구성원(단순히 자본참여만을 한 경우 등을 포함) 또는 출자비율 또는 분담내용과 다르게 시공하는 구성원 또는 주계약자관리방식에서 주계약자 이외의 구성원이 발주기관의 사전서면 승인없이 직접 시공하지 않고 하도급한 경우 시행령 제76조 제1항 제6호 또는 제2호의 규정에 의한 입찰참가자격제한조치를 하여야 한다.

제14조【유효기한】 이 예규는 「훈령·예규 등의 발령 및 관리에 관한 규정」(대통령훈령 제248호)에 따라 이 예규 발령 후의 법령이나 현실여건의

변화 등을 검토하여야 하는 2012년 9월 21일까지 효력을 가진다.

〈부 칙〉

제1조【시행일】 이 회계예규는 2010년 1월 4일부터 시행한다.

제2조【대가지급에 관한 적용례】 제11조 제2항 개정규정은 이 예규 시행일 이후 입찰공고를 한 분부터 적용한다.

〈공동수급표준협정서(공동이행방식)〉

제1조【목적】 이 협정서는 아래 계약을 공동수급체의 구성원이 재정, 경영 및 기술능력과 인원 및 기자재를 동원하여 공사·물품 또는 용역에 대한 계획·입찰·시공 등을 위하여 일정 출자비율에 따라 공동연대하여 계약을 이행할 것을 약속하는 협약을 정함에 있다.

1. 계약건명 :
2. 계약금액 :
3. 발주자명 :

제2조【공동수급체】 공동수급체의 명칭, 사업소의 소재지, 대표자는 다음과 같다.

1. 명　　　칭 : ○○○
2. 주사무소소재지 :
3. 대 표 자 성 명 :

제3조【공동수급체의 구성원】 ① 공동수급체의 구성원은 다음과 같다.

1. ○○○회사(대표자 : 　)
2. ○○○회사(대표자 : 　)

② 공동수급체의 대표자는 ○○○로 한다.

③ 대표자는 발주자 및 제3자에 대하여 공동수급체를 대표하며, 공동수급체의 재산의 관리 및 대금청구 등의 권한을 가진다.

제4조【효력기간】 본 협정서는 당사자간의 서명과 동시에 발효하며, 당해 계약의 이행으로 종결된다. 다만, 발주자 또는 제3자에 대하여 공사와 관련한 권리·의무관계가 남아있는 한 본 협정서의 효력은 존속된다.

제5조【의무】 공동수급체구성원은 제1조에서 규정한 목적을 수행하기 위하여 성실·근면 및 신의를 바탕으로 하여 필요한 모든 지식과 기술을 활용할 것을 약속한다.

제6조【책임】 공동수급체의 구성원은 발주기관에 대한 계약상의 의무이행에 대하여 연대하여 책임을 진다.

제7조【하도급】 공동수급체 구성원 중 일부 구성원이 단독으로 하도급계약을 체결하고자 하는 경우에는 다른 구성원의 동의를 받아야 한다.

제8조【거래계좌】 회계예규 「공동계약운용요령」제11조의 규정에 정한 바

에 의한 선금, 기성대가 등은 다음계좌로 지급받는다.

1. ○○○회사(공동수급체대표자) : ○○은행, 계좌번호 ○○○, 예금주 ○○○
2. ○○○회사 : ○○은행, 계좌번호 ○○○, 예금주 ○○○

제9조【구성원의 출자비율】 ①당 공동수급체의 출자비율은 다음과 같이 정한다.

1. ○○○ : %
2. ○○○ : %

② 제1항의 비율은 다음 각호의 1에 해당하는 경우 변경할 수 있다. 다만, 출자비율을 변경하는 경우 공동수급체 일부구성원의 출자비율 전부를 다른 구성원에게 이전할 수 없다.

1. 발주기관과의 계약내용 변경에 따라 계약금액이 증감되었을 경우
2. 공동수급체 구성원 중 파산, 해산, 부도 등의 사유로 인하여 당초 협정서의 내용대로 계약이행이 곤란한 구성원이 발생하여 공동수급체구성원 연명으로 출자비율의 변경을 요청한 경우

③ 현금 이외의 출자는 시가를 참작, 구성원이 협의 평가하는 것으로 한다.

제10조【손익의 배분】 계약을 이행한 후 이익 또는 손실이 발생하였을 경우에는 제9조에서 정한 비율에 따라 배당하거나 분담한다.

제11조【권리·의무의 양도제한】 구성원은 이 협정서에 의한 권리·의무를 제3자에게 양도할 수 없다.

제12조【중도탈퇴에 대한 조치】 ①공동수급체의 구성원은 다음 각호의 1에 해당하는 경우 외에는 입찰 및 당해 계약의 이행을 완료하는 날까지 탈퇴할 수 없다. 다만, 제3호의 규정에 해당하는 경우에는 다른 구성원이 반드시 탈퇴조치를 하여야 한다.

1. 발주자 및 구성원 전원이 동의하는 경우
2. 파산, 해산, 부도 기타 정당한 이유없이 당해 계약을 이행하지 아니하여 해당 구성원 외의 공동수급체의 구성원이 발주자의 동의를 얻어 탈퇴조치를 하는 경우
3. 공동수급체 구성원 중 파산, 해산, 부도 기타 정당한 이유없이 당해 계약을 이행하지 아니하여 시행령 제76조 제1항 제6호의 규정에 의거 입찰참 가자격제한조치를 받은 경우

② 제1항의 규정에 의하여 구성원 중 일부가 탈퇴한 경우에는 잔존 구성원이 공동연대하여 당해계약을 이행한다. 다만, 잔존구성원만으로 면허, 실적, 시공능력공시액 등 잔여계약이행에 필요한 요건을 갖추지 못할 경우에는 연대보증인과 연대하여 당해 계약을 이행하여야 하며, 연대보증인이 없거나 연대보증인이 계약을 이행하지 않는 경우에는 잔존구성원이 발주기관의 승인을 얻어 새로운 구성원을 추가하는 등의 방법으로 당해 요건을 충족하여야 한다.

③ 제2항 본문의 경우 출자비율은 탈퇴자의 출자비율을 잔존구성원의 출자비율에 따라 분할하여 제9조의 비율에 가산한다.

④ 탈퇴하는 자의 출자금은 계약이행 완료 후 제10조의 손실을 공제한 잔액을 반환한다.

제13조【하자담보책임】 공동수급체가 해산한 후 당해 공사에 관하여 하자가 발생하였을 경우에는 연대하여 책임을 진다.

제14조【운영위원회】 ① 공동수급체는 공동수급체구성원을 위원으로 하는 운영위원회를 설치하여 계약이행에 관한 제반사항을 협의한다.

② 이 협정서에 규정되지 아니한 사항은 운영위원회에서 정한다.

위와 같이 공동수급협정을 체결하고 그 증거로서 협정서 ○통을 작성하여 각 통에 공동수급체 구성원이 기명날인하여 각자 보관한다.

년 월 일

○○○ (인)

○○○ (인)

〈공동수급표준협정서(분담이행방식)〉

제1조【목적】 이 협정서는 아래 계약을 공동수급체의 구성원이 재정, 경영 및 기술능력과 인원 및 기자재를 동원하여 공사·물품 또는 용역에 대한 계획·시공 등을 위하여 일정 분담내용에 따라 나누어 공동으로 계약을 이행할 것을 약속하는 협약을 정함에 있다.

1. 계약건명 :
2. 계약금액 :
3. 발주자명 :

제2조【공동수급체】 공동수급체의 명칭, 사업소의 소재지, 대표자는 다음과 같다.

1. 명 칭 : ○○○
2. 주사무소소재지 :
3. 대 표 자 성 명 :

제3조【공동수급체의 구성원】 ① 공동수급체의 구성원은 다음과 같다.

1. ○○○회사(대표자 :)
2. ○○○회사(대표자 :)

② 공동수급체의 대표자는 ○○○로 한다.

③ 대표자는 발주자 및 제3자에 대하여 공동수급체를 대표하며, 공동수급체 재산의 관리 및 대금청구 등의 권한을 가진다.

제4조【효력기간】 본 협정서는 당사자간의 서명과 동시에 발효하며, 당해 계약의 이행으로 종결된다. 다만, 발주자 또는 제3자에 대하여 공사와 관련한 권리의무관계가 남아 있는 한 본 협정서의 효력은 존속된다.

제5조【의무】 공동수급체구성원은 제1조에서 규정한 목적을 수행하기 위하여 성실·근면 및 신의를 바탕으로 하여 필요한 모든 지식과 기술을 활용할 것을 약속한다.

제6조【책임】 공동수급체의 구성원은 발주기관에 대한 계약상의 의무이행에 대하여 분담내용에 따라 각자 책임을 진다.

제7조【하도급】 공동수급체의 각 구성원은 자기 책임하에 분담부분의 일부를 하도급할 수 있다.

제8조【거래계좌】 회계예규「공동계약운용요령」제11조의 규정에 정한 바

에 의한 선급, 기성대가 등은 다음 계좌로 지급받는다.

1. ○○○회사(공동수급체대표자) : ○○은행, 계좌번호 ○○○, 예금주 ○○○
2. ○○○회사 : ○○은행, 계좌번호 ○○○, 예금주 ○○○

제9조【구성원의 분담내용】 ① 각 구성원의 분담내용은 다음 예시와 같이 정한다.

[예시]

1. 일반공사의 경우
   가) ○○○건설회사 : 토목공사
   나) ○○○건설회사 : 포장공사
2. 환경설비설치공사의 경우
   가) ○○○건설회사 : 설비설치공사
   나) ○○○제조회사 : 설비제작

② 제1항의 분담내용은 다음 각호의 1에 해당하는 경우 변경할 수 있다. 다만, 분담내용을 변경하는 경우 공동수급체 일부구성원의 분담내용 전부를 다른 구성원에게 이전할 수 없다.

1. 발주기관과의 계약내용 변경에 따라 계약금액이 증감되었을 경우
2. 공동수급체 구성원 중 파산, 해산, 부도 등의 사유로 인하여 당초 협정서의 내용대로 계약이행이 곤란한 구성원이 발생하여 공동수급체구성원 연명으로 분담내용의 변경을 요청한 경우

제10조【공동비용의 분담】 본 계약이행을 위하여 발생한 공동의 경비 등에 대하여 분담공사금액의 비율에 따라 각 구성원이 분담한다.

제11조【구성원 상호간의 책임】 ① 구성원이 분담공사와 관련하여 제3자에게 끼친 손해는 당해 구성원이 분담한다.

② 구성원이 다른 구성원에게 손해를 끼친 경우에는 상호협의하여 처리하되, 협의가 성립되지 아니하는 경우에는 운영위원회의 결정에 따른다.

제12조【권리 · 의무의 양도제한】 구성원은 이 협정서에 의한 권리 · 의무를 제3자에게 양도할 수 없다.

제13조【중도탈퇴에 대한 조치】 ① 공동수급체의 구성원은 다음 각호의 1에 해당하는 경우 외에는 입찰 및 당해 계약의 이행을 완료하는 날까지 탈퇴할 수 없다.

1. 발주자 및 구성원 전원이 동의하는 경우
2. 파산, 해산, 부도 기타 정당한 이유없이 당해 계약을 이행하지 아니하여 해당 구성원 외의 공동수급체의 구성원이 발주자의 동의를 얻어 탈퇴조치를 하는 경우

② 구성원 중 일부가 파산 또는 해산, 부도 등으로 계약을 이행할 수 없는 경우에는 연대보증인이 당해구성원의 분담부분을 이행하여야 하며, 연대보증인이 없거나 연대보증인이 계약을 이행하지 않는 경우에는 잔존구성원이 이를 이행한다. 다만, 잔존구성원만으로는 면허, 실적, 시공능력공시액 등 잔여계약이행에 필요한 요건을 갖추지 못할 경우에는 발주자의 승인을 얻어 새로운 구성원을 추가하는 등의 방법으로 당해 요건을 충족하여야 한다.

③ 제2항 본문의 경우 제11조 제2항의 규정을 준용한다.

제14조【하자담보책임】 공동수급체가 해산한 후 당해 공사에 관하여 하자가 발행하였을 경우에는 분담내용에 따라 그 책임을 진다.

제15조【운영위원회】 ① 공동수급체는 공동수급체구성원을 위원으로 하는 운영위원회를 설치하여 계약이행에 관한 제반사항을 협의한다.

② 이 협정서에 규정되지 아니한 사항은 운영위원회에서 정한다.

위와 같이 공동수급협정을 체결하고 그 증거로서 협정서 ○통을 작성하여 각 통에 공동수급체 구성원이 기명날인하여 각자 보관한다.

년 월 일

○○○ (인)

○○○ (인)

〈공동수급표준협정서(주계약자관리방식)〉

제1조【목적】 이 협정서는 아래 계약을 공동수급체의 구성원이 재정, 경영, 기술능력, 인원 및 기자재를 동원하여 아래의 공사, 물품 또는 용역에 대한 계획, 입찰, 시공 등을 위하여 주계약자가 전체사업의 수행에 관하여 계획·관리 및 조정을 하면서 공동으로 사업을 영위할 것을 약속하는 협약을 정함에 있다.

1. 계약건명 :
2. 계약금액 :
3. 발주자명 :

제2조【공동수급체】 공동수급체의 명칭, 주사무소의 소재지, 대표자는 다음과 같다.

1. 명 칭 :
2. 주사무소 소재지 :
3. 대표자 성명 :

제3조【공동수급체의 구성원】 ① 공동수급체의 구성원은 다음과 같다.

1. ○○○ 회사(대표자 :)
2. ○○○ 회사(대표자 :)

② 공동수급체 대표자(주계약자)는 ○○○로 한다.

③ 대표자는 발주자 및 제3자에 대하여 공동수급체를 대표하며, 공동수급체의 재산관리 및 대금청구 등의 권한을 가진다.

제4조【효력기간】 본 협정서는 당사자간의 서명과 동시에 발효하며, 당해 계약의 이행으로 종결된다. 다만, 발주자 또는 제3자에 대하여 계약과 관련한 권리의무관계가 남아있는 한 본 협정서의 효력은 존속된다.

제5조【의무】 공동수급체의 구성원은 제1조에서 정한 목적을 수행하기 위하여 성실, 근면 및 신의를 바탕으로 하여 필요한 모든 지식과 기술을 활용할 것을 약속하며, 주계약자의 전체건설공사 수행을 위한 계획·관리 및 조정하는 사항에 적극 협조하여야 한다.

제6조【책임】 공동수급체의 구성원은 발주자에 대한 계약상의 의무이행에 대하여 분담내용에 따라 각자 책임을 지며, 대표자는 발주자에 대해 전체계약이행의 책임을 진다.

제7조 【계약이행】 공동수급체의 구성원(주계약자는 제외한다)은 자신이 분담한 부분을 직접 시공하여야 한다. 다만, 공동수급체 구성원이 종합건설업자인 경우에는 다른 법령의 규정이나 시공품질의 향상 및 현장사정 등 불가피한 사유가 있는 경우에는 주계약자와 합의하고 계약담담공무원의 승인을 얻어 하도급할 수 있다.

② 주계약자는 공사시방서·설계도면·계약서·예정공정표·품질보증계획·또는 품질시험계획·안전 및 환경관리계획·산출내역서 등에 의하여 품질 및 시공을 확인하고 적정하지 못하다고 인정되는 경우에는 재시공지시 등 필요한 조치를 할 수 있다.

④ 주계약자는 공사진행의 경제성 및 효율성 등을 감안하여 공동수급체 구성원과의 협의를 거쳐 자재 및 장비 등의 조달을 일원화하여 관리할 수 있다.

제8조 【거래계좌】 회계예규 「공동계약운용요령」 제11조 대가지급 규정에 정한 바에 따라 선금, 기성대가 등은 다음 계좌로 지급받는다.

1. ○○○회사(공동수급체 대표자) : ○○은행, 계좌번호○○○, 예금주 ○○○
2. ○○○회사 : ○○은행, 계좌번호○○○, 예금주 ○○○

제9조 【구성원의 분담내용】 ①각 구성원의 분담내용은 다음과 같이 정한다.

[예시] 일반공사의 경우

가) ○○○ 건설회사 : 토목공사

나) ○○○ 건설회사 : 철강재설치공사

② 제1항의 분담내용은 다음 각 호의 어느 하나에 해당하는 경우 변경할 수 있다. 다만, 분담내용을 변경하는 경우 공동수급체 일부 구성원의 분담내용 전부를 다른 구성원에게 이전할 수 없다.

1. 발주기관과의 계약내용 변경에 따라 계약금액이 증감되었을 경우
2. 공동수급체의 구성원 중 파산, 해산, 부도 등의 사유로 인하여 당초 협정서의 내용대로 계약이행이 곤란한 구성원이 발생하여 공동수급체의 구성원 연명으로 분담내용의 변경을 요청할 경우
3. 공동수급체 구성원이 정당한 이유없이 계약을 이행하지 아니하거나 지체하여 이행하는 경우 또는 주계약자의 계획·관리 및 조정 등에 협조하지 않아 계약이행이 곤란하다고 판단되는 경우

제10조 【공동비용의 분담】 ① 본 계약이행을 위하여 발생한 공동의 경비 등에 대하여 분담내용의 금액비율에 따라 각 구성원이 분담하는 것을

원칙으로 하되, 전체계약의 보증금 등의 일괄납부에 소요되는 비용의 재원은 공동수급체 구성원간의 합의에 의하여 별도로 정할 수 있다.

② 공동수급체 구성원은 각 구성원이 분담할 주계약자의 계획·관리·조정업무에 대한 대가와 지급시기, 지급방법 등을 상호 협의하여 별도로 정할 수 있다.

제11조【구성원 상호간의 책임】 ① 구성원이 분담공사와 관련하여 제3자에게 끼친 손해는 당해 구성원이 분담한다.

② 구성원이 다른 구성원에게 손해를 끼친 경우에는 상호 협의하여 처리하되, 협의가 성립되지 아니하는 경우에는 운영위원회의 결정에 따른다.

제12조【권리·의무의 양도제한】 구성원은 이 협정서에 의한 권리·의무를 제3자에게 양도할 수 없다.

제13조【중도탈퇴에 대한 조치】 ① 공동수급체의 구성원은 다음 각호의 1에 해당하는 경우 외에는 입찰 및 당해 계약의 이행을 완료하는 날까지 탈퇴할 수 없다.

1. 발주자 및 구성원 전원이 동의하는 경우
2. 파산, 해산, 부도 기타 정당한 이유없이 당해 계약을 이행하지 아니하여 해당 구성원 외의 공동수급체의 구성원이 발주자의 동의를 얻어 탈퇴조치를 하는 경우
3. 공동수급체 구성원이 정당한 이유없이 계약을 이행하지 아니하거나 지체하여 이행하는 경우 또는 주계약자의 계획·관리 및 조정 등에 협조하지 않아 계약이행이 곤란하다고 판단되는 경우

② 공동수급체 구성원 중 일부가 파산, 해산, 부도 등으로 계약을 이행할 수 없는 경우에는 보증기관이 당해 구성원의 분담부분을 이행하여야 한다.

③ 주계약자가 탈퇴한 경우에는 보증기관이 당해 계약을 이행하여야 한다.

제14조【하자담보책임】 공동수급체가 해산한 후 당해 공사에 관하여 하자가 발행하였을 경우에는 해당 구성원이 분담내용에 따라 그 책임을 진다.

② 해당 구성원이 하자담보책임을 이행하지 않은 경우(부도, 파산 등으로 이행할 수 없는 경우를 포함한다)에는 해당 구성원의 보증기관이 하자담보 책임을 이행하여야 한다.

③ 구성원간(주계약자를 포함)에 하자책임 구분이 곤란한 경우에는 주계약자가 하자책임 구분에 대한 조정을 할 수 있으며, 조정이 불가능한 경우에는

하자와 관련 있는 구성원이 공동으로 하자담보책임을 이행하여야 한다.

제15조 【운영위원회】 ① 공동수급체는 공동수급체구성원을 위원으로 하는 운영위원회를 설치하여 계약이행에 관한 제반사항을 협의한다.

② 이 협정서에 규정되지 아니한 사항은 운영위원회에서 정한다.

위와 같이 공동수급협정을 체결하고 그 증거로서 협정서 ㅇ통을 작성하여 각 통에 공동수급체 구성원이 기명날인하여 각자 보관한다.

년 월 일

○○○ (인)

○○○ (인)

제3장 계약금액 조정제도

제1절 | 계약금액 조정을 둘러싼 분쟁

1. 계약변경의 필요

계약은 상호 대등한 입장에서 당사자의 합의에 의하여 체결되며, 계약당사자는 계약의 내용을 신의성실의 원칙에 따라 이를 이행하여야 한다(국가계약법 제5조 제1항, 지방계약법 제6조 제1항). 따라서 계약당사자는 일단 계약이 유효하게 성립되고 나면 그 확정된 내용대로 이행하여야 하며, 계약 성립 후 당사자 일방에게 불리한 사정이 발생한다고 하여 계약의 내용을 부정할 수는 없는 것이 원칙이다.

그러나 장기간에 걸쳐 이행되는 계약의 경우 계약기간 중 발생할 수 있는 변수를 전혀 고려하지 않는다면 계약당사자 중 일방에게 불공평하고, 부당한 결과를 초래할 수도 있으므로 민법상 '사정변경의 원칙'을 원용하여 일정한 요건에 해당되는 경우 확정된 계약금액을 조정할 수 있도록 특별히 명시하고 있는바, 바로 물가변동으로 인한 계약금액의 조정, 설계변경으로 인한 계약금액의 조정 및 기타 계약내용의 변경으로 인한 계약금액의 조정제도(국가계약법 제19조, 지방계약법 제22조)를 규정하고 있다.

2. 계약금액의 조정 관련 분쟁

계약금액 조정제도는 이미 정해진 계약금액을 법령에 정해진 요건 충족시 조정하는 것으로서 예정가격 산정에 있어 미반영된 사유나 일부 비목 또는 품목의 단가가 과다·과소계상/누락되었다는 사유만으로 계약금액을 조정할 수는 없다고 할 것이다. 또한 각각의 규정에서 정하고 있는 구체적 요건에 해당하는지 여부 및 계약당사자 중 누구의 귀책사유로 인한 것인지에 대한 분쟁이 많이 발생하고 있으며, 계약당사자가 계약금액 조정에 응하지 않는 경우 이를 어떻게 해결할 것인지 등 이론과 실무를 종합한 접근방법이 요구된다.

제2절 | 물가변동으로 인한 계약금액의 조정

1. 개 요

가. 의 의

물가변동으로 인한 계약금액 조정제도(Escalation 또는 De-Escalation)는 계약체결 후 일정기간이 경과된 시점에서 계약금액을 구성하는 각종 품목 또는 비용의 가격이 급격하게 상승 또는 하락된 경우 계약금액을 증감 조정하여 줌으로써 계약당사자 일방의 예기치 못한 부담을 경감시켜 계약이행을 원활하게 할 수 있도록 하는 것이다.

나. 관련규정

국 가 계 약 법	지 방 계 약 법
- 국가계약법 제19조 - 국가계약법 시행령 제64조 - 국가계약법 시행규칙 제74조 - 공사계약일반조건 제22조 - 정부 입찰·계약 집행기준 - 기타 관계법규, 회계통첩 및 지침	- 지방계약법 제22조 - 지방계약법 시행령 제73조 - 지방계약법 시행규칙 제72조 - 지방자치단체 입찰 및 계약집행기준

2. 조정요건

- ❑ 계약체결일로부터 90일 이상 경과
- ❑ 품목조정률 또는 지수조정률이 3% 이상 증감
- ❑ 위 두 가지 요건 동시에 충족

가. 계약체결일로부터 90일 이상 경과

국고의 부담이 되는 계약체결일(장기계속계약의 경우에는 제1차 계약 체결일)로부터 90일 이상 경과하거나 직전 조정기준일로부터 90일 이상 경과하여야 한다. 연대보증인이 보증시공한 경우 물가변동으로 인한 계약금액 조정시의 계약체결일은 계약상대자와 체결한 계약체결일을 기준으로 한다.

※ '90일 이상 경과하는 날'은 계약체결일(또는 직전 조정기준일) 익일부터 기산하여 91일[1]째가 되는 날이다.

또한, 물가변동으로 인한 계약금액 조정 전에 설계변경으로 인한 계약금액 조정을 한 경우 그 기간 산정시점은 설계변경으로 인한 계약금액의 조정일자로부터 90일 이상 경과일자를 계산하는 것이 아니고, 당초 계약체결일 또는 직전 조정기준일을 기준으로 한다. 발주기관측에 책임이 있거나 천재지변 및 불가항력의 사유 등 계약상대자의 책임이 없는 사유로 계약이행이 중지된 경우 그 중지된 기간도 90일 기간 산정할 때 포함된다.

한편, 천재·지변 또는 원자재의 가격급등으로 인하여 당해 조정제한기간 내에 계약금액을 조정하지 아니하고는 계약이행이 곤란하다고 인정되는 경우에는 계약체결일 또는 직전 조정기준일로부터 90일 이내에 계약금액을 조정할 수 있다(국가계약법 시행령 제64조 제5항).

나. 입찰일로부터 3% 품목조정률 또는 지수조정률의 증감

입찰일(수의계약의 경우에는 계약체결일, 2차 이후의 계약금액조정에 있어서는 직전 조정기준일이 된다)을 기준으로 품목조정률 또는 지수조정률이 3%[2] 이상 증감하여야 한다.

동일한 계약에서 품목조정률에 의한 방법과 지수조정률에 의한

1) 민법 제157조 단서에 따라 계약체결이 오전 0시에 되는 경우에는 90일로 보아야 할 것이다.
2) 과거에는 5%였으나, 2005. 9. 8. 국가계약법 시행령 개정으로 3%로 변경되었다.

방법을 동시에 적용할 수 없으며, 계약체결시 하나의 방법을 선택하여 계약서에 명시하여야 한다. 계약담당공무원은 계약체결시 계약상대자가 지수조정률에 의한 방법을 원하는 경우 외에는 품목조정률에 의한 방법으로 계약금액을 조정한다는 뜻을 명시하여야 한다(국가계약법 시행령 제64조 제2항). 만약 계약체결시 지수조정률 또는 품목조정률에 의한다는 것을 명시하지 아니한 경우에는 계약당사자간에 조정방법을 합의하여 적용할 수 있다.[3)]

한편, 계약서에 명시된 조정방법을 계약이행 도중에 당사자 간의 합의로 변경하는 것은 조정의 일관성이 없어지고 당사자 일방에 유리한 방법으로 운용될 소지가 있어 허용되지 않는다고 보아야 할 것이다[4)](공사계약일반조건 제22조 제2항, 물품구매제조계약일반조건 제11조 제2항). 따라서 물가변동 조정률 산정방법을 계약서상에 명시하지 않아 만약 1회 물가변동 조정시에 지수조정률을 적용하였다면 2회 이후 물가변동도 같은 조건인 지수조정률을 적용하여야 한다.

다. 위 2가지 요건이 동시에 충족[5)]

계약체결 후 90일 이상 경과하고, 조정률이 3% 이상 증감되는 것이 동시에 충족되어야 하며, 이를 '조정기준일'[6)]이라 한다. 조정기준일은 두 가지 요건이 동시에 충족되는 최초의 날[7)]을 의미하며, 계약당사자 또는 일방이 임의로 설정할 수는 없다.[8)] 조정기준일 이후

---

3) 기획재정부 유권해석(회제 2210-743, 1986.3.21.)도 같은 취지이다.
4) 조달청, 앞의 해석기준, 39면.
5) 2005.9.8. 개정 이전 계약 체결된 계약의 경우 개정법령과 이전 법령 중 계약상대자가 선택하여 적용가능토록 하고 있다(개정 전:기간요건 60일 이상, 등락요건 5% 이상).
6) '기간요건'인 90일 이상 판단은 계약체결일로부터 기산하며, '등락요건'은 수의계약을 제외하고는 입찰일을 기준시점으로 한다는 점에 주의를 요한다.
7) 따라서 계약상대자가 조정신청을 한 날이거나 국가기관이 실제로 조정한 날을 의미하는 것은 아니다.
8) 기획재정부 유권해석(회계 45107-259, 1997.2.5.)도 동일한 취지이다.

다시 물가변동으로 인한 계약금액 조정을 위해서는 직전 조정기준일익일부터 90일 이상 경과하고, 조정률이 3% 이상 증감되는 요건을 다시 갖추어야 할 것이다(국가계약법 제64조 제1항).

3. 조정신청 절차

가. 계약상대자의 신청 필요여부

각 계약일반조건에서 물가변동으로 계약금액이 증액될 때에는 계약상대자의 신청이 있어야 한다고 명시하고 있는 반면, 감액시는 특별히 정하고 있지 않다. 그러나 계약은 상호 대등한 입장에서 체결되며 계약상대자의 계약상 이익을 부당하게 제한하여서는 아니 된다는 취지에 비추어 볼 때 발주기관도 최종 대가지급 전까지 감액내역을 통보하여야 할 것이다. 이에 대하여 발주기관은 업체와 달리 물가변동에 대한 정보를 실시간으로 접하는 것도 아니며, 계약금액이 감액될 경우 감액청구가 있어야 한다는 명문규정이 없는 점에 비추어 볼 때 발주기관 스스로 감액조정을 할 수 있다고 보아야 한다는 입장도 있다.

또한 물가변동으로 인한 계약금액 조정(증액)사유가 있을 경우 국가계약법 등에 따라 자동적으로 계약금액이 조정되는 것인지, 반드시 수급인의 계약금액 조정 신청에 의하여야 하는지가 문제될 수 있다. 이에 대하여 대법원[9)]은 "물가변동으로 인한 계약금액 조정에 있어, 계약체결일부터 일정한 기간이 경과함과 동시에 품목조정률이 일정한 비율 이상 증감함으로써 조정사유가 발생하였다 하더라도 계약금액조정은 자동적으로 이루어지는 것이 아니라, 계약당사자의 상대방에 대한 적법한 계약금액 조정신청에 의하여 비로소 이루어진다"라고 판시하고 있다.[10)]

---

9) 대법원 2006.9.14. 선고 2004다28825 판결.

한편, 증액 및 감액조정이 동시에 일어난 경우와 관련하여 대법원[11]은 "도급계약의 도급인과 수급인 사이에 물가변동이 있으면 그 증감액을 산출하여 공사금액을 조정 지급하기로 한 약정에 따라 수급인이 요구한 물가변동으로 인한 증액 조정에 합의하였으나, 그 구체적 액수에 대한 협의를 유보한 채 먼저 설계변경 등으로 인한 감액에 관하여만 합의하기로 하여 감액이 이뤄진 경우 그 감액 합의는 전체로서의 공사금액을 확정하여 공사금액에 관한 분쟁을 끝내기로 한 것은 아니라는 이유로 이를 공사금액 전체에 대한 화해계약으로 볼 수는 없다"라고 판시하였다.

나. 조정신청일의 확정

물가변동으로 인한 계약금액 조정신청시 관계법령에서 정하는 요건을 갖추지 못하거나 일부 서류를 구비하지 않은 경우 적법한 조정신청으로 볼 것인지가 문제된다. 조정신청일의 확정은 발주기관으로서 계약상대방에게 계약금액 조정을 해주어야 하는지 및 기성대가 공제범위와 관련하여 중요한 기준이 된다.

'조정신청일'이라 함은 국가계약법 시행령 및 시행규칙에서 규정한 계약금액 조정 요건의 성립을 증명할 수 있는 관계서류를 첨부하여 계약담당공무원에게 신청서를 접수한 날을 의미한다 할 것이다. 서울고등법원[12]도 "물가변동으로 인한 계약금액의 조정신청은 조정을 요구하는 의사표시만으로 성립한다고 할 수는 없으나, 그와 같은 의사표시와 함께 계약금액 조정요건의 성립을 증명할 수 있는

---

10) 위 판결에서는 "발주기관이 계약상대자에게 납품물량 문의를 내용으로 하는 문서송부로 감액조정신청을 한 것으로 볼 수 없고, 발주기관 스스로 감액키로 한 내부문서는 계약상대자에게 효력이 미치지 않으며, 그 이후 지급한 대금 또한 개산급으로 볼 수 없다"고 하면서 발주기관의 감액 주장을 배척하였다.

11) 대법원 1996.4.12. 선고 95다55429 판결.

12) 서울고등법원 2004.5.12. 선고 2003나72988 판결.

관계서류를 첨부함으로써 족하고, 나아가 시행령 제64조 및 시행규칙 제74조에서 정한 방식에 따라 조정금액을 산출하여 신청할 것까지는 요하지 않는다 할 것"이라고 판시하고 있다.

기획재정부[13]는 비슷한 취지로 "물가변동으로 인한 계약금액을 조정하는 경우 '조정신청일'이라 함은 관련 법령에서 규정한 계약금액 조정 요건의 성립을 증명할 수 있는 관계서류를 첨부하여 금액조정을 신청한 일자를 의미하는바, 계약상대자가 물가변동으로 인한 계약금액 조정을 신청하였으나, 조정기준일 등 관계 법령에서 정한 요건을 잘못 적용하여 신청서류가 반려된 경우라면 조정신청일로 인정할 수 없다고 보나, 계약상대자의 조정신청내용을 발주기관이 인정하여 계약상대자가 기성대가를 수령하는 등 물가변동으로 인한 계약금액조정절차가 진행된 후에 발주기관이 이의 수정을 요구하는 경우라면 계약상대자가 당초에 물가변동에 따른 계약금액조정을 신청한 일자를 조정신청일로 인정하는 것이 타당하다"고 보고 있다.

따라서 발주기관으로서는 조정신청 후 보완 요구하여 보완 서류를 제출한 경우 언제를 조정신청일로 볼 것인지는 신청된 물가변동자료가 관련법령에서 정한 최소한의 형식요건을 갖추었는지의 여부에 따라 달라질 것이다. 즉, (ⅰ) 소정의 요건을 갖추었다고 인정되는 경우에는 최초의 신청일로, (ⅱ) 소정의 요건을 충족하지 못하였다고 인정하는 경우에는 보완하여 제출한 날을 신청일로 구분하여 적용하면 될 것이다. 그러나 단지 기성부분에 대한 대가를 개산급으로 신청한 행위 자체나 단순히 조정요구 공문만을 제출한 경우에는 물가변동으로 인한 계약금액 조정신청행위로 보기는 어렵다고 할 것이다.[14]

한편, 실무적으로 계약상대자가 물가변동 신청서류를 책임감리

---

13) 기획재정부 유권해석(회제 41301-639, 2007.6.19.; 회제 681, 2004.5.11.; 회제 41301-952, 2003.8.22.).

14) 기획재정부 유권해석(회계 45107-51, 1995.1.13.)도 동일한 취지이다.

자에게 제출하고, 책임감리자가 물가변동으로 인한 계약금액조정신청서가 접수되었음을 발주기관에 문서로 통보한 후 발주기관이 이를 인정하여 책임감리자로 하여금 조정내역서를 검토하도록 한 경우라면 책임감리자의 통보문서가 발주기관에 접수된 날을 물가변동 신청일로 보고 있다.[15)]

다. 조정신청의 시기

계약금액을 증액하는 경우 계약상대자는 대가 수령 전까지 조정신청을 하여야 조정금액을 지급받을 수 있다(공사계약일반조건 제22조 제3항, 물품구매제조계약일반조건 제11조 제3항, 용역계약일반조건 제15조 제3항). 다만, 감액시에는 계약금액 조정의 종기와 관련하여 명시적으로 정하고 있지 않으므로 향후에는 계약당사자간 대등한 입장에서 체결하는 계약의 취지상 동일하게 약정하는 방안이 요구된다.

준공대가 지급신청 전에 물가변동으로 인한 계약금액 조정신청을 한 경우에는 준공대가 지급여부 및 준공여부와 관계없이 계약금액을 조정하여야 한다[16)](준공대가가 아닌 단지 기성부분에 대한 대가를 개산급으로 신청한 것이라면 이를 물가변동으로 인한 계약금액 조정신청으로 보기는 어렵다). 계약담당공무원은 계약금액을 증액하여 조정하고자 하는 경우에는 계약상대자로부터 계약금액의 조정을 청구받은 날부터 30일 이내에 계약금액을 조정하여야 한다. 이 경우 예산배정의 지연 등 불가피한 사유가 있는 때에는 계약상대자와 협의하여 조정기한을 연장할 수 있으며, 계약금액을 증액할 수 있는 예산이 없는 때에는 공사량 또는 제조량 등을 조정하여 그 대가를 지급할 수 있다(국가계약법 시행규칙 제74조 제9항).

---

15) 기획재정부 유권해석(회제 41301-2209, 1999.7.16.).
16) 조달청, 앞의 질의 응답집, 242면.

라. 물가변동 자료의 작성 및 제출주체

(1) 물가변동으로 인한 계약금액 증액시(E/S) : 계약상대자가 계약금액 조정내역서를 작성하여 발주기관에 제출

(2) 물가변동으로 인한 계약금액 감액시(D/S) : 계약담당공무원이 계약금액 조정내역서를 작성하여 계약상대자에게 통보

4. 조정금액 산출기준

증감액 = 물가변동적용대가 × 품목조정률 또는 지수조정률

가. 조정기준일

'조정기준일'이란 계약체결 후 90일 이상 경과하고, 입찰일(수의계약의 경우에는 계약체결일, 2차 이후의 계약금액조정에 있어서는 직전 조정기준일)을 기준으로 하여 조정률이 3% 이상 증감되는 2가지 요건(기간 및 등락요건)이 동시에 충족되는 최초의 날을 말한다. 따라서 조정기준일은 물가변동으로 인한 계약금액조정의 요건이 충족된 날을 의미하며, 계약당사자가 계약금액조정을 신청한 날, 발주관서의 조정승인일 또는 실제로 조정하였거나 조정금액을 지급한 날을 말하는 것이 아니다.[17]

대법원[18]은 "국가를 당사자로 하는 계약에 관한 법률에 의한 계약금액 조정에 있어서 조정기준일 이후에 채권자가 공사대금에 대하여 압류 및 전부명령을 받은 후 회사의 공사대금 조정신청에 따라 공사대금이 증액된 경우 그 증액된 부분은 채권자가 전부받은 공사대금에 포함되므로 그 일부를 수령하였더라도 양도할 수 있다"고 판시하고 있다.

---

17) 조달청, 앞의 질의응답집, 27면.

18) 대법원 2003.12.11. 선고 2001다3771 판결.

나. 물가변동적용대가

'물가변동적용대가'란 총 계약금액 중 조정기준일 이후에 이행되어야 하는 부분의 대가[19]를 의미하는데, 즉 조정된 금액으로 향후 지급하게 될 부분을 말한다. 물가변동적용대가는 조정기준일을 기준일로 하여 기 계약된 계약내역서를 구성하는 모든 품목 및 비목을 그 대상으로 산정하며, 일부 품목 또는 비목만 한정하여 산정하여서는 아니된다.

조정기준일 이전에 공정예정표상에 이행이 완료되어야 할 부분이 지체되어 이행되지 못하고 조정기준일 이후에 이행되었다고 하더라도 이는 조정대상에서 제외한다. 다만, 정부·지방자치단체에 책임있는 사유 또는 천재지변 등 불가항력[20]의 사유로 이행이 지연된 경우에는 물가변동적용대가에 포함한다. 위 공정예정표는 당초 계약체결시 계약담당공무원에게 제출하여 승인된 '공정예정표'를 기준[21]으로 하며, 조정기준일 전에 설계변경 또는 기타 계약내용의 변경으로 계약이행기간이 변경된 경우에는 변경된 공정예정표를 기준으로 한다.[22]

실무적으로 공정예정표와 실시행공정이 상이한 경우 물가변동적용대가 산정방법이 많이 문제되는데, 국가기관이 체결한 계약에 있

19) 장기계속/계속비계약의 경우에는 1차 계약시 부기한 총계약금액을 대상으로 물가변동적용대가를 산정한다.

20) '불가항력'이라 함은 태풍·홍수 기타 악천후, 전쟁 또는 사변, 지진, 화재, 전염병, 폭동 기타 계약당사자의 통제범위를 초월하는 사태의 발생 등의 사유를 말한다.

21) 계약상대자의 입장에서는 공정예정표 작성시 물가변동으로 인한 증액이 예상되는 경우 공정예정표상의 공정을 뒤로 미루어 물가변동적용대가에 포함되도록 하는 방법을 사용하기도 한다.

22) 조정기준일 이전에 설계변경에 관한 확정(설계도면의 승인, 공사예정기간의 변경확정 등)이 문서로 이루어졌으나, 이와 관련된 도급변경계약을 조정기준일 이후에 시행한 경우 물가변동적용대가 산정과 관련하여 기획재정부 유권해석(회계 41301-2939, 1997.10.23.)은 반드시 조정기준일 전에 발주처의 공사공정예정표의 변경승인이 있어야 하는 것은 아니라고 한다.

어 물가변동으로 인한 계약금액 조정시 물가변동적용대가는 공정예정표상 조정기준일 이후에 이행되어야 할 금액을 의미하고, 계약당사자간의 합의에 의하여 계약체결시 작성된 공정예정표와 다르게 이행하고자 하는 경우에는 당초 공정예정표를 수정하여야 하며, 이 경우 물가변동적용대가는 변경된 공정예정표에 의하여 산출[23)]되므로 문서에 의하여 근거를 명확히 하여 공정예정표를 수정하도록 유의하여야 한다.

분담이행방식의 공동도급계약의 경우라도 물가변동으로 인한 계약금액의 조정은 계약금액의 산출내역을 구성하는 모든 품목 또는 비목을 그 대상으로 하며, 전체내역서를 각 구성원별로 분할할 수 없으므로 구성원별로 구분하여 계약금액을 조정할 수는 없다.[24)]

다. 조정금액에서의 공제대상

1) 선 금

공제금액 = 물가변동적용대가 × 품목조정률 또는 지수조정률 × 선급급률

※ 선급급률 : 당해 계약금액에 대해 조정기준일 전에 지급한 계약금액에 대한 선금의 비율

※ 선금을 지급한 후 기성대가를 지급할 때 선금공제방식에 따라 선금을 공제하고 기성대가를 지급하였다고 하더라도 선금잔액을 기준으로 선금공제액을 산정하는 것이 아니라 선금으로 지급한 금액전체를 대상으로 선금공제액을 산정한다.

선금 공제대상은 조정기준일 이전에 지급한 부분에 한정되는데,

23) 기획재정부 유권해석(회제 41301-237, 2002.2.2; 회계 41301-743, 1997. 3.27).

24) 조달청, 앞의 응답집, 72면.

조정기준일 전에 지급한 선금을 공제하는 이유는 발주기관이 지급한 선금을 사용하여 미리 구매해 놓은 자재 등에 대하여 다시 계약금액 조정을 함으로써 발생할 수 있는 계약상대자의 이득을 계상하지 않기 위함이다. 따라서 조정기준일 이후에 지급한 선금액은 물가변동 적용대가에서 공제하지 아니한다.[25)]

〈표〉 조정기준일과 선금 관계[26)]

시 점	행위 내용	물가변동 적용여부
조정기준일	이전에 선금 수령시	선금 공제함
	이후에 선금 수령시	선금 공제하지 않음
	조정기준일에 선금 수령시	선금 공제하지 않음

또한 조정기준일 이전에 사고이월 등으로 선금전액을 정산하여 조정기준일 현재 지급되어 있는 선금이 없는 경우에는 선급급률을 공제할 필요가 없다.[27)] 장기계속계약의 경우 선금 공제대상인 물가변동적용대가는 당해 연도 계약체결분을 기준으로 하며, 계속비계약의 경우 선금의 신청기준이 되는 당해 연도 이행금액을 기준으로 한다. 한편, 실무적으로 감액조정의 경우에는 선금공제를 하지 아니하는데(회제 41301-2926, 1998.9.22.), 이는 감액조정을 하는 경우에는 선금으로 물가하락 전에 높은 가격의 재료를 확보한 것으로 인정하면서 감액조정금액에서 다시 선금을 공제하는 것은 타당하지 않다고 보기 때문이다.[28)]

25) 따라서 실무적으로 은행금리 등과 비교하여 선금을 조정기준일 전·후 언제 신청할지에 대한 판단이 필요하다.

26) 조달청, 앞의 응답집, 90면.

27) 기획재정부 유권해석(회계 41301-784, 1997.4.1.).

28) 장훈기, 앞의 책, 917면.

2) 기성대가

이미 지급한 기성대가는 조정기준일 이후에 이행할 부분에 대한 대가(물가변동적용대가)가 아니므로 이를 공제하는 것이 타당하나, 그에 반하여 ① 기성대가를 확정하기 어려우므로 일단 개산급(국고금관리법 시행규칙 제72조 제2호)으로 지급하기로 한 경우나, ② 기성대가 지급신청 전에 물가변동으로 인한 계약금액 조정신청을 받은 경우에는 기성대가 지급여부와 관계 없이 물가변동적용대가에 포함하여 계약금액 조정이 이루어져야 한다.

이와 관련하여 대법원[29]은 "국가를 당사자로 하는 계약에 관한 법률 제19조와 같은 법 시행령 제64조, 같은 법 시행규칙 제74조에 의한 물가변동으로 인한 계약금액조정에 있어서 조정기준일 이후에 이행된 부분의 대가(기성대가)라 할지라도 그 대가가 조정에 앞서 이미 지급된 경우에는 증액조정이나 감액조정을 불문하고 그것이 (i) 개산급으로 지급되었거나 (ii) 계약당사자가 계약금액조정을 신청한 후에 지급된 것이라면 이는 차후 계약금액의 조정을 염두에 두고 일단 종전의 계약내용에 따라 잠정적으로 지급된 것으로서 물가변동적용대가(계약금액 중 조정기준일 이후에 이행되는 부분의 대가)에 포함되어 계약금액조정의 대상이 되나, 이와 달리 당사자 사이에 계약금액조정을 염두에 두지 않고 확정적으로 지급을 마친 기성대가는 당사자의 신뢰보호 견지에서 물가변동적용대가에서 공제되어 계약금액조정의 대상이 되지 않는다"라고 판시하였다. 여기서 '개산급'이라 함은 채무는 존재하나 지급할 금액이 미확정인 경우 채무이행기 도래 이전에 개략적인 금액으로 지급하고 채무액이 확정된 후 정산하기로 하고 지급하는 것을 말한다(국고금관리법 제26조에서도 그 성질상 미리 지급하지 아니하거나 개산하여 지급하지 아니하면 사무 또는 사업에 지장을 가져올 우려가 있는 경비의 경우에는 이를 미리 지급하거나 개산하여

---

29) 대법원 2006.9.14. 선고 2004다28825 판결.

지급할 수 있다고 하고 있다).

5. 조정방법

가. 조정방법의 종류

1) 품목조정률

품목조정률에 의한 조정방법은 계약금액을 구성하는 모든 비목의 등락을 개별적으로 계산하여 등락금액 및 등락률을 산출하는 방식이다.

2) 지수조정률

지수조정률에 의한 조정방법은 계약금액을 구성하는 비목을 비목군으로 분류한 후, 각 비목군의 금액에 대한 가중치를 산정한 후 비목군별 지수를 적용하여 지수적용률을 산정하는 방식이다.

〈표〉 품목조정률과 지수조정률에 의한 방법 비교[30]

구 분	품목조정률에 의한 방법	지수조정률에 의한 방법
개 요	계약금액의 산출내역을 구성하는 품목 또는 비목의 가격변동이 당초 계약금액에 비하여 3% 이상 증감시 계약금액을 조정	계약금액의 산출내역을 구성하는 비목군의 지수변동이 당초 계약금액에 비하여 3% 이상 증감시 계약금액을 조정
조정률 산출방식	계약금액을 구성하는 모든 품목 또는 비목의 등락을 개별적으로 계산하여 등락률을 산정	- 계약금액을 구성하는 비목을 유형별로 정리하여 비목군을 편성 - 당해 비목군에 계약금액에 대한 가중치 부여(계수) - 비목군별로 생산자물가 기

30) 장훈기, 앞의 책, 937면.

		본분류지수 등을 대비하여 산출
적용대상	거래실례가격 또는 원가계산 등에 의한 예정가격을 기준으로 체결한 계약	원가계산에 의한 예정가격을 기준으로 체결한 계약
장 점	계약금액을 구성하는 각 품목 또는 비목별로 등락률을 산출하므로 물가변동내역이 실제대로 반영 가능	비목군별로 한국은행에서 발표하는 생산자물가 기본분류지수, 수입물가지수 등을 이용하므로 조정률 산출이 용이
단 점	조정시마다 수많은 품목 또는 비목의 등락률을 산출해야 하므로 계산이 복잡하고 시간과 노력이 필요	평균가격 개념인 지수를 이용하므로 물가변동내역이 실제대로 반영되지 않을 가능성 내재
용 도	계약금액의 구성품목 또는 비목이 적고 조정횟수가 많지 않을 경우에 적합 (단기 · 소규모 · 단순공종)	계약금액의 구성비목이 많고 조정횟수가 많을 경우에 적합 (장기 · 대규모 · 복합공종)

나. 품목조정률에 의한 방법

1) 의 의

계약금액을 구성하고 있는 품목 또는 비목을 대상으로 품목조정률을 산정한 후 물가변동적용대가에 동 품목조정률을 곱하여 계약금액을 조정하는 방법이다.

조정금액 = 물가변동적용대가 × 품목조정률

2) 조정산식

□ 등락률 = $\dfrac{\text{물가변동 당시 가격} - \text{입찰 당시 가격}}{\text{입찰 당시 가격}}$
□ 등락폭 = 계약단가 × 등락률
□ 품목조정률 = $\dfrac{\text{(각 품목 또는 비목별 수량} \times \text{등락폭)의 합계액}}{\text{총 계약금액(물가변동적용대가)}}$

3) 구체적 계산방법

(가) 물가변동 당시 가격　　입찰 당시의 가격 산정과 동일한 방법 및 기준으로 물가변동 시점에서의 당해 비목의 가격을 산정한다. 그러나 물가변동 당시 게재된 가격의 삭제 및 견적업체의 폐업 등으로 계약체결 당시와 동일한 기준과 방법으로 조사할 수 없는 경우에는 일관성을 유지할 수 있는 다른 방법(가격정보 대신 전문 가격조사기관이 공표한 가격, 폐업된 업체 대신 다른 견적업체의 견적)으로 계약체결 당시 가격과 물가변동 당시 가격을 파악하여 등락률을 산정하는 것도 하나의 방법이다.[31)]

(나) 입찰 당시 가격[32)]　　입찰서 제출마감일 당시 산정한 각 품목 또는 비목의 가격을 말한다. 이는 입찰일(수의계약은 계약체결일) 당시에 유효하게 적용되는 가격을 의미하는 것이며, 계약당사자가

---

31) 대법원 2003.10.24. 선고 2002다4948 판결은 "'물가변동당시가격'이나 '계약체결당시가격' 또는 '계약단가'는 각기 별개의 개념으로서 '물가변동당시가격'은 물가변동 당시의 객관적인 거래가격을, '계약체결당시가격'은 계약체결 당시의 객관적인 거래가격(입찰의 경우에는 입찰예정가격이 계약체결당시가격으로 될 수 있다)을 말하고, 다만, 객관적인 거래가격이 없는 품목에 있어서는 실제의 계약단가 또는 실제구입가격 그 자체가 계약체결당시가격 또는 물가변동당시가격으로 인정될 수 있다"라고 판시하고 있다.

32) 2005.9.8. 이전에는 '계약체결 당시 가격'으로 되어 있었다.

제출한 산출내역서상의 단가를 의미하지 않는다.

㈐ 계약단가 국가계약법 시행령 제65조 제3항 제1호에 규정한 각 품목 또는 비목의 단가로 입찰시 또는 착공 신고시 제출하는 산출내역서상의 단가를 계약단가로 정의하고 있으며, 등락폭 산출시 이를 기준으로 한다

㈑ 등락률 산정 어느 품목의 가격이 계약체결시보다 얼마만큼 상승 또는 하락하였는지를 나타내는 비율이다.

㈒ 등락폭 산정 계약금액을 구성하는 비목의 계약단가에 등락률을 곱하여 산정한 금액으로 물가의 상승 또는 하락에 의한 계약단가의 증감액으로 등락폭 산정의 구체적 기준은 다음과 같다(가계약법 시행규칙 제74조 제3항).

- ❑ 계약단가 > 물가변동 당시 조사가격 > 입찰 당시 조사가격
  ☞ 등락폭 = 0
- ❑ 물가변동 당시 조사가격 > 계약단가 > 입찰 당시 조사가격
  ☞ 등락폭 = 물가변동 당시 조사가격 − 계약단가
- ❑ 물가변동 당시 조사가격 > 입찰 당시 조사가격 > 계약단가
  ☞ 등락폭 = 계약단가 × 등락률

다. 지수조정률에 의한 방법

1) 의 의

계약금액을 구성하는 비목을 유형별로 정리하여 '비목군'을 편성, 각 비목군의 계약금액에 대한 가중치를 산정한 후 비목군별로 적용지수[33]를 대비하여 지수조정률(K)을 산출하여 계약금액을 조정

하는 것을 말한다.

2) 조정순서

계약금액 산출내역서의 내용을 비목군으로 분류하고 소정의 지수를 산출 비교하여 지수변동률에 의하여 다음 순서로 조정한다.

① 물가변동적용대가의 계약금액을 구성하는 제 비목을 11종의 비목군으로 분류
② 비목군별로 적용되는 지수에 의하여 지수변동률을 산출
③ 계약금액에 대한 비목군 금액의 비율로 가중치 계수를 산출
④ 비목군별 지수변동률에 계수를 곱하여 집계한 지수조정률을 산출
⑤ 지수조정률을 물가변동적용대가에 곱하여 계약금액 증감액을 산출
⑥ 일반관리비, 이윤 및 부가가치세는 계약 당시 적용률을 반영하여 집계
⑦ 지수조정률이 3% 이상인 경우에 그 등락폭을 계약금액 증감액으로 산정
⑧ 선금이 있을 경우 선급급률로 차감 지급

---

33) 적용지수는 국가계약법 시행규칙 제74조 제4항에서 다음과 같이 규정하고 있다.

1. 한국은행이 조사하여 공표하는 생산자 물가 기본분류지수 또는 수입물가지수
2. 정부, 지방자치단체 또는 정부투자기관이 결정, 허가 또는 인가하는 노임, 가격 또는 요금의 평균지수
3. 국가계약법 시행규칙 제7조 제1항 제1호의 규정에 의하여 조사, 공표된 가격의 평균지수
4. 기타 위 1~3호와 유사한 지수로서 기획재정부장관이 정하는 지수
5. 노무비 지수는 공인기관이 조사, 공표한 노임단가에 대하여 해당부문 직종의 평균단가에 의한 지수

3) 구체적 계산방법

(가) 비목군 편성　　계약체결시 계약금액산출내역을 구성하는 모든 비목을 노무비, 기계경비 또는 한국은행이 조사발표하는 생산자물가 기본분류지수 및 수입물가지수표상의 품류에 따라 계약담당공무원이 비목군을 편성한다.

(나) 계수 산정　　각 비목군에 해당하는 산출내역서상의 금액(예정조정기준일 전에 이행이 완료되어야 할 부분에 해당되는 금액은 제외)이 동 내역서상의 재료비, 노무비 및 경비의 합계액(예정조정기준일 전에 이행이 완료되어야 할 부분에 해당되는 금액은 제외)에서 각각 차지하는 비율(가중치)을 말한다.

(다) 지수 산정　　각 비목군의 가격변동 수준을 수치화한 것으로서 비교시점은 매월말 기준자수로 하고, 각 비목군의 지수는 입찰일 및 조정기준일 현재 발표되어 있는 지수를 적용한다.

(라) 지수조정률 산정[34) : 각 비목별로 입찰(또는 직전 조정기준일) 당시의 계수(가중치)에 지수변동률을 곱한 값, 즉 당해 조정기준일 당시의 계수를 모두 합한 값을 구한 후 1을 뺀 것이 지수변동률이 된다.

4) 조정금액의 산정

지수조정률이 산정되면 계약금액 중 조정기준일 이후에 이행되어야 할 부분의 금액(물가변동적용대가)에 지수조정률을 곱하여 조정금액을 산정하고, 선금지급분을 공제한 후 이를 계약금액에 가감하게 된다.

---

34) 지수조정률을 잘못 산출 적용한 것을 변경계약 이후에 발견한 경우 계약당사자간에 협의하여 올바른 지수조정률을 적용하여 계약금액을 조정하여야 한다(조달청, 앞의 응답집, 180면).

6. 조정요건 특례규정

가. 기간요건 완화

천재·지변 또는 원자재의 가격급등으로 인하여 당해 조정제한기간 내에 계약금액을 조정하지 아니하고는 계약이행이 곤란하다고 인정되는 경우에는 계약을 체결한 날 또는 직전 조정기준일부터 90일 이내에 계약금액을 조정할 수 있다(국가계약법 시행령 제64조 제5항, 지방계약법 시행령 제73조 제5항). '원자재의 가격급등으로 인하여 90일 내에 계약금액을 조정하지 아니하고는 계약이행이 곤란하다고 인정되는 경우'란 다음과 같다(정부 입찰·계약 집행기준 제70조의4 제1항).

---

① 공사, 용역, 물품제조계약에서 조정률이 5% 이상 상승한 경우
② 물품구매계약에서 조정률이 10% 이상 상승한 경우
③ 공사, 용역 및 물품제조계약에서 조정률이 3%(물품구매계약에서는 6%) 이상 상승하고, 기타 객관적인 사유로 조정제한기간 내에 계약금액을 조정하지 아니하고는 계약이행이 곤란하다고 계약담당공무원이 인정하는 경우

한편, 지방자치단체를 당사자로 하는 계약에 있어서는 다음과 같이 규정하고 있어 국가계약과 차이를 보이고 있다(지방자치단체 입찰 및 계약 집행기준 제5장 제8조).

---

① 관련협회 등 공식 노임단가 발표기관이 발표한 노임단가의 등락률이 7% 이상 증감된 경우
② 국토해양부가 발표(2월, 8월)한 실적공사비 등락률이 7% 이상 증감된 경우
③ 거래실례가격이 기준시점(입찰일)과 비교시점에서 등락률이 공사, 용역, 물품제조는 5% 이상, 물품구매는 10% 이상 증가한 경우
④ 예정공정표상 계약이행기간이 90일 이내로서 기준시점(입찰일)과 비교

시점의 자재구매가격(가중치방식 평균가격)이 5% 이상 변동된 경우
⑤ 기타 가격급등으로 계약금액을 조정하지 아니하고는 계약이행이 곤란하다고 판단되어 시·도 계약심사부서 검토의견을 첨부하여 계약심의위원회에서 계약금액의 조정을 결정한 경우

나. 단품 슬라이딩

공사계약의 경우 특정규격의 자재별 가격변동으로 인하여 입찰일을 기준일로 하여 산정한 해당 자재의 가격증감률이 100분의 15 이상인 때에는 그 자재에 한하여 계약금액을 조정한다(국가계약법 시행령 제64조 제6항, 지방계약법 시행령 제73조 제6항). 그러나 기간요건은 동일하게 적용되므로 계약일 이후 90일이 경과하여야 하는 것은 일반적인 물가변동으로 인한 계약금액 조정과 마찬가지이다.

단품 슬라이딩[35]은 특정규격의 자재의 가격은 급격히 변동되었으나, 전체 총액부분에서는 물가변동으로 인한 계약금액 조정요건을 충족하지 못한 경우에 한정된다고 할 것이다. 왜냐하면 원칙적으로 전체 품목에 대한 계약금액 조정요건이 충족된 경우에는 전체 품목에 대한 계약금액 조정(총액조정)을 우선 적용하여야 하기 때문이다. 여기서 말하는 '특정규격의 자재'란 산출내역서상 재료비 항목에 포함되어 있는 규격화된 모든 자재를 의미하며, 산출내역서만으로 재료비 항목을 구분하기 어려운 경우에는 산출내역서 작성 기초자료(일위대가, 단가산출서 등)를 기준으로 할 수 있다.

7. 관련 문제

가. 계약금액 조정과 관련된 특약의 설정

국가계약법 시행규칙 제49조 제2항에서는 계약일반사항 외에 당

35) 특정규격 자재가 투입되는 시점이 전체 공정의 전반기에 집중되는 경우 및 단품을 납품하는 하도급업체가 피해를 방지하는 데 유용한 제도라 할 것이다.

해 계약에 필요한 특약사항을 명시하여 계약을 체결할 수 있다고 하고 있으나, 상위법령인 국가계약법 시행령 제4조에서 "국가계약법, 동법 시행령 및 관계법령에 규정된 계약상대자의 계약상의 이익을 부당하게 제한하는 특약 또는 조건을 정하여서는 아니된다"라고 규정하고 있는 점에 비추어 볼 때 일정한 한계를 가진다고 할 것이다. 그러므로 계약당사자의 이익을 부당하게 제한하는 것이 아닌 한 특약을 통해 계약금액조정의 기준과 방법을 달리 정할 수는 있다고 생각된다.

그러나 국가기관이 체결하는 계약에 있어서 관련 규정에 의한 물가변동으로 인한 계약금액 조정은 발주기관 및 계약상대자의 의무사항으로 규정하고 있는바, 계약당사자간에 물가변동으로 인한 계약금액 조정을 배제하는 특약을 정하는 것은 동 법령에 위배되어 허용되지 않는다고 보아야 할 것이다.[36]

또한 원가계산시 단가 또는 물량 등을 잘못 계상하여 계약금액을 과다계상한 사실이 사후감사 등에 의하여 발견되면 계약상대자에게 동 차액을 환수한다거나 물가변동으로 인한 계약금액 조정을 하지 않는다는 등 계약상대자의 계약상 이익을 부당하게 제한하는 내용을 조건으로 설정하는 것은 국가계약법 시행령 제4조(지방계약법 제6조 제1항)와 관련하여 그 효력이 문제될 수 있다.[37] 물가변동으로 인한 계약금액 조정시 품목 또는 지수조정률은 조정기준일 이후에 이행될 부분의 산출내역서를 구성하는 모든 품목 또는 비목을 대상으로 산출하여야 하므로 일부 품목 또는 비목을 물가변동으로 인한 계약금액 조정시 제외한다는 특약을 할 수 없다(회계 41301-3587, 1997.12.26.).

36) 기획재정부 유권해석(회제 41301-622, 2003.5.21.)도 동일한 취지이다.

37) 기획재정부 유권해석(회계 45101-2522, 1995.12.14.; 회계 45101-2128, 1995.11.7.)도 동일한 취지이다.

나. 물가변동으로 인한 계약금액 조정의 의무성

국가계약법 시행령 제64조에서는 "~ 계약금액을 조정한다"라고 규정하여 소정의 요건이 충족될 경우 계약금액 조정을 의무적으로 하도록 하고 있다. 따라서 조정요건이 충족되어 계약상대자의 조정신청이 있는 경우 계약금액을 조정하여야 하는 것은 의무사항이므로 예산배정의 지연 등 불가피한 사유가 있는 경우에는 계약상대자와 협의하여 조정기한을 연장할 수 있으며, 계약금액을 증액할 수 있는 예산이 없는 때에는 공사량 등을 조정하여 대가를 지급하게 된다.

다. 물가변동과 설계변경과의 관계[38)]

물가변동으로 인한 계약금액 조정과 설계변경으로 인한 계약금액 조정은 서로 독립적으로 적용된다. 즉, 당초 계약체결 후 설계변경을 한 후에 물가변동으로 인한 계약금액을 조정하고자 할 경우 그 기산점은 설계변경일이 아닌 당초 계약체결일이 되며, 물가변동적용대가도 설계변경으로 조정된 금액을 대상으로 한다.

다만, 설계변경으로 신규비목이 발생되었을 경우 신규비목 등 설계변경 당시를 기준으로 하여 단가를 산정한 품목에 대하여는 설계변경 당시를 기준으로 등락률 산정 기준시점으로 삼아야 한다.[39)]

물가변동으로 인한 계약금액조정요건이 충족된 날인 조정기준일 이후에 계약금액을 조정하지 않은 상태에서 설계변경으로 인한 계약금액조정을 한 후에 물가변동으로 인한 계약금액 조정을 할 경우 물가변동적용대가에는 비록 설계변경으로 계약금액이 증액되었을지라도 조정기준일 현재 시점에서 그날 이후 이행되어야 할 부분의 금액을 그 대상으로 하도록 하고 있다.[40)]

---

38) 장훈기, 앞의 책, 939면 이하.

39) 기획재정부 유권해석(회계 45107-236, 1997.2.4.).

40) 기획재정부 유권해석((회계 45101-2600, 1995.12.26.).

〈표〉 조정기준일과 설계변경 관계[41)]

시 점		실시내용	결 과
조정기준일	이전	설계변경	설계변경 내역으로 계약금액 조정
	이후		기준일 이전 내역으로 계약금액 조정 후 정산

라. 물가변동 계약금액 조정에 관한 미약정시 해결

국가계약법령에서 물가변동으로 인한 계약금액의 조정에 대하여 규정하고 있으므로 계약서에 이에 관한 규정이 없다고 하더라도 위 법령을 적용하여 계약금액을 조정받을 수 있는지가 문제된다.

대법원[42)]은 국제입찰에 의한 외자물품계약에서 정한 계약금액 고정특약이 국가계약법 제19조에 위반되는지에 관하여 "국가를 당사자로 하는 계약에 관한 법률 등 관계 법령의 내용, 외자물품계약의 특성, 물품공급계약 체결 및 계약금액 고정특약의 내용과 그 특약의 설정 경위 등을 종합하여, 국제입찰에 의한 외자물품계약에서 정한 계약금액 고정특약이 국제입찰에 의한 외자물품계약의 당사자 사이에 합의에 따른 것으로서 유효하고, 물가변동 등에 의한 계약금액 조정을 규정하고 있는 국가를 당사자로 하는 계약에 관한 법률 제19조에 위반되어 무효라고 볼 수 없다"고 판시하고 있다.

이에 대하여 관급공사의 경우 단지 물가변동에 의한 계약금액 조정조항을 두지 않은 경우 계약금액을 고정하기로 한 것인지는 당사자들의 의사해석의 문제이나, 발주처와 수급인 사이의 의사가 물가변동이 있더라도 계약금액을 조정하지 않겠다는 의사를 명백히 한 것으로 볼 수는 없다고 하면서 국가계약법령의 물가변동으로 인한 계약금액 조정은 강행규정이 아니어서 이에 반하는 특약을 두는 것

41) 조달청, 앞의 응답집, 100면.
42) 대법원 2003.8.22. 선고 2003다318 판결.

은 가능하다고 하더라도 계약금액 고정 특약을 하지 않고 단지 계약금액의 조정조항을 누락한 경우에는 위 법률 규정을 적용하여 계약금액을 조정받을 수 있다는 견해[43]가 있다.

구체적인 계약내용에 대하여 개별적으로 당사자간의 의사해석을 통한 문제라는 점에서는 동의하나, 대법원[44]이 "국가계약법령의 입찰절차나 낙찰자결정기준에 관한 규정은 국가가 사인과의 사이의 계약관계를 공정하고 합리적·효율적으로 처리할 수 있도록 관계 공무원이 지켜야 할 계약사무처리에 관한 필요한 사항을 규정한 것으로 국가의 내부규정에 불과하다"라고 판시한 것에 비추어 보면 계약조항으로 편입되지 아니한 내용을 바로 적용할 수 있을지는 의문이다.

마. 환율변동을 원인으로 인한 계약금액 조정

과거에는 환율변동을 원인으로 한 계약금액 조정을 인정하지 아니하였으나, 2008. 12. 31. 국가계약법 시행령 개정시 제64조 제7항을 신설하여 "각 중앙관서의 장 또는 계약담당공무원은 환율변동을 원인으로 하여 제1항에 따른 계약금액 조정요건이 성립된 경우에는 계약금액을 조정한다"라고 하여 환율변동을 원인으로 한 계약금액 조정을 인정하고 있다.

원화로 산출내역서가 작성된 경우에도 실제 수입품목의 경우 환율변동에 따른 물가변동으로 인한 계약금액 조정이 가능한 경우도 있으나, 이러한 환율변동으로 인한 계약금액 조정은 해당 물품을 직접 수입하는 경우 등 계약금액 결정에 있어 환율의 변동이 영향을 미치는 경우에 한하여 적용된다고 보아야 할 것이며, 단순히 수입물품이 존재하고, 환율이 변동되었다는 사정만으로는 환율변동에 의한 계약금액 조정사유가 되지는 않는다고 할 것이다. 기획재정부[45]도

---

43) 이범상, 『건설관련소송』, 법률문화원, 2008, 172면.
44) 대법원 2001.12.11. 선고 2001다33604 판결.
45) 기획재정부 유권해석(회계제도과-1031, 2010.7.2.).

"국내에서 수입·판매하고 있는 외국산 상용장비류에 대하여 거래실례가격이 존재하여 이를 기초로 예정가격을 작성하였고, 계약상대자도 국내 수입·판매업체로부터 이를 구입하여 계약을 이행하고 있는 경우라면 국가계약법 시행령 제64조 제7항의 환율변동에 의한 계약금액 조정을 하는 것이 아니라 동조 제1항의 요건이 충족되는지 여부에 따라 물가변동에 의한 계약금액 조정을 적용하여야 함"이라고 하고 있다.

수입물품에 대한 환율적용시점과 관련하여 기획재정부[46]는 일관되게 변동 후 가격을 '통관시점'의 환율을 적용하여 산출하여야 한다고 하나, 법원은 이에 대하여 "재정경제부(현 기획재정부)의 질의회신은 행정청 내부의 지침을 정한 것으로서 대외적으로 법원이나 일반국민을 기속하는 효력은 없다고 보아야 할 것이므로 어떠한 법률적 기준이 될 수 없고, …(중략)… 원고가 수입계약에 따라 해외공급자에게 실제로 대금을 지급한 때의 환율에 의하여 산출한 가액을 기초로 원자재의 물가변동가격을 산정하는 것이 물가변동으로 인한 계약금액 조정 규정의 취지에 비추어 타당하다"고 판시하고 있다.[47]

환율변동을 원인으로 하는 계약금액 조정은 아직까지 많은 사례가 축적되지 않아 최근 각국의 환율전쟁사례에서 보듯이 향후 명확한 적용기준이 정립되기까지 논란이 계속될 것으로 예상된다. 국가계약법 시행규칙에서 환율적용시기 및 적용요건 등과 관련하여 구체적인 내용을 명시할 필요가 있다고 본다.

---

46) 기획재정부 유권해석(회계 41301-2342, 1997.8.20.).

47) 서울고등법원 2007.3.28. 선고 2006나76776 판결(이후 대법원 2007다2989 판결에 의해 상고기각되어 확정).

제3절 | 설계변경으로 인한 계약금액의 조정

1. 개 요

가. 의 의

설계변경으로 인한 계약금액의 조정은 주로 공사계약에 있어서 계약을 체결한 이후 계약이행과정에서 설계서의 변경으로 인하여 공사량의 증감이 발생한 때에 당해 계약금액을 조정하는 제도이다. 설계변경으로 인한 계약금액조정은 법적 안정성을 해할 염려가 있으며, 부당한 예산집행을 위한 수단으로 악용될 소지가 항시 있기에 당초 설계에 의해서는 계약목적의 달성이 불가능하거나 부실이 염려되는 등의 불가피한 사유가 있는 경우에 한하여 설계변경을 인정해야 한다. 이러한 설계변경으로 인한 계약금액의 조정은 제조·용역 등의 계약에 있어서 계약금액을 조정하는 경우에 준용할 수 있다(국가계약법 제65조 제7항, 지방계약법 제74조 제8항).

구체적인 경우에 있어 설계변경으로 보아야 하는지, 별개의 공사로 보아야 하는지는 일률적으로 구분하기는 어려우며 각 공사에 따라 계약의 목적, 특성, 주변여건 등을 고려하여 개별적으로 판단하여야 한다.

한편, 설계변경으로 인한 계약금액 조정이 계약금액을 증가시키기 위한 계약상대자의 부당한 방편으로 인식되어 예산낭비 및 부패의 근원이 되는 것처럼 이해되는 사회적 경향이 있는데, 이는 설계변경의 근본과 그 필요성에 대한 인식부족에 기인한 것이며, 또한 정당한 설계변경까지도 기피하는 원인이 되기도 한다.[48)]

---

48) 박채규 외 2인, 『설계변경과 클레임』, 도서출판 삼일, 2010, 2면.

나. 설 계 서

1) 설계서의 종류

설계변경으로 인한 계약금액 조정에 있어서 무엇보다도 설계서의 정의부터 정해져야 한다. 왜냐하면 설계서의 의미를 명확히 하지 않고는 설계변경 대상을 판단하기가 어려우며, 설계변경의 투명성이 확보될 수 없기 때문이다.[49)]

'설계서'라 함은 공사시방서, 설계도면, 현장설명서 및 공종별 목적물 물량내역서를 말하며, 공사계약일반조건 제2조 제4호 내지 제9호에서 자세히 규정하고 있는데,

① '공사시방서'라 함은 공사에 쓰이는 재료, 설비, 시공체계, 시공기준 및 시공기술에 대한 기술설명서와 이에 적용되는 행정명세서로서, 설계도면에 대한 설명 또는 설계도면에 기재하기 어려운 기술적인 사항을 표시해 놓은 도서를 말하며,

② '설계도면'이라 함은 시공될 공사의 성격과 범위를 표시하고 설계자의 의사를 일정한 약속에 근거하여 그림으로 표현한 도서로서 공사목적물의 내용을 구체적인 그림으로 표시해 놓은 도서를 말하며,

③ '현장설명서'라 함은 현장설명시 교부하는 도서로서 시공에 필요한 현장상태 등에 관한 정보 또는 단가에 관한 설명서 등을 포함한 입찰가격 결정에 필요한 사항을 제공하는 도서를 말하고,

④ '공종별 목적물 물량내역서'(가설물의 설치에 소요되는 물량을 포함하며, 이하 '물량내역서'라 한다)라 함은 공종별 목적물을 구성하는 품목 또는 비목과 동 품목 또는 비목의 규격 · 수량 · 단위 등이 표시된 내역서를 말한다.

다만, 다음의 산출내역서[50)]는 설계서에 포함되지 아니한다.[51)]

---

49) 장훈기, 앞의 책, 1041면.

50) '산출내역서'라 함은 발주기관이 교부한 물량내역서에 입찰자가 단가를 기재하여 제출한 문서를 말하며, 수의계약의 의한 공사 및 턴키공사 등에 있

(i) 국가계약법 시행령 제14조 제6항 제3호 단서에 따른 최저가입찰
(ii) 국가계약법 시행령 제78조에 따른 일괄입찰, 대안입찰
(iii) 국가계약법 시행령 제98조에 따른 기술제안입찰, 설계공모·기술제안입찰
(iv) 수의계약[52](단, 국가계약법 시행령 제30조 제2항 본문에 따른 견적입찰에 의한 수의계약 제외)

〈표〉 공사종류별 설계서의 범위 및 특성[53]

공사종류	대상공사	설계서의 종류	설계서의 특성
총액입찰	추정가격 100억원 미만	· 설계도면 · 공사시방서 · 현장설명서 · 물량내역서	· 설계서를 발주기관이 작성하여 교부
내역입찰	추정가격 100억원 이상 300억원 미만		
	추정가격 300억원 이상 (최저가낙찰)		
순수내역 입찰(임의)	추정가격 1,500억원 이상 (2010.3. 확대)	· 설계도면 · 공사시방서 · 현장설명서	· 설계서를 발주기관이 작성하여 교부하나, 입찰시 제출된 절감 제안설계서는 시공사 작성

어서는 발주기관이 별도의 물량내역서를 교부함이 없이 계약상대자가 산출내역서를 작성하여 제출한다.

51) 물량내역서가 설계서에 포함되지 아니한 경우 설계도면과 물량내역서가 일치하지 않는다고 하여 설계변경 사유로 되지는 아니한다.

52) 기획재정부 유권해석(회제 41301-540, 1998.4.10.)은 "국가기관이 수의계약으로 체결한 공사의 산출내역서는 설계서에 포함되지 아니하므로 동 산출내역서에 누락·오류 등이 있는 경우에도 설계변경으로 인한 계약금액조정을 할 수 없음"이라고 한다.

53) 박채규 외 2인, 앞의 책, 54면.

<table>
<tr><td>대안입찰</td><td>추정가격
300억원 이상
입찰방법
심의 후 결정</td><td><대안부분>
· 설계도면 · 공사시방서
· 현장설명서

<원안부분>
· 설계도면 · 공사시방서
· 현장설명서 · 물량내역서</td><td>· 설계서를 발주기관이 작성하여 교부하나, 대안이 제출된 부분의 설계도면, 시방서는 시공사 작성
· 원안입찰 부분은 내역 입찰과 동일</td></tr>
<tr><td>턴키입찰</td><td></td><td>· 설계도면 · 공사시방서
· 현장설명서</td><td>· 현장설명서 이외의 설계서를 시공사가 작성</td></tr>
<tr><td>기술제안입찰</td><td rowspan="2">금액관계 없이
입찰방법
심의 후 결정</td><td>· 설계도면 · 공사시방서
· 현장설명서</td><td>· 설계서를 발주기관이 작성하여 교부하나, 입찰시 제출된 기술제안부분은 시공사 작성</td></tr>
<tr><td>설계공모·기술제안입찰</td><td>· 설계도면 · 공사시방서
· 현장설명서</td><td>· 현장설명서 이외의 설계서를 시공사가 작성</td></tr>
<tr><td rowspan="2">수의계약</td><td>추정가격
2,000만원 이상
소액수의계약</td><td>· 설계도면 · 공사시방서
· 현장설명서 · 물량내역서</td><td>· 설계서를 발주기관이 작성하여 교부</td></tr>
<tr><td>그 외 수의계약</td><td>· 설계도면 · 공사시방서
· 현장설명서</td><td>· 설계서를 발주기관이 작성하여 교부</td></tr>
</table>

2) 설계서의 우선순위

설계서간의 우선순위는 시공 중 동일한 사항에 대하여 설계서간에 상호모순이 발생한 경우 시공의 방향, 설계변경 해당여부 등을 결정하는 중요한 기준이 된다. 뿐만 아니라 설계서간의 우선순위는 공사입찰에 있어서도 중요한 역할을 하게 된다. 공사입찰 금액 산정을 위한 견적과정에서 발주기관이 교부한 설계서간에 상호모순이 있는 사항을 발견한 경우 상이한 설계서 중 어떤 설계서를 우선으로 하여 입찰금액을 산정하여야 하는가가 문제된다. 원칙적으로 설계서 작성시 설계서간 상호 모순되는 사항이 발생되지 않도록 주의하고, 설계용역결과물 검사를 철저히 하는 한편 공사입찰시 설계서간의 상호 모순되는 사항이 있는 경우 입찰참가자로 하여금 의견을 제시토록 하여 상호 모순사항을 조정한 후 이를 입찰자 모두에게 공지하여 입찰토록 한다면 설계서간 상호 모순에 의한 설계변경과 이에 따른 계약당사자간의 이견이나 분쟁이 발생하지 않을 것이다.[54]

설계서간의 우선순위에 대하여 공사계약일반조건 제19조의2 제2항 제3호, 제4호 및 제3항은 공사 종류별로 구분하여 정하고 있음을 알 수 있으며, 이는 물량내역서를 설계서로 보는지 여부에 따라 나누어져 있다고 할 것이다.

---

① 설계도면과 공사시방서는 서로 일치하나, 물량내역서와 상이한 경우
- 설계도면 및 공사시방서에 물량내역서를 일치시킨다.

② 설계도면과 공사시방서가 상이한 경우로서 물량내역서가 설계도면과 상이하거나 공사시방서와 상이한 경우
- 설계도면과 공사시방서 중 최선의 시공을 위하여 우선되어야 할 내용으로 설계도면 또는 공사 시방서를 확정한 후 그 확정한 내용에 따라 물량내역서를 일치시킨다.

③ 총액입찰공사, 수의계약공사, 대안입찰 부분 공사의 경우 설계도면과 공사시방서가 상호 모순되는 경우
- 관련 법령 및 입찰에 관한 서류 등에 정한 내용에 따라 우선 여부를 결정한다.

다. 일괄입찰(Turn-Key base 계약)

설계·시공 일괄입찰방식의 경우에는 설계도면 등의 작성, 이에 따른 시공이 모두 계약상대자의 책임하에 이루어지므로 설계변경을

54) 박채규 외 2인, 앞의 책, 56면.

하게 되더라도 원칙적으로는 계약상대자의 부담으로 하여야 하나, 정부 · 지방자치단체의 책임 있는 사유 또는 천재 · 지변 등 불가항력의 사유로 인한 경우에 한하여 설계변경으로 인한 계약금액 증액이 가능하다(국가계약법 시행령 제91조 제1항, 지방계약법 시행령 제103조 제1항).

2. 설계변경 사유

가. 설계변경의 시기

설계변경은 그 설계변경이 필요한 부분의 시공 전에 완료하여야 한다. 다만, 계약담당공무원은 공정이행의 지연으로 품질저하가 우려되는 등 긴급하게 공사를 수행할 필요가 있는 때에는 계약상대자와 협의하여 설계변경의 시기 등을 명확히 정하고, 설계변경을 완료하기 전에 우선시공을 하게 할 수 있다.

반면, 대법원[55]은 설계도서 등과 다른 위법 시공을 한 후 그에 맞추어 설계변경허가신청을 한 경우 "설계도서 등과 다른 위법 시공을 하였다 하더라도 그 건축이 건축관계 실체법규에 저촉되지 않는 경우라면, 그에 맞추어 설계변경허가를 받음으로써 설계도서와 시공상태가 불일치하는 위법상태를 시정할 수 있으므로 그와 같은 설계변경 허가신청이 있을 경우 행정청으로서는 위법 시공 후의 사후신청이라는 이유만으로 이를 거부할 수 없다"라고 판시하고 있다.

나. 구체적 설계변경 사유[56]

❑ 설계서의 내용이 불분명하거나 누락 · 오류 또는 상호 모순되는 점이 있을 경우

55) 대법원 1999.12.21. 선고 98다29797 판결; 대법원 1994.6.24. 선고 93누23480 판결.

56) 공사계약일반조건 제19조~제19조의5에서 자세히 규정하고 있다.

- ❑ 지질, 용수 등 공사현장의 상태가 설계서와 다를 경우
- ❑ 새로운 기술·공법사용으로 공사비의 절감 및 시공기간의 단축 등의 효과가 현저할 경우
- ❑ 기타 발주기관이 설계서를 변경할 필요가 있다고 인정할 경우

1) 설계서의 내용이 불분명하거나 누락·오류 또는 상호 모순되는 점이 있을 경우

계약상대자는 공사계약의 이행중 설계서의 내용이 불분명하거나 설계서에 누락·오류 및 설계서간에 상호모순[57] 등이 있는 사실을 발견하였을 때에는 설계변경이 필요한 부분의 이행 전에 당해 사항을 분명히 한 서류를 작성하여 계약담당공무원과 공사감독관에게 동시에 이를 통지하여야 한다.

위 사유를 통지받은 계약담당공무원은 다음 분류에 따라 설계변경 등 필요한 조치를 하여야 한다.

① 설계서의 내용이 불분명한 경우[58] 설계자의 의견 및 발주기관이 작성한 단가산출서 또는 수량산출서 등의 검토를 통하여 당초 설계서에 의한 시공방법·투입자재 등을 확인한 후 확인된 사항대로 시공하여야 하는 경우에는 설계서를 보완하되 계약금액조정은 필요 없으며, 확인된 사항과 다르게 시공하여야 하는 경우에는 설계서를 보완하고 계약금액을 조정하여야 한다.

② 설계서에 누락·오류가 있는 경우 사실을 조사 확인하고 계약목적물의 기능 및 안전을 확보할 수 있도록 설계서를 보완한다.

③ 설계도면과 공사시방서는 서로 일치하나 물량내역서와 상이

---

57) 이는 발주기관의 계약담당공무원이 당해 공사의 설계서, 현장상황, 계약목적물의 특성 등을 종합적으로 검토하여 사실판단하여야 한다.

58) 설계서만으로는 시공방법, 투입자재 등을 확정할 수 없는 경우.

한 경우 설계도면 및 공사시방서에 물량내역서를 일치시킨다.

④ 설계도면과 공사시방서가 상이한 경우 물량내역서가 설계도면과 상이하거나 공사시방서와 상이한 경우에는 설계도면과 공사시방서중 최선의 공사시공을 위하여 우선되어야 할 내용으로 설계도면 또는 공사시방서를 확정한 후 그 확정된 내용에 따라 물량내역서를 일치시킨다.

만약 계약상대자가 당초 설계서에서 정한 내용을 발주기관의 확인 및 변경승인 등을 받지 아니하고 임의로 변경하여 시공한 경우로서 당초 설계서에서 정한 목적을 달성한 경우에는 계약상대자가 임의로 시공한 내용에 대하여 발주기관의 사후승인에 의한 설계변경은 가능하나, 계약금액의 증액은 원칙적으로 할 수 없다고 할 것이다.

2) 지질, 용수 등 공사현장의 상태가 설계서와 다를 경우

계약상대자는 공사의 이행중 지질, 용수, 지하매설물 등 공사현장의 상태가 설계서와 다른 사실을 발견하였을 때에는 지체 없이 설계서에 명시된 현장상태와 상이하게 나타난 현장상태를 기재한 서류를 작성하여 계약담당공무원과 공사감독관에게 동시에 이를 통지하여야 하고, 계약담당공무원은 즉시 현장을 확인하고 현장상태에 따라 설계서를 변경하여야 한다.

3) 새로운 기술·공법사용으로 공사비의 절감 및 시공기간의 단축 등의 효과가 현저할 경우

계약상대자는 새로운 기술·공법[59](발주기관의 설계와 동등 이상의 기능·효과를 가진 기술·공법 및 기자재 등을 포함한다. 이하 같다)을 사용함으로써 공사비의 절감 및 시공기간의 단축 등에 효과가 현저할

---

59) '새로운 기술·공법'에는 국내·외에서 새롭게 개발되었거나 개량된 새로운 기술·공법 등을 포함한 정부설계와 동등 이상의 기능 효과를 가진 기술·공법·기자재 등이 포함된다(회계 41301-2771, 1998.10.7).

것으로 인정하는 경우에는 제안사항에 대한 구체적인 설명서, 산출내역서 등의 서류를 첨부하여 공사감독관을 경유하여 계약담당공무원에게 서면으로 설계변경을 요청할 수 있다. 계약상대자는 위 요청이 승인되었을 경우에는 지체 없이 새로운 기술·공법으로 수행할 공사에 대한 시공상세도면을 공사감독관을 경유하여 계약담당공무원에게 제출하여야 한다.

4) 기타 발주기관이 설계서를 변경할 필요가 있다고 인정할 경우

계약담당공무원은 ① 당해 공사의 일부변경이 수반되는 추가공사의 발생, ② 특정 공종의 삭제, ③ 공정계획 변경, ④ 시공방법의 변경 및 ⑤ 기타 공사의 적정한 이행을 위한 변경의 사유로 인하여 설계서를 변경할 필요가 있다고 인정할 경우(예를 들면 도로 차선이나 건물층수를 늘리거나 사용자재를 변경하는 경우)에는 계약상대자에게 이를 서면으로 통보할 수 있고, 계약상대자는 위 통보를 받은 즉시 공사이행상황 및 자재수급상황 등을 검토하여 설계변경 통보내용의 이행가능 여부(이행이 불가능하다고 판단될 경우에는 그 사유와 근거자료를 첨부)를 계약담당공무원과 공사감독관에게 동시에 이를 서면으로 통지하여야 한다.

3. 계약금액조정

가. 계약금액조정의 요건

설계변경으로 인하여 공사량의 증감이 발생한 때에 한하여 계약금액을 조정할 수 있으며, 예정가격의 86/100 미만으로 낙찰된 공사계약의 계약금액을 증액 조정하고자 하는 경우로서 당해 증액조정금액(2차 이후의 계약금액 조정에 있어서는 그 전에 설계변경으로 인하여 감액 또는 증액조정된 금액과 증액조정하려는 금액을 모두 합한 금액)이 당초 계약서의 계약금액(장기계속계약의 경우에는 총부기금액)의 10/100 이상인 경우에는 계약심의회, 예산집행심의회 또는 설계자문위원회의 심의[60]를 거쳐 소속중앙관서(지방자치단체)의 장의 승인을 얻어야 한다.

이는 낮은 금액으로 낙찰받은 후 시공과정에서 설계변경을 통한 계약금액을 증액시키려는 것에 대하여 발주기관의 승인을 받도록 한 것이다.

나. 계약금액조정의 기준

1) 계약금액을 조정함에 있어서는 다음의 기준에 의한다(국가계약법 시행령 제65조 제3항, 지방계약법 시행령 제74조 제4항).

① 증감된 공사량의 단가는 계약단가[61]로 한다. 다만, 계약단가가 예정가격단가보다 높은 경우로서 물량이 증가하게 되는 경우 그 증가된 물량에 대한 적용단가는 예정가격단가로 한다. 이는 산출내역서 작성시 특정 품목에 대한 설계변경을 예상하여 실제 가격보다 높게 책정하려는 사례를 방지하기 위함이다.

② 계약단가가 없는 신규비목[62][63]의 단가는 설계변경 당시를 기준으로 하여 산정한 단가에 낙찰률을 곱한 금액으로 한다. 따라서 기존의 비목에 관하여는 산출내역서상의 계약단가를 기준으로 산정

---

60) 지방계약법 시행령 제74조 제3항에서는 지방자치단체의 장의 승인만 규정하고 있다.

61) 국가계약법 시행령 제14조 제6항 또는 제7항(지방계약법 시행령 제15조 제7항 또는 제8항)의 규정에 의하여 제출한 산출내역서상의 단가를 말한다.

62) '신규비목'이란 산출내역서에 없는 품목 또는 비목을 말하며, 동일한 품목이라도 성능, 규격 등이 다르면 신규비목이라 할 것이다(공사계약일반조건 제20조 제1항 제2호).

63) 대법원은 한국철도시설공단이 발주한 터널공사와 관련하여 "터널굴착방법의 변경으로 인한 설계변경이 공사계약일반조건에 정한 '신규비목'에 해당하지 않음에도 공사도급계약의 변경계약에서 이를 '신규비목'으로 보아 계약금액을 감액한 것은 부당하므로 도급인은 수급인에게 감액한 금전을 지급할 의무가 있고, 그 금전지급채무는 부당이득반환채무가 아니라 공사대금채무이므로 그 공사대금의 당초 지급기한이 도래한 다음날부터 약정지연손해금을 지급하여야 한다"라고 판시하고 있다(대법원 2009.9.10. 선고 2009다34665 판결).

하게 되나, 계약단가가 없는 신규비목의 단가는 설계변경 당시 산정된 금액에 다시 낙찰률을 곱한 금액으로 하므로 수급인에게 불리할 수 있다. 다만 아래에서 보는 것처럼 정부에서 설계변경을 요구하는 경우에는 협의의 여지가 있다.

③ 정부에서 설계변경을 요구한 경우[64](계약상대자에게 책임이 없는 사유로 인한 경우를 포함한다)에는 증가된 물량 또는 신규비목의 단가는 설계변경 당시를 기준[65]으로 하여 산정한 단가와 동 단가에 낙찰률을 곱한 금액의 범위 안에서 계약당사자간에 협의하여 결정한다. 다만, 계약당사자간에 협의가 이루어지지 아니하는 경우에는 설계변경 당시를 기준으로 하여 산정한 단가와 동 단가에 낙찰률을 곱한 금액을 합한 금액의 100분의 50으로 한다. 여기서 협의하여 결정한다는 의미는 원칙적으로 설계변경 당시를 기준으로 산정한 단가를 적용하되, 다만 예외적으로 계약의 목적, 특성 또는 공사에 필요한 자재 등의 시장거래에 있어서의 조달상황 등을 종합 고려하여 동 단가보다 다소 낮은 가격을 적용토록 합의하여 결정하는 것이라고 보면 될 것이다.[66]

2) 계약상대자가 새로운 기술·공법 등을 사용함으로써 공사비의 절감, 시공기간의 단축 등에 효과가 현저할 것으로 인정되어 계약상대자의 요청에 의하여 필요한 설계변경을 한 때에는 계약금액의 조정에 있어서 당해 절감액의 30/100에 해당하는 금액을 감액한다.

64) '발주기관에서 설계변경을 요구한 경우'란 설계변경의 목적·사유·책임의 귀속 등을 종합적으로 고려하여 이들 요소들이 발주기관측에 있는지 등의 여부로 결정한다(조달청, 앞의 해석기준, 44면).

65) 공사계약일반조건 제20조 제1항 제2호는 '설계변경 당시'를 ① 설계도면의 변경을 요하는 경우에는 변경도면을 발주기관이 확정한 때, ② 변경을 요하지 않는 경우에는 계약당사자간에 설계변경을 문서로 합의한 때, ③ 우선시공을 한 경우에는 그 우선시공을 하게 한 때를 의미한다고 하고 있다.

66) 기획재정부 유권해석(회제 45107-1566, 1995.8.24.).

'새로운 기술·공법 등'에는 국내·외에서 새롭게 개발되었거나 개량된 새로운 기술·공법 등을 포함한 정부설계와 동등 이상의 기능과 효과를 가진 모든 기술·공법 등이 포함된다고 할 것이다. 수급인이 신기술 등을 적용함으로써 절감된 공사비 중 70/100에 해당하는 금액은 수급인의 이익으로 돌아가게 되는 것이다.

3) 발주기관이 계약금액을 조정하는 경우에는 계약상대자의 계약금액조정 청구를 받은 날부터 30일 이내에 계약금액을 조정하여야 한다. 이 경우 예산배정의 지연 등 불가피한 경우에는 계약상대자와 협의하여 그 조정기한을 연장할 수 있으며, 계약금액을 조정할 수 있는 예산이 없는 때에는 공사량 등을 조정하여 그 대가를 지급할 수 있다. 계약상대자의 계약금액조정 청구는 준공대가(장기계속계약의 경우에는 각 차수별 준공대가) 수령 전까지 하여야 조정금액을 지급받을 수 있다.

〈표〉 일반공사의 설계변경 사유별 조정단가 비교

구 분	계약상대자의 요구	발주기관의 요구	신기술·신공법
감소물량	계약단가	계약단가	계약단가
증가물량	계약단가(단, 계약단가가 예가단가보다 높은 경우는 예가단가)	설계변경당시 단가와 동 단가에 낙찰률을 곱한 금액 범위 안에서 협의(협의 불가시 합산금액의 100분의 50 적용)	계약단가(단, 계약단가가 예가단가보다 높은 경우는 예가단가)
신규비목	설계변경당시 단가에 낙찰률을 곱한 금액	상 동	설계변경당시 단가에 낙찰률을 곱한 금액
조정금액	당초금액과 비교하여 증감금액을 그대로 조정	당초금액과 비교하여 증감금액을 그대로 조정	당초 금액과 비교하여 절감금액의 30%만 감액조정

다. 소요자재의 수급방법 변경

1) 관급자재의 사급 전환

당초 계약에서 발주기관이 지급하는 관급자재[67]를 사용하도록 되어 있는 계약내용을 계약상대자가 직접 구입하여 투입하는 자재(이하 '사급자재'라 함)로 변경하는 방법으로는 ① 설계변경을 통한 사급자재 공급과 ② 대체사용의 승인이 있는데, 양자에 따른 계약금액 조정방법이 다르다.

① 설계변경을 통한 사급자재 공급은 발주기관의 사정으로 인하여 당초 관급자재로 정한 품목을 계약상대자와 협의하여 사급자재로 변경하고자 하는 경우인데, 서면으로 계약상대자에게 통보하여야 하며, 이때 통보당시의 가격에 그 대가(기성부분에 실제 투입된 자재에 대한 대가)를 기성대가 또는 준공대가에 합산하여 지급하여야 한다. 계약담당공무원은 계약상대자와 협의하여 변경된 방법으로 일괄하여 자재를 구입할 수 없는 경우에는 분할하여 구입하게 할 수 있으며, 분할 구입하게 할 경우에는 구입시기별로 이를 서면으로 계약상대자에게 통보하여야 한다. 공사의 이행중 설계변경 등으로 인하여 당초 관급자재의 수량이 증가되는 경우로서 증가되는 수량을 적기에 지급할 수 없어 공사의 이행이 지연될 것으로 예상되는 등 필요하다고 인정되는 때에는 계약상대자와 협의한 후 증가되는 수량을 계약상대자가 직접 구입하여 투입하도록 이를 서면으로 계약상대자에게 통보할 수 있다.

② 대체사용[68]은 관급자재 등의 공급지체로 공사가 상당기간 지연될 것이 예상되어 계약상대자가 대체사용 승인을 신청한 경우로

67) '관급자재'라 함은 공사이행을 위하여 투입되는 공사재료 중 발주기관이 직접 구입하여 계약상대자에게 지급하는 자재를 말한다(국가계약법 시행규칙 제83조).

68) 장훈기, 앞의 책, 1058면에서는 대체사용이 설계변경의 경우와 다른 점은 계약상대자의 필요와 자유의사에 의한 변경이라는 점과 계약금액조정이 아닌 민법상의 소비대차라는 점이라고 한다.

서 이를 발주기관에서 승인한 경우에는 이를 서면으로 계약상대자에게 통보하여야 한다. 이 경우에는 대체사용 당시의 가격에 그 대가(기성부분에 실제 투입된 자재에 대한 대가)를 기성대가 또는 준공대가에 합산하여 지급하거나 계약상대자와 합의된 장소 및 일시에 현품으로 반환할 수도 있다.

2) 사급자재의 관급 전환

원칙적으로 당초 계약시의 사급자재를 관급자재로 변경할 수 없다. 다만, 원자재의 수급 불균형에 따른 원자재가격 급등 등 사급자재를 관급자재로 변경하지 않으면 계약목적을 이행할 수 없다고 인정될 때에는 계약당사자간의 협의에 의하여 변경할 수 있다. 따라서 계약문서에 사급자재로 되어 있는 품목을 발주기관이 일방적으로 관급자재로 전환하는 것은 불가하며 다만 관급으로 하지 않으면 계약목적을 달성할 수 없을 때에는 계약당사자간의 합의에 의하여 사급자재를 관급으로 변경할 수 있다고 할 것이다.

3) 관급자재 부족분에 대한 추가지급

추가되는 관급자재를 사급자재로 변경하거나 사급자재를 관급자재로 변경한 경우에는 관련 규정에 정한 바에 따라 계약금액을 조정하여야 하며, 대가를 기성대가 또는 준공대가에 합산하여 지급하는 경우에는 계약금액의 증감분에 대한 간접노무비, 산재보험료 및 산업안전보건관리비 등 승률비용과 일반관리비 및 이윤은 산출내역서상의 간접노무비율, 산재보험료율 및 산업안전관리비율 등의 승률비용과 일반관리비율 및 이윤율에 의하되 설계변경 당시의 관계법령 및 기획재정부장관 등이 정한 율을 초과할 수 없다.

라. 설계변경 계약금액조정의 제한

1) 아래 방법으로 체결된 공사계약에 있어서는 기본적으로 새로운 기술 또는 설계책임이 계약상대자에게 있으므로 설계변경으로 계약내용을 변경하는 경우에도 정부에 책임 있는 사유[69] 또는 천재·지변 등 불가항력의 사유로 인한 경우를 제외하고는 그 계약금액을 증액할 수 없다.

① 국가계약법 시행령 제14조 제6항 제3호 단서에 따라 입찰을 할 때에 새로운 기술·공법 등에 의한 공사비의 절감사유를 제출하여 체결된 공사계약(새로운 기술·공법 등이 채택된 부분에 한함)

② 국가계약법 시행령 제78조에 따른 일괄입찰 및 대안입찰(대안이 채택된 부분에 한함)을 실시하여 체결된 공사계약

③ 국가계약법 시행령 제98조에 따른 설계공모·기술제안입찰 및 기술제안입찰(기술제안이 채택된 부분에 한함)을 실시하여 체결된 공사계약

2) 각 중앙관서의 장 또는 계약담당공무원은 시행령 제78조에

---

69) '정부에 책임 있는 사유'라 함은 다음 사유를 말하며, 다만, 설계시 공사 관련 법령 등에 정한 바에 따라 설계서가 작성된 경우에 한한다.

1. 사업계획 변경 등 발주기관의 필요에 의한 경우
2. 발주기관 외에 당해 공사와 관련된 인허가기관 등의 요구가 있어 이를 발주3. 공사관련법령(표준시방서, 전문시방서, 설계기준 및 지침 등 포함)의 제·개정으로 인한 경우
4. 공사관련법령에 정한 바에 따라 시공하였음에도 불구하고 발생되는 민원에 의한 경우
5. 발주기관 또는 공사 관련기관이 교부한 지하매설 지장물 도면과 현장상태가 상이하거나 계약이후 신규로 매설된 지장물에 의한 경우
6. 토지·건물소유자의 반대, 지장물의 존치, 관련기관의 인허가 불허 등으로 지질조사가 불가능했던 부분의 경우
7. 제32조의 규정에 정한 사항 등 계약당사자 누구의 책임에도 속하지 않는 사유에 의한 경우

따른 일괄입찰과 제98조에 따른 설계공모·기술제안입찰의 경우 계약체결 이전에 실시설계적격자에게 책임이 없는 아래 어느 하나에 해당하는 사유로 실시설계를 변경한 경우에는 계약체결 이후 즉시 설계변경에 의한 계약금액 조정을 하여야 한다.

① 민원이나 환경·교통영향평가 또는 관련 법령에 따른 인허가 조건 등과 관련하여 실시설계의 변경이 필요한 경우

② 발주기관이 제시한 기본계획서·입찰안내서 또는 기본설계서에 명시 또는 반영되어 있지 아니한 사항에 대하여 해당 발주기관이 변경을 요구한 경우

③ 중앙건설기술심의위원회 또는 설계자문위원회가 실시설계 심의과정에서 변경을 요구한 경우

4. 설계변경 관련 부당한 특약의 효력

국가계약법 시행규칙 제49조 제2항에서는 계약일반사항 외에 당해 계약에 필요한 특약사항을 명시하여 계약을 체결할 수 있다고 하고 있으나, 상위법령인 국가계약법 시행령 제4조에서 “국가계약법, 동법 시행령 및 관계법령에 규정된 계약상대자의 계약상의 이익을 부당하게 제한하는 특약 또는 조건을 정하여서는 아니된다”라고 규정하고 있는 점에 비추어 볼 때 일정한 한계를 가진다고 할 것이다. 이러한 부당특약금지의 원칙은 국가계약 전반에 걸쳐 적용된다고 할 것이므로 특별한 사정이 없는 한 설계변경으로 인한 계약금액의 조정에 있어서도 적용된다고 할 것이다.

따라서 설계변경으로 인한 계약금액 조정에 있어서 계약상대자의 이익을 침해, 제한하는 부당한 특약이나 조건이 부과된 경우 그 특약이나 조건은 효력이 없다 할 것이다. 예를 들면 설계변경으로 인한 계약금액조정을 허용하지 않는 특약, 불가항력 등 계약상대자의 책임으로 볼 수 없는 사정을 계약상대자의 귀책사유로 본다는 특

약, 계약상대자에게 귀책사유가 없음에도 불구하고 계약상대자의 요청에 의한 설계변경으로 보아 계약금액의 증액을 허용하지 않거나 설계서의 오류, 누락 등으로 인한 설계변경 관련 단가산정에 있어서 공사계약일반조건 제20조 제2항에 의한 협의단가가 중간단가가 아닌 동조 제1항에 의한 계약단가 또는 낙찰단가를 적용해야 한다는 특약 등은 설계변경에 있어서 보호되는 계약상대자의 이익을 제한하는 부당한 특약으로서 그 효력이 없다고 보아야 할 것이다.

5. 설계변경으로 볼 수 없는 경우

설계변경과 유사해 보이나 실제로 설계변경대상으로 오인하고 있는 것이 많이 있는데 그 대표적인 것이 예정가격조서 또는 산출내역서상의 일부 비목 또는 품목의 단가 과다·과소계상 또는 누락, 품셈이나 일위대가표의 변경 또는 잘못 적용 등을 들 수 있는데, 이들의 경우는 설계서에 포함된 내용의 변경이 아니므로 설계변경대상이 아니다.[70] 또한 설계변경은 당해 설계변경 또는 계약조건 변경 등이 이루어지기 전에 하여야 하는 것이 원칙이므로 계약이행이 완료된 이후에는 별도의 특약 설정이 없는 한 설계변경을 할 수 없다.

한편, 기획재정부[71]는 문화재발굴에 따른 계약금액조정 가능여부와 관련하여 "국가기관이 체결한 공사계약에 있어서 공사현장에서 발견한 모든 가치 있는 화석·금전·보물 기타 지질학 및 고고학상의 유물 또는 물품은 공사계약일반조건 제38조의 규정에 의거 관계법규에서 정하는 바에 의하여 처리하여야 하는바, 지질조사시 일반지장물과 같이 수량·종류 등을 예측할 수 없고 문화재보호법에 의하여 문화체육부장관이 발굴자를 지정하게 되어 있는 문화재를 계약

70) 장훈기, 앞의 책, 1048면; 조달청, 앞의 해석기준, 43면; 기획재정부 유권해석(회제 41301-506, 1998.4.10.)

71) 기획재정부 유권해석(회계 41301-2640, 1997.9.26.).

상대자의 부담 또는 설계변경 등에 의하여 발굴하게 하는 것은 타당하지 않음"이라고 하고 있다.

6. 관련판례

가. 건설업법 위반

대법원[72]은 "설계변경과 관련한 법령 및 감리업무지침서의 제 규정과 구 건설업법(1996.12.30. 법률 제5230호 건설산업기본법으로 전문 개정되기 전의 것) 제33조 제1항의 규정에 비추어 보면, 건설공사의 시공관리 및 기술관리를 위하여 건설 현장에 배치된 건설기술자로서는 반드시 적법하게 작성된 설계도면에 따라 시공하여야 하고, 설계변경이 필요한 경우에는 위 법령 및 감리업무지침서가 정하고 있는 절차를 밟은 다음에야 비로소 시공할 수 있다고 할 것이며 책임감리원의 지시가 있었다 하여 이를 달리할 것은 아니다"라고 판시하고 있다.

나. 하수급인에 대한 설계변경위반의 효력

대법원[73]은 "구 하도급거래 공정화에 관한 법률(1995.1.5. 법률 제4860호로 개정되기 전의 것) 제16조에는 원사업자가 제조 등의 위탁을 한 후에 발주자로부터 설계변경 또는 경제상황의 변동 등의 이유로 추가금액을 지급받는 경우 동일한 사유로 목적물의 완성에 추가비용이 소요되는 때에는 그가 받은 추가금액의 내용과 비율에 따라 하도급대금을 증액하여야 한다는 취지로 규정되어 있으나, 그 법은 그 조항에 위반된 하도급약정의 효력에 관하여는 아무런 규정을 두지 않는 반면 위의 조항을 위반한 원사업자를 벌금형에 처하도록 하면

72) 대법원 2000.8.22. 선고 98도4468 판결.
73) 대법원 2000.7.28. 선고 2000다20434 판결.

서 그 조항 위반행위 중 일정한 경우만을 공정거래위원회에서 조사하게 하여 그 위원회로 하여금 그 결과에 따라 하도급분쟁조정협의회에 조정 등을 요청하게 하거나 원사업자에게 통지·최고하게 하거나 그 위반행위의 신고를 각하 또는 기각하게 하도록 규정하고 있을 뿐이어서 그 조항은 그에 위배한 하도급인과 하수급인 간의 계약의 사법상의 효력을 부인하는 조항이라고 볼 것은 아니다"라고 판시하고 있다.

제4절 | 기타 계약내용의 변경으로 인한 계약금액의 조정

1. 개 요

가. 의 의

물가변동 및 설계변경으로 인한 계약금액 조정 외에 공사기간·운반거리의 변경 등 계약내용의 변경으로 계약금액을 조정할 필요가 있는 경우에는 그 변경된 내용에 따라 실비를 초과하지 아니하는 범위 안에서 계약금액을 조정한다(국가계약법 시행령 제66조 제1항). 원래 설계변경으로 인한 계약금액조정의 한 항목이었던 것이 1986. 4.1. 독립조문으로 신설되었다.

나. 설계변경으로 인한 계약금액 조정과의 차이점

계약금액 조정사유 중 설계변경으로 인한 것과 기타 계약내용 변경에 의한 것 양자 모두 설계변경이 일어난다는 점에서는 동일하나, 설계변경으로 인해 공사물량의 증감이 수반되는지의 여부에 따라 양자는 구분된다.

즉, 설계변경으로 인한 계약금액조정은 설계변경으로 인해 반드시 공사물량의 증감이 수반되나, 기타 계약내용변경으로 인한 계약금액 조정은 설계변경은 일어나지만 공사물량의 증감이 수반되지 않는다는 점에서 양자의 차이점을 들 수 있다.[74]

2. 기타 계약금액 조정사유별 내용

가. 공사이행기간의 변경

공사이행기간 변경이 발생하는 경우 계약금액 조정을 할 수 있으며, 계약체결 내용(계약목적물) 및 계약금액(단가)의 변경에 따라 계약금액을 조정하는 설계변경 및 물가변동으로 인한 계약금액 조정과 구별된다.

그 경우 실비산정은 정부입찰·계약 집행기준 제73조에 따라 이루어진다.

① 간접노무비는 연장 또는 단축된 기간 중 당해 현장에서 회계예규「예정가격 작성기준」제10조 제2항 및 제18조의 규정에 해당하는 자가 수행하여야 할 노무량을 산출하고, 동 노무량에 시행규칙 제7조 제1항의 규정에 의한 당해 직종의 단가를 곱하여 계산한다.

② 경비 중 지급임차료, 보관비 등 직접계상이 가능한 비목의 실비는 계약상대자로부터 제출받은 경비지출관련 계약서, 요금고지서, 영수증 등 객관적인 자료에 의하여 확인된 금액을 기준으로 변경되는 공사기간에 상당하는 금액을 산출하며, 복리후생비, 소모품비, 산재보험료 등은 그 기준이 되는 비목의 합계액에 계약상대자의 산출내역서상 해당 비목의 비율을 곱하여

74) 장훈기, 앞의 책, 1113면.

산출된 금액과 당초 산출내역서상의 금액과의 차액으로 한다.

③ 계약상대자의 책임 없는 사유로 공사기간이 연장되어 당초 제출한 계약보증서 등의 보증기간을 연장함에 따라 소요되는 추가비용은 계약상대자로부터 제출받은 보증수수료의 영수증 등 객관적인 자료에 의하여 확인된 금액을 기준으로 금액을 산출한다.

나. 운반거리의 변경

공사이행 내용 중 공사내용(목적물)의 변경이 아닌 운반거리의 변경(토사채취, 사토, 폐기물처리 등)이 있는 경우에 해당되며, 계약목적물의 변경을 수반하지 않는다는 점에서 설계변경으로 인한 계약금액 조정과는 구분된다.

그 경우 실비산정 방법은 정부입찰·계약 집행기준 제74조에 자세히 규정되어 있다.

① 당초 운반로 전부가 남아 있는 경우로서 운반거리가 변경되는 경우

조정금액 = 당초 계약단가 + 추가된 운반거리에 대한 협의단가

② 당초 운반로 일부가 남아 있는 경우로서 운반거리가 변경되는 경우

조정금액 = (당초 계약단가 - 당초 운반로 중 축소되는 부분의 계약단가) + 대체된 운반거리에 대한 협의단가

③ 당초 운반로 전부가 변경되는 경우

조정금액 = 대체된 운반거리에 대한 협의단가

다만, 협의단가를 결정함에 있어 계약당사자 간의 협의가 이루어지지 아니하는 경우에는 그 중간금액으로 한다.

다. 기타 계약내용 변경

공사이행기간 및 운반거리의 변경 이외의 경우에 실비산정은 변경된 내용을 기준으로 하여 산정한 단가와 당초 단가와의 차액범위 안에서 계약당사자간에 협의하여 결정한다. 다만, 계약당사자간에 협의가 이루어지지 아니하는 경우에는 변경된 내용을 기준으로 하여 산정한 단가와 당초 단가를 합한 금액의 100분의 50으로 한다(정부입찰 · 계약 집행기준 제75조).

라. 일반관리비 및 이윤

계약금액의 증감분에 대한 일반관리비 및 이윤 등은 계약서상의 일반관리비율 및 이윤율 등에 의하되 기획재정부령이 정하는 율을 초과할 수 없다(정부입찰 · 계약 집행기준 제76조).

3. 시기적 제한

공사기간, 운반거리의 변경 등 계약내용의 변경은 그 계약의 이행에 착수하기 전에 완료하여야 한다. 다만, 계약이행의 지연으로 품질저하가 우려되는 등 긴급하게 계약을 이행하게 할 필요가 있는 때에는 계약상대자와 협의하여 계약내용 변경의 시기 등을 명확히 정하고, 계약내용을 변경하기 전에 우선 이행하게 할 수 있다(국가계약법 시행규칙 제74조의3 제1항).

4. 세법 개정에 따른 계약금액 조정[75)]

계약체결 이후 관련 세법의 개정으로 인하여 계약이행과 관련하여 계약상대자가 부담하여야 할 세액이 달라질 경우 국가계약법 시행령 제64조 내지 제66조의 규정에 의한 계약금액조정이 가능한지, 가능하다면 어떠한 규정의 적용을 받는 것인지에 대하여 최근 논란이 되고 있다.

가. 계약금액조정의 논의대상이 되는 세액

기본적으로 계약금액조정의 논의대상이 되는 세액이라 함은 원가계산시 반영되어 예정가격에 포함이 되는 세액으로 보아야 한다. 따라서, 예정가격에 포함되지 않고 소득에 부과되는 소득세나 법인세의 부과기준의 변경이 발생한 경우는 본 논의에서 제외된다. 이에 예정가격에 포함되는 세액을 살펴보면 부가가치세법에 의한 부가가치세, 특별소비세법에 의한 특별소비세, 교육세법에 의한 교육세, 관세법에 의한 관세, 농어촌특별세법에 의한 농어촌특별세가 해당된다(국가계약법 시행규칙 제11조 제1항).

나. 대상세액의 변경에 따른 계약금액조정

계약 이행 중 부가가치세, 특별소비세, 교육세, 관세 또는 농어촌특별세의 부과대상 및 기준에 변경이 발생한 경우 국가계약법령의 소관부서인 기획재정부는 국가계약법 시행령 제66조의 적용이 가능하다는 입장을 취하고 있는 것으로 보인다.[76)] 기획재정부[77)]는 “수입

75) 정원, 「공공조달계약법」, 법률문화원, 2008, 307면 이하에서 발췌 인용함.

76) 기획재정부 유권해석(회제-1593, 2006.7.21.)에서 “계약체결 후 세법의 개정으로 인하여 당초 면세대상이 과세대상으로 변경되어 계약상대자가 의무적으로 부담하여야 하는 비용이 발생한 경우라면 국가계약법 시행령 제66조의 규정에 의하여 그 변경된 내용에 따라 실비를 초과하지 아니하는 범

물품의 원가계산에는 관세도 포함되므로 관세율의 변경에 따라 수입품의 단가가 변동이 있다면 물가변동에 의한 계약금액의 조정대상이 된다"라고 하고 있는데, 관세율의 변경은 물가변동에 의한 계약금액 조정에서 규정하는 기간요건과 등락요건을 적용하기 어렵다는 점에서 기타 계약내용의 변경으로 인한 계약금액 조정에 해당된다고 생각된다.

물론 관련 세금의 징수기관이 정부 또는 지방자치단체인 경우인 점을 감안한다면 예정가격에 영향을 미치는 관련 세법의 변경요소가 계약금액 조정의 대상이 되도록 한 것은 합리적이고 적절한 조치이다. 그러나 이와 관련하여 법리적으로 볼 때 관련 세법의 변경은 계약당사자인 발주기관과 계약상대자 간 계약내용의 변경요소가 아니라 오히려 객관적인 사정변경에 해당한다고 볼 것이어서 예정가격에 포함되는 관련 세법의 변경에 따른 계약금액조정을 위 시행령 제66조에 의하도록 하기 위해서는 그 내용을 분명히 명시할 필요가 있다.

위 안에서 계약금액을 조정하는 것이 타당하다고 봄"이라고 하고 있다.

77) 기획재정부 유권해석(회제 41301-658, 1998.4.18.; 회제 45101-1243, 1993.11.10.).

제4장 지체상금

제1절 ▸ 지체상금을 둘러싼 분쟁

제2절 ▸ 지체상금 일반론

제3절 ▸ 지체상금의 법적 성격

제4절 ▸ 지체상금의 산정

제5절 ▸ 지체상금의 면제 및 감액

제6절 ▸ 공동수급체와 지체상금

제7절 ▸ 지체상금을 둘러싼 구체적 쟁점

제1절 | 지체상금을 둘러싼 분쟁

지체상금은 계약당사자 일방이 정해진 납기에 계약이행을 완료하지 못할 경우를 대비하여 미리 정해 놓은 금액을 의미하지만, 계약이행을 완료하지 못한 원인은 매우 다양할 수 있다. 물론 대부분은 계약상대자의 책임 있는 사유에 기한 것이겠지만, 때로는 발주자의 책임 있는 사유(관급품의 공급지연이나 발주자가 타사업과 연계하기로 계획하였으나, 그 사업이 지연되는 경우 등)가 원인이 되는 경우도 있다. 또한 계약당사자 양자의 귀책사유가 모두 존재하는 경우도 있을 수 있으므로 각각의 원인에 따라 구체적 해결방법이 다르다는 것을 인식해야 한다.

기업의 입장에서는 지체상금이 일면 금액의 많고 적음이나 그 책임의 소재를 둘러싼 금전적인 문제로만 비춰질 수도 있지만, 지체상금의 부과로 인하여 후속 사업에 있어서의 불이익이 더 클 수 있다는 점을 알아야 하며, 발주자의 입장에서도 지체의 원인에 대한 명확하고 객관적인 근거를 유지하는 자세가 필요하다.

계약당사자 간에는 계약체결시 계약목적물의 성질과 계약당사자의 지위 및 이행가능성 등을 종합적으로 고려하여 지체상금 약정을 정할 필요가 있다. 국가계약의 경우 다소 정형화되어 있긴 하지만, 계약당사자는 계약특수조건 설정시 지체상금 약정이 구체적으로 어떤 내용으로 되어 있는지 꼼꼼히 살펴보아야 한다. 또한 계약당사자는 계약 이행기간 동안 발생할 수 있는 상황에 대하여 구체적 증빙자료를 평소에 잘 챙겨두어야 하며, 문서에 의한 업무 처리[1]가 중요

1) 계약당사자 간에 행한 통지문서는 계약문서로서의 효력을 가지며, 구두에 의한 통지·신청·청구·요구·회신·승인 또는 지시 등은 문서로 보완되어야 효력이 있다. [구매(제조)계약일반조건 제3조 제4항 및 제5조 제1항; 용역계약일반조건 제4조 제4항 및 제6조 제1항; 공사계약일반조건 제3조 제

하다는 것을 명심하여야 한다.

제2절 | 지체상금 일반론

1. 의 의

'지체상금'이란 정당한 이유 없이 정해진 납기 내 계약의 이행을 지체한 계약상대자에게 부과하는 금원으로서 공공계약에 있어서는 통상 채무자가 지급하여야 할 손해배상액을 계약당사자 사이에 미리 계약으로 정하고 있다. 지체상금의 약정은 ① 일정액을 그 금액으로 정하는 방법과 ② 지체기간에 비례하여 정하는 방법이 있다.

지체상금은 채무자로 하여금 적기에 계약의 이행을 강제하기 위한 목적과 함께 미리 손해배상액이나 손해배상 비율을 정함으로써 실제 이행지체가 문제되는 경우에 책임소재 및 배상액에 대한 입증책임을 명확히 하려는 목적을 가지고 있다.

2. 관련규정

공공계약 관련법령에서는 계약상대자의 계약상의 의무이행지체에 대하여 지체상금(지연배상금)을 징수하게 하는 한편(국가계약법 제26조, 지방계약법 제30조), 계약상대자로부터 대가지급청구를 받고 5일 이내에 대가지급을 지연하는 경우 지연이자를 지급하도록 하고 있으며(국가계약법 제15조 제2항, 지방계약법 제18조 제2항), 동일한 계약에 있어 위 지연이자와 지체상금을 상계할 수 있도록 하여(국가계약법 제15조 제3항, 지방계약법 제18조 제3항) 계약당사자 간의 계약상 형평

4항 및 제5조 제1항].

성을 유지하고 있다.

지체상금의 약정은 계약상대방이 정해진 납기에 계약이행을 하지 못한 것을 정지조건으로 하여 효력이 발생하는 정지조건부 계약이며, 또한 본래의 급부의무를 발생시키는 기본계약에 부수하여 행해지는 종된 계약[2)]이다.

제3절 | 지체상금의 법적 성격

1. 손해배상액의 예정과 위약벌

계약상대방이 정당한 이유 없이 납기 내 이행을 지체한 경우 지체상금을 납부할 책임을 부담하는데, 이러한 지체상금 약정의 법적 성격이 무엇인지가 문제된다. '손해배상액의 예정'이라 함은 채무자가 채무불이행으로 인하여 부담하는 손해배상책임의 내용을 당사자 사이의 계약으로 미리 정하여 두는 것을 말하고, '위약벌'이라 함은 채무이행의 강제기능을 하기 위하여 채무불이행에 대한 사적인 제재의 성격을 가진 것을 말한다. 지체상금의 법적 성격을 일률적으로 정의할 수는 없으며, 구체적으로 당사자 간에 정한 지체상금 약정이 손해배상액의 예정과 위약벌 중 어디에 해당하는지 여부는 결국 구체적 법률행위의 해석의 문제라 할 것이다.

2. 구별의 실익

지체상금 약정을 '위약벌'로 보는 경우 채무자는 약정된 위약벌뿐만 아니라 별도의 손해배상의무를 부담하는 데 반하여 '손해배상

---

2) 서민, "지체상금의 효력," 민사판례연구 제9집, 68면.

액의 예정'으로 본다면 약정된 손해배상액만을 부담한다.

또한 위약벌은 손해배상액의 예정이 아니므로 민법 제398조 제2항에 따라 부당히 과다한 경우라도 감액을 할 수 없다는 점에서 손해배상액의 예정과 차이가 있는데, 대법원[3]도 "위약벌의 약정은 채무의 이행을 확보하기 위하여 정해지는 것으로서 손해배상의 예정과는 그 내용이 다르므로 손해배상의 예정에 관한 민법 제398조 제2항을 유추적용하여 그 액을 감액할 수 없고, 다만 그 의무의 강제에 의하여 얻어지는 채권자의 이익에 비하여 약정된 벌이 과도하게 무거울 때에는 그 일부 또는 전부가 공서양속에 반하여 무효로 된다"고 판시하고 있다.

3. 법원의 입장

가. 손해배상액의 예정과 위약벌의 구분

대법원[4]은 "손해배상액의 예정인지 위약벌인지는 계약서 및 약관 등을 종합하여 개별적으로 결정할 의사해석의 문제이고, 위약금은 민법 제398조 제4항에 의하여 손해배상액의 예정으로 추정되므로 위약금이 위약벌로 해석되기 위하여는 특별한 사정이 주장·입증되어야 하는바, 도급계약서에 계약보증금 외에 지체상금도 규정되어 있다는 점만을 이유로 하여 계약보증금을 위약벌이라고 보기는 어렵다 할 것이다"라고 판시하여 일반적으로 계약당사자 사이에 위약벌로 해석되기 위한 특별한 약정[5]을 하지 않는 경우 대부분의 지체상금 약정은 손해배상액의 예정으로 보고 있다.[6]

---

3) 대법원 1993.3.23. 선고 92다46905 판결; 대법원 2000.4.23. 선고 2000다56976 판결.

4) 대법원 2005.11.10. 선고 2004다40597 판결.

5) 예를 들어 "계약보증금을 초과하는 손해가 발생한 경우 이를 청구할 수 있다"나 "계약보증금의 귀속은 손해배상의무를 면제하는 것이 아니다"는 문구.

6) 대법원은 계약금과 관련하여서도 "국가를 당사자로 하는 계약에 관한 법

또한 대법원[7]은 "건물 신축공사에 있어 준공 후에도 건물에 다수의 하자와 미시공 부분이 있어 수급인이 약정기한 내에 그 하자와 미시공 부분에 대한 공사를 완료하지 못할 경우 미지급 공사비 등을 포기하고 이를 도급인의 손해배상금으로 충당한다는 내용의 합의각서를 작성한 경우, 위 약정은 민법 제398조에 정한 채무불이행에 관한 손해배상액을 예정한 경우에 해당한다"고 판시하고 있다.

나. 지체상금 약정과 별도로 손해배상액 약정시

대법원[8]은 "공사도급계약을 체결하면서 건설교통부 고시 '민간건설공사 표준도급계약 일반조건'을 계약의 일부로 편입하기로 합의하였고, 위 일반조건에서 지체상금에 관한 규정과 별도로 계약의 해제・해지로 인한 손해배상청구에 관한 규정을 두고 있는 경우, 채무불이행에 관한 손해배상액의 예정은 당사자의 합의로 행하여지는 것으로서, 그 내용이 어떠한가, 특히 어떠한 유형의 채무불이행에 관한 손해배상을 예정한 것인가는 무엇보다도 당해 약정의 해석에 의하여 정하여지는바, 위 일반조건의 지체상금약정은 수급인이 공사완성의 기한 내에 공사를 완성하지 못한 경우에 완공의 지체로 인한 손해배상책임에 관하여 손해배상액을 예정하였다고 해석할 것이고, 수급인이 완공의 지체가 아니라 그 공사를 부실하게 한 것과 같은 불완전

률의 규정은 국가와 사인 간의 계약관계에서 관계 공무원이 지켜야 할 계약사무 처리에 관한 필요한 사항을 정한 국가의 내부규정에 불과할 뿐만 아니라 위 법이 적용되는 계약도 그 본질은 사인 간의 계약과 다를 바가 없으므로, 그 법령에 특별한 규정이 있는 경우를 제외하고는 사법의 규정 내지 법 원리가 그대로 적용된다고 할 것이므로, 매매계약에 의하여 지급된 계약금에 관하여 위약금 약정이 있어 그 계약금이 위 법 제12조가 규정한 계약보증금의 성질을 갖는다고 하더라도, 당연히 위약벌의 성질을 갖는 것은 아니다"라고 판시(대법원 2004.12.10. 선고 2002다73852 판결)하여 동일한 입장을 취하고 있다.

7) 대법원 2008.7.24. 선고 2007다69186 판결.

8) 대법원 2010.1.28. 선고 2009다41137 판결.

급부 등으로 인하여 발생한 손해는 그것이 그 부실공사 등과 상당인과관계가 있는 완공의 지체로 인하여 발생한 것이 아닌 한 위 지체상금약정에 의하여 처리되지 아니하고 도급인은 위 일반조건의 손해배상약정에 기하여 별도로 그 배상을 청구할 수 있다. 이 경우 손해배상의 범위는 민법 제393조 등과 같은 그 범위획정에 관한 일반법리에 의하여 정하여지고, 그것이 위 지체상금약정에 기하여 산정되는 지체상금액에 제한되어 이를 넘지 못한다고 볼 것이 아니다"라고 판시하고 있다.

다. 지체상금의 발생시기 및 종기

대법원[9]은 "수급인이 완공기한 내에 공사를 완성하지 못한 채 완공기한을 넘겨 도급계약이 해제된 경우에 있어서 그 지체상금 발생의 시기(始期)는 완공기한 다음날이고, 종기(終期)는 수급인이 공사를 중단하거나 기타 해제사유가 있어 도급인이 이를 해제할 수 있었을 때를 기준으로 하여 도급인이 다른 업자에게 의뢰하여 같은 건물을 완공할 수 있었던 시점이다"라고 판시하고 있다.

4. 손해배상액의 예정으로 보는 경우 실제손해와의 관계

가. 도급인의 손해가 없는 경우 지체상금 지급의무

도급인에게 실제손해가 발생하였는지 여부는 지체상금의 발생요건에 해당하지 않으며,[10] 원칙적으로는 수급인이 도급인에게 손해를 발생하지 않았다는 것을 입증하여도 지체상금의 책임을 면할 수 없

9) 대법원 2001.1.30. 선고 2000다56112 판결.

10) 대법원 1975.3.25. 선고 74다296 판결에서는 "채무불이행으로 인한 손해배상액의 예정액을 정한 경우에 채권자가 예정 손해배상액을 청구함에는 채무불이행의 사실만 입증하면 되고, 손해의 발생 및 손해액의 입증을 요하지 아니한다"라고 하고 있다.

다. 다만, 손해배상의 예정액이 부당히 과다한 경우에는 법원으로부터 감액을 받을 수 있으므로(민법 제398조 제2항), 수급인은 도급인에게 실제로 손해가 발생하지 않았다는 사정 등을 입증시 손해배상예정액이 부당히 과다한 경우에 해당될 수 있어 지체상금이 감액될 수도 있다.

나. 도급인이 손해배상액의 예정보다 많은 손해를 입은 경우

지체상금은 손해배상액의 예정으로 손해배상의 법률관계를 간소화하기 위한 것으로 도급인에게 손해가 전혀 없는 경우에도 지급하여야 하는 것과 마찬가지로 도급인에게 지체상금 이상의 손해가 발생하였다는 것을 입증하여도 수급인 지체상금액의 한도에서 손해배상을 하면 된다고 보아야 한다. 다만, 도급인이 지체상금 이상의 손해를 입었다는 것을 입증하면 지체상금이 감액되지는 않을 것이다.[11)]

대법원[12)]도 "민법 제398조가 규정하는 손해배상의 예정은 채무불이행의 경우에 채무자가 지급하여야 할 손해배상액을 미리 정해두는 것으로서 그 목적은 손해의 발생사실과 손해액에 대한 입증곤란을 배제하고 분쟁을 사전에 방지하여 법률관계를 간이하게 해결하는 것 외에 채무자에게 심리적으로 경고를 줌으로써 채무이행을 확보하려는 데에 있으므로 채무자가 실제로 손해발생이 없다거나 손해액이 예정액보다 적다는 것을 입증하더라도 채무자는 그 예정액의 지급을 면하거나 감액을 청구하지 못한다"라고 판시하고 있다.

11) 이범상, 앞의 책, 204면.

12) 대법원 2008.11.13. 선고 2008다46906 판결.

제4절 | 지체상금의 산정

1. 지체상금의 산정방식

지체상금 = 계약금액 × 지체상금률 × 지체일수

일반적으로 계약금액과 지체상금률은 고정된 값이므로 지체일수에 대한 판단에 따라 지체상금의 금액이 틀려지므로 계약당사자간에 '계약상대자의 책임 없는 사유로 계약이행이 지체되었는지'와 관련하여 많은 분쟁이 발생하고 있다.

2. 세부 구성요소별 검토

가. 계약금액

1) 계약금액의 산정

통상 계약서상의 계약금액을 말하며, 설계변경이나 물가변동 등으로 인하여 계약금액이 조정된 경우에는 변경된 계약금액이 기준이 된다. 또한 연차별 독립계약을 전제로 하지 않고 전체적인 계약이행을 전제로 하는 계속비계약의 경우도 마찬가지이다. 일반적으로 총계약금액이 기준금액(母數)이 되겠지만, 개별차수별로 이행이 완료되는 것으로 하는 장기계속계약의 경우에는 '연차별 계약금액'이 지체상금 산정의 기준이 된다(국가계약법 시행령 제74조 제1항).[13]

---

13) 방위사업청에서는 '총제조부기금액'을 기준으로 지체상금을 부과한 사례가 다수 있는데, 이는 장기계속계약이라고 하더라도 장기계속공사와 달리 무기나 정보체계의 경우 계약목적물의 제조자 등이 달라질 경우 그 자체로 효용이 있다고 보기 어려우며, 기성제도와 친하지 않다는 점에서 총제조부기금액을 기준으로 한다고 계약조건특수조건에 명시하여 계약을 체결하여 왔

2) 지체상금의 공제

국가계약법 시행령 제74조 제2항(지방계약법 제90조 제2항)에서는 "기성부분 또는 기납부분에 대하여 검사를 거쳐 이를 인수한 경우(인수하지 아니하고 관리·사용하고 있는 경우를 포함[14])에는 그 부분에 상당하는 금액을 계약금액에서 공제한 금액을 기준[15]으로 지체상금을 계산하여야 한다. 이 경우 기성부분 또는 기납부분의 인수는 성질상 분할할 수 있는 공사·물품 또는 용역 등에 대한 완성부분으로서 인수한 것에 한한다"라고 규정하고 있다. 여기에서 '성질상 분할할 수 있는 공사 등에 대한 완성부분'이라 함은 계약이행 물량 중 지연되고 있는 부분과 관계없이 인수하여 관리(사용 포함)함으로써 발주기관의 계약목적에 부합되는 부분을 의미하는 것이라 할 것이다.[16] 결국 기성부분이나 기납부분에 대하여 지체상금 산정시 공제하기 위해서는 분할이 가능하다는 것이 전제되어야 하는데, 이와 관련하여 하위규정에 구체적인 기준이 없으므로 계약목적물과 계약의 성격 등을 고려하여 개별적으로 해석할 수밖에 없다.

일반적으로 분할가능성이 인정되기 위하여는 가분급부여야 한

다. 위와 같은 점을 고려시 당사자와의 합의를 통하여 계약의 내용으로 할 수도 있다고 생각되나, 비록 국가계약법이 일반 국민을 기속하는 규범이 아니라 할지라도 국가계약법 시행령 제4조 등에 비추어 이러한 조건의 법적 효력이 문제될 수 있다는 지적도 가능하다.

최근에는 표준계약특수조건 개정을 통하여 '납기별 계약명세서금액'을 기준으로 하고 있으나, 여전히 국가계약법 시행령과 불일치하는 면이 있어 실무상 논란이 되고 있다.

14) 기존에는 인수한 경우만 지체상금 산정시 공제하였으나, 1998.2.20. 개정으로 인수절차 없이 사용·관리하는 경우에도 공제를 인정한다.

15) 계약금액 총액과 납품되지 않은 물품대금 중 어느 것을 기준으로 지체상금을 부과하는지가 문제되는데, 원칙적으로 전체 물품을 검사하여 인수한 것을 계약의 완성으로 보므로 일부라도 미이행한 경우 계약금액 총액에 대하여 지체상금을 산정하나, 기성 또는 기납으로 검사를 거쳐 인수한 물품 등이 있으면 그 금액을 계약금액에서 공제하고 지체상금을 산정하는 것을 말한다.

16) 기획재정부 유권해석(회제 41301-833, 2003.7.3.).

다. 가분급부는 급부의 본질 또는 가치를 손상시키지 않고서 몇 개로 쪼개어 급부를 실현할 수 있는 것을 말하고, 불가분급부는 급부의 본질 또는 가치를 손상시키지 않고서는 쪼개어 실현할 수 없는 것을 말한다. 불가분급부에 해당하는 것으로는 급부의 성질상 가분이 불가능한 것이 있을 수 있고, 성질상으로는 나눌 수 있지만 당사자의 의사로 나눌 수 없는 것이 있을 수 있다.

또한 물품의 제조·구매계약에 있어 당초 계약조건상으로는 분할납품을 허용하지는 않았으나, 계약이행기간 내에 발주기관이 사실상 분할하여 물품을 납품받아 본래의 기능대로 사용하여 정상적인 업무수행을 하여 왔다면 그 납품부분에 대하여 지체상금을 부과하기는 곤란하다고 할 것이다.[17)]

나. 지체상금률

국가계약 및 지방계약에 있어 지체상금률(지연배상금률)은 다음과 같다(국가계약법 시행규칙 제75조, 지방계약법 시행규칙 제75조).

① 공사 : 1/1,000
② 물품제조·구매, 소프트웨어 용역 : 1.5/1,000
③ 물품수리·가공·대여, 용역 및 기타 : 2.5/1,000
④ 군용 음·식료품 제조·구매 : 3/1,000
⑤ 운송·보관 및 양곡가공 : 5/1,000

당해 계약이 어떤 계약에 속하는지에 관하여는 계약담당공무원이 계약목적물의 구체적 내용 및 성질에 따라 개별적으로 판단하여야 하는바 한국표준산업분류 등이 참고사항이 될 것이다.

17) 기획재정부 유권해석(회계 2210-0562, 1992.5.6.).

다. 지체일수

1) 지체일수의 계산

지체일수는 계약이행기한의 익일부터 기산하여 이행을 완료한 날까지가 해당된다. 이러한 계약이행기한이 공휴일인 경우에는 계약상 별도의 특약이 없는 한 그 다음 날을 준공 또는 납품기한으로 보아야 할 것이다. 계약이행이 완료되었는지 여부는 공사의 경우는 준공검사, 물품의 경우는 납품검사에 합격한 것을 기준으로 한다. 또한 계약당사자간 납기와 관련하여 별도의 약정을 하는 경우에는 같은 날이라고 하더라도 지체상금이 부과되는 경우도 있을 것이다.[18]

2) 납기 前 준공(검사)신청한 경우

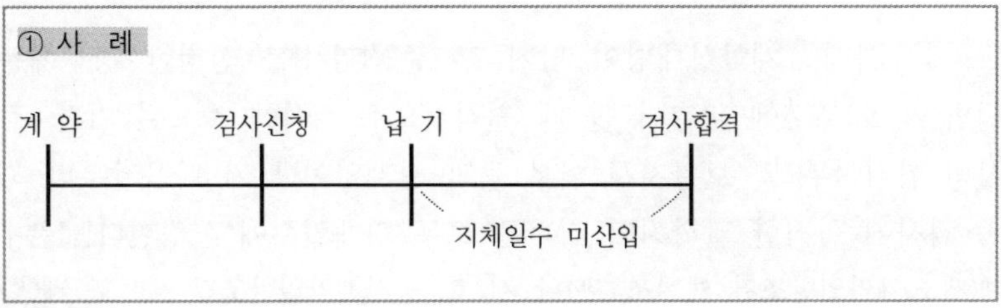

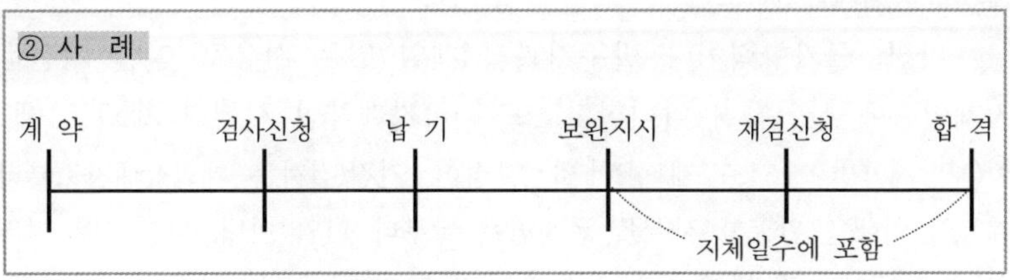

① 사례 : 납기 경과 후 검사에 합격한 경우에는 검사에 소요된 기간은 지체일수에 포함되지 아니한다. 비록 검사 소요기간으로 인

18) '일일급식이행'과 관련하여 당일 시한이 중요하므로 이러한 약정을 하는 경우가 있다.

하여 납기가 경과하더라도 납기 전에 준공(검사)신고서를 제출한 경우에는 지체일수에 포함하지 않는다.

② 사례: 납기 경과 후 검사에 불합격하여 시정조치를 요하는 경우에는 보완지시일부터 최종검사에 합격한 날까지를 지체일수에 산입한다.

3) 납기 後 준공(검사)신청한 경우

③ 사 례

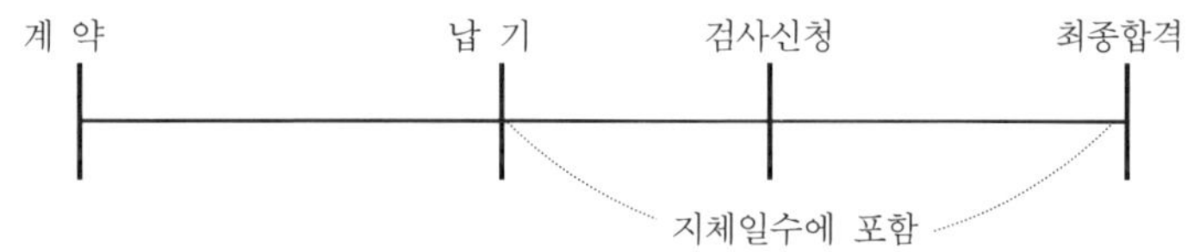

③ 사례: 계약상대방이 납기 후 준공(검사)를 신청한 경우에는 민법 제392조[19]에 비추어 볼 때 원칙적으로 검사에 소요된 기간, 검사의 합격여부 및 보완지시 여부 등과 관계없이 납기 다음날부터 최종 검사에 합격한 날까지의 기간은 모두 지체일수에 산정한다[물품구매(제조)계약일반조건 제24조 제4항 제2호, 공사계약일반조건 제25조 제6항 제2호, 용역계약일반조건 제18조 제6항 제2호].

다만, 불가항력이나 발주기관의 책임 있는 사유로 인한 기간은 지체일수에 산입하지 아니한다. 또한 국가계약법 시행령 제55조 제1항(지방계약법 제64조 제1항)에서 일정한 기간(검사는 계약상대자로부터 계약의 이행을 완료한 사실을 통지받은 날부터 14일 이내, 다만 7일 범위 내 연장 가능) 내에 검사를 완료하도록 규정하고 있으므로 그 기간을 초과한 경우에는 지체일수에서 제외하여야 할 것이다.[20]

---

19) 민법 제392조(이행지체 중의 손해배상)
채무자는 자기에게 과실이 없는 경우에도 그 이행지체 중에 생긴 손해는 배상하여야 한다. 그러나 채무자가 이행기에 이행하여도 손해를 면할 수 없는 경우에는 그러하지 아니하다.

3. 지체상금과 상계

계약담당공무원은 지체상금을 대가지급 지연에 대한 이자, 계약상대자에게 지급할 대가, 기타 예치금 등과 상계할 수 있다[21][물품구매(제조)일반조건 제24조 제5항, 공사계약일반조건 제25조 제7항, 용역계약일반조건 제18조 제7항]. 법문상으로는 지체상금을 계약상대자로 하여금 현금으로 납부하게 하여야 하지만, 실무적으로는 지체상금을 계약대금과 상계 처리하는 것이 일반적이므로 지체상금에 대한 다툼이 있을 시 계약대금(매매대금, 물품대금, 공사대금 등) 청구의 형태로 소가 제기된다고 보면 된다. 수급인이 지체상금을 감액받기 위해서는 도급인을 상대로 지체상금에 해당하는 미지급 계약대금을 청구하여 법원의 판단을 받아야 한다.

4. 지체상금 약정의 입증

계약당사자간 지체상금의 약정이 없는 경우라면 발주자는 계약상대방에게 이행지체로 발생한 구체적인 손해액을 주장・입증하여 이를 구할 수 있음은 별론으로 하고 지체상금 약정에 기하여 바로 지체상금의 지급을 구할 수는 없다. 이와 같은 지체상금의 약정이 있다는 사실의 입증책임은 통상 발주자가 지체상금을 받기 위하여 입증책임을 진다고 할 것이지만, 경우에 따라서는 발주자가 상호간에 약정한 지체상금 약정액보다 많은 배상을 청구하는 경우 계약상

20) 방위사업청에서 조달하는 물품 등은 그 특성상 검사에 소요되는 기간이 장기간인 경우가 대부분이나, 계약상대방이 검사에 소요되는 기간을 미리 계산하여 납기 전에 준공(검사)신청을 하도록 하기 위해서는 방위사업관계 법령에 검사에 필요한 기간을 특별히 명시하는 방법으로 개정이 이루어지거나 아니면 현행 국가계약법 등을 준수하는 노력이 필요하다고 할 것이다.

21) 지방계약법 제30조 제3항에서는 계약상대자가 지연배상금을 내지 아니하면 대가의 지급과 상계 처리할 수 있음을 명시하고 있다.

대자측에서 지체상금 약정이 있음을 입증하여 이 약정에 의한 손해 외에는 책임을 지지 않는다는 점을 증명하기도 한다.

제5절 | 지체상금의 면제 및 감액

1. 지체상금의 면제

가. 정당한 이유 여부

국가계약법 제26조(지방계약법 제30조)에서는 계약상대자가 '정당한 이유 없이' 계약의 이행을 지체한 경우 지체상금을 납부한다고 규정하고 있으므로 계약의 이행을 지체한 정당한 이유가 있는 경우라면 지체상금이 부과되지 않을 것이다. 그런데 이러한 정당한 이유 유무는 추상적 개념으로 그 인정에 있어 논란이 될 수 있으므로 발주기관으로서는 각 계약일반조건[물품구매(제조)계약일반조건 제24조 제3항, 공사계약일반조건 제25조 제3항, 용역계약일반조건 제18조 제3항]에서 지체일수에 산입되지 아니하는 사유를 구체화하여 정하고 있다.[22)]

---

22) 방위사업청도 방위사업관리규정 제367조(지체상금 면제 및 납기조정)에서 그 구체적 사유를 정하고 있다.

1. 천재지변 등 불가항력적인 사유에 의한 경우
2. 계약상대방이 대체 사용할 수 없는 중요 관급재료의 공급이 지연되어 제조 또는 공사의 공정 진행이 불가능하였을 경우
3. 정부의 시책 및 책임으로 제조 또는 공사가 중단되었을 경우
4. 도입원자재 및 부품이 수출국의 파업, 폭동, 화재, 동원, 징발, 전쟁, 항구폐쇄, 수출금지 등 해외 판매자의 책임을 물을 수 없는 사유로 도입이 지연된 경우
5. 규격서 도면의 한국화 제정 지연 등 기술자료 미제공으로 인하여 생산이 지연된 경우
6. 초도양산의 경우에 체계개발 또는 시제생산과정(탄약의 경우 3개 로트까지)에서 국가의 사유로 발견치 못했던 기술상의 보완을 위해 재생

나. 구체적 면제사유

각 계약일반조건에서는 계약의 목적이나 성질에 따라 차이는 있겠지만, ① 불가항력의 사유에 의한 경우, ② 발주기관의 책임으로 계약착수가 지연되거나 계약수행이 중단되었을 경우, ③ 계약상대자의 부도 등으로 연대보증인이 보증이행을 할 경우, ④ 계약상대자의 부도 등으로 보증기관이 보증이행업체를 지정하여 보증이행할 경우, ⑤ 계약상대자가 대체 사용할 수 없는 중요 관급자재 등의 공급이 지연되어 제조공정, 공사의 진행이 불가능하였을 경우, ⑥ 설계변경으로 인하여 준공기한 내에 계약을 이행할 수 없을 경우, ⑦ 기타 계약상대자의 책임에 속하지 않는 사유로 인하여 지체된 경우에는 그 해당 기간을 지체일수에 산입하지 아니한다라고 규정하고 있다.

위 ①의 '불가항력'이라 함은 태풍·홍수 기타 악천후, 전쟁 또는 사변, 지진, 화재, 전염병, 폭동 기타 계약당사자의 통제범위를 초월하는 사태의 발생 등의 사유로 인하여 계약당사자 누구의 책임에도 속하지 아니하는 경우를 말하며, 대한민국 국내에서 발생하여 계약수행에 직접적인 영향을 미친 경우에 한한다. 실무적으로 노사분규,[23] 유일한 부품공급업체의 폐업·부도, 국내·외 협력업체의 납품지연 등과 관련하여 논란이 되고 있다.

기획재정부는 ① 회사 외부적 사건이 원인이 된 노사분규 발생시 지체상금 면제와 관련하여 "국가기관이 행한 제조계약에 있어 계약상대방의 조업중단이 임금, 노동시간, 복지후생, 채용, 해고 등 노동조건에 관하여 회사자체 내의 노사 간의 의견불일치로 발생된 것

산으로 지연된 경우

7. 규격변경으로 인하여 지연된 경우

8. 기타 계약상대방의 책임에 속하지 아니하는 사유로 지체된 경우 등

23) 계약이행이 노사분규 등 불가피한 사유로 인하여 지연된 때에는 계약기간을 연장할 수 있고, 이 기간은 지체상금을 부과하여서는 아니된다라고 각 일반조건에서 규정하고 있으므로 계약상대자가 책임을 지지 않는다는 점에서는 큰 차이가 없다.

이 아니라 회사 외부적인 정치적, 시국적 상황이 직접 원인이 되었고, 정치적·이데올로기적 투쟁목표하에서 외부 정치세력이 깊숙이 개입함으로써 심화되어 회사 자체의 노력만으로는 해결될 수 없었던 문제이었음이 객관적으로 명백하다면, 계약자의 책임 있는 사유로 지체된 경우라 보기는 어려울 것임"[24]이라고 하고 있으며, ② 조합원의 부도와 지체상금 면제와 관련해서는 "단체수의계약에 있어 조합원의 부도로 인하여 납품이 지연된 때에는 지체상금의 면제사유에 해당하지 않음"[25]이라고 하고 있다.

또한 ⑦의 '기타 계약상대자의 책임에 속하지 않는 사유'란 계약상대자의 귀책사유(고의, 과실 및 선량한 관리자로서의 주의의무 해태 등)가 없는 경우를 의미하는데, 이는 구체적인 사실관계에 따라 개별적으로 판단하여야 하고, 계약상대자의 귀책 여부가 중요하므로 설사 발주기관의 책임 있는 사유가 경합하더라도 계약상대자의 책임 유무를 가지고 지체일수를 산정하여야 한다. 실무적으로 계약상대자가 이행보조자나 협력업체 등의 귀책사유가 있는 경우에 책임을 부담하느냐 등 그 판단이 어려운 경우가 많아 해석에 있어 논란이 되고 있다.[26]

기획재정부는 ① 관할 관청의 인·허가 지연과 관련하여 "국가기관이 체결한 계약에 있어 당초 계약체결시 정한 계약이행기간의 연장은 계약담당공무원이 연장사유의 불가피성, 동 사유에 대한 계약상대자의 책임여부 등을 종합고려하여 처리하여야 하는 것인바, 계약이행기간 도중 계약상대자의 책임 없이 관할 허가기관으로부터 허가가 지연된 경우에는 그 해당기간에 대한 공기연장이 가능할 것

24) 기획재정부 유권해석(회계 125-205, 1992.4.7.).
25) 기획재정부 유권해석(회제 45107-1478, 1993.12.29.).
26) 공사기간 중 장마철이 포함되어 있을 경우에는 장마기간을 고려하여 공사기간을 정한 것으로 보아야 하고, 평년보다 장마기간이 길고 강수량이 많다는 사정은 일반적으로 예상할 수 있는 사유에 해당하므로 특별한 사정이 없는 한, 면책항변을 받아들일 수는 없을 것이다(윤재윤, 앞의 책, 198면).

임"[27]이라고 하고 있고, ② 발주기관의 공사용지 확보 지연과 관련해서는 "발주기관이 공사용지를 미리 확보하지 않아 착공이 지연되거나 시공이 중단되었을 경우에는 계약상대자의 책임 없는 사유로 인하여 공사수행이 지체된 것으로 보아 그 해당일수를 지체일수에 산입하지 아니함"[28]이라고 한다. 또한 ③ 원인불명의 폭발사고로 인한 지체상금 면제 가능여부와 관련해서는 "폭발사고가 지체상금 면제사유에 해당되는지는 지체상금의 성격, 법령상 한정적으로 규정되어 있는 지체상금 면제사유의 취지 및 당해 계약목적물의 내용·특성·계약조건 등을 고려하여 계약담당공무원이 구체적으로 판단할 사항이나, 폭발사고가 단순히 원인불명이라고 하는 이유만으로는 기타 계약상대자의 책임에 속하지 않는 사유로 인한 것으로 볼 수는 없음"[29]이라고 하고 있다.

다. 법원의 입장

1) IMF사태 및 동절기 이상강우와 불가항력

대법원[30]은 "(i) 천재지변이나 이에 준하는 경제사정의 급격한 변동 등 불가항력으로 인하여 목적물의 준공이 지연된 경우는 면책사유에 해당한다고 본다. 그러나 이른바 IMF 사태 및 그로 인한 자재 수급의 차질 등은 그와 같은 불가항력적인 사정이라고 볼 수 없다. (ii) 일반적으로 수급인이 공사도급계약상 공사기간을 약정함에

27) 기획재정부 유권해석(회계 45107-1581, 2007.6.19.).

28) 기획재정부 유권해석(회제 41301-501, 1998.4.7.), 또한 회계 41301-2908, 1997.10.22.에서는 "계약담당공무원이 당해 계약의 이행 지체일수에 대한 지체상금을 부과·징수한 후 동 지체상금 납부자의 청구 등에 의하여 지체사유를 재확인한 결과 해당 지체일수 중 일부 또는 전부가 지체상금 면제사유에 해당된다고 인정할 경우에는 당해 계약의 준공대가 지급여부와 관계없이 계약상대방에게 지체상금 면제일수에 해당하는 금액을 반환할 수 있음"이라고 한다.

29) 기획재정부 유권해석(회제 2210-351, 1991.2.12.).

30) 대법원 2002.9.4. 선고 2001다1386 판결.

있어서는 통상 비가 와서 정상적으로 작업을 하지 못하는 것까지 감안하고 이를 계약에 반영하는 점에 비추어 볼 때 천재지변에 준하는 이례적인 강우가 아니라면 지체상금의 면책사유로 삼을 수 없다. 따라서 동절기의 이상 강우로 인하여 이 사건 공사가 어느 정도 지연된 경우는 공사기간 내에 공사 진행을 도저히 할 수 없는 천재지변에 준하는 불가항력적인 이상 강우라고 볼 수 없다"고 하면서도 "도급인의 부당한 시공요구 및 공사 수행의 간섭 등으로 인하여 공사가 중단되거나 지연된 경우는 수급인의 면책사유라고 볼 수 있다"라고 판시하고 있다.

2) 불가항력에 의한 입주지연으로서 지체상금 면제요건

대법원[31]은 "주택공급사업자가 입주지연이 불가항력이었음을 이유로 그로 인한 지체상금 지급책임을 면하려면 입주지연의 원인이 그 사업자의 지배영역 밖에서 발생한 사건으로서 그 사업자가 통상의 수단을 다하였어도 이를 예상하거나 방지하는 것이 불가능하였음이 인정되어야 한다"라고 판시하고 있다.

3) 면책사유와 감액사유

대법원[32]은 "수급인이 책임질 수 없는 사유로 인하여 공사가 지연된 경우에는 그 기간만큼 지체일수에서 제외되어야 할 것이나, 지체일수가 공제되는 '수급인에게 책임지울 수 없는 사유'란 공사도급계약에서 예상하지 못하였던 사정이 발생하였고, 그 사정으로 인하여 일정한 기간 동안 예정된 공사를 진행할 수 없어 공사의 지연이 불가피하였음을 입증하였어야 하는 것이지 단지 어떤 사유가 수급인의 귀책사유와 경합하여 공사기간이 연장될 가능성만 있는 때에는 배상예정액의 감액에서 고려할 수 있을 뿐이다"라고 판시하고 있다.

31) 대법원 2008.7.10. 선고 2008다15940 판결.

32) 대법원 2005.11.25. 선고 2003다60136 판결.

따라서 수급인에게 이행지체에 대한 귀책사유가 없는 경우에는 면책사유로 보아야 할 것이고, 수급인에게 귀책사유가 어느 정도 있지만 다른 사유와 경합하여 지체가 발생한 경우에는 감액사유로 보는 것이 타당할 것이다.

4) 행정기관의 무리한 공기단축

행정기관이 일방적으로 당초의 공사기간 300일을 120일 단축하여 180일로 하여 준공기한을 정한 사안에서 대법원[33]은 "도급인의 지위에 있는 행정기관이 당초의 입찰이나 계약체결시에 약정한 공사기간을 그 후 행정상의 이유로 일방적으로, 수급인이 당초 전혀 예상하지 못했을 정도로 상당한 기간의 단축을 요구하여 수급인으로 하여금 이에 부득이 응하게 한 경우, 공사기간을 단축할 당시에 있어서의 기성공정률과 그 공사의 완공에 필요한 총기간 및 남은 공사기간 등을 참작하여 그 단축된 기간 내에 공사를 준공하는 것이 물리적으로 불가능하거나 총체적으로 부실공사를 강요하는 것이 될 수 밖에 없다면, 당초의 지체상금에 관한 약정을 그대로 적용하여 그와 같이 준공이 불가능할 정도로 단축된 준공기한을 기준으로 일률적으로 계산한 지체일수 전부에 대하여 당초의 약정에 의한 지체상금의 배상을 그대로 물게 하는 것은 선량한 풍속 기타 사회질서에 비추어 허용할 수 없으므로, 준공기한을 앞당기기로 하는 그 합의는 준공에 절대적으로 필요한 최소한의 기간에 해당하는 지체상금 부분에 한하여 무효"라고 판시하였다.

5) 예상하지 못한 지반상태

하급심 판결[34]은 "① 감리단과 피고는 토공사의 공법 변경만으로도 이 사건 공사기간이 적어도 46일 정도 추가 소요될 것임을 충

33) 대법원 1997.6.24. 선고 97다2221 판결.

34) 인천지방법원 2008.5.30. 선고 2007가합7566 판결.

분히 예상하고 있었다는 점, ② 그럼에도 피고는 공법 변경으로 인한 공사대금은 증액해 주었으면서도 공사의 완공기한을 연장해 주지는 않은 점, ③ 사정이 이와 같아 원고가 제때 공기를 맞출 수 없는 것이 객관적으로 분명해 보임에도 피고는 공기를 적절히 연장해 주는 등 계약 목적을 달성할 노력은 하지 아니한 채 원고측에게 공기를 준수하도록만 해 온 점을 종합할 때 원고에게 귀책사유가 있다고 보기는 어려우므로 지체상금 부과가 부당하다"고 판시하였다.

6) 지체상금 산정시 계약금을 제외하는 조항의 효력

대법원[35]은 "주택공급계약 당시 시행되던 구 주택공급에 관한 규칙(1995.11.6. 건설교통부령 제39호로 개정되기 전의 것) 제27조 제4항이 입주 전까지 납부한 입주금 전부를 지체상금 산정대상으로 하고 있는 점 등의 제반 사정에 비추어, 주택공급계약서상 입주지연 지체상금의 산정대상에서 계약금을 제외한 지체상금 조항은 상당한 이유 없이 사업자의 손해배상범위를 제한하고 고객에 대하여 부당하게 불리하며 신의성실에 반하여 공정을 잃은 조항으로서, 약관의 규제에 관한 법률 제7조 제2호, 제6조 제1항, 제2항 제1호에 의하여 무효"라고 판시하였다.

7) 계약상대방의 귀책여부

법원은 지체상금에 관하여 원칙적으로 계약상대방의 귀책사유가 필요하다는 입장으로, 일반적으로 채무불이행으로 인한 손해배상청구소송에서 원고가 채무자인 피고의 고의·과실을 입증하여야 하는 것과는 달리 피고가 귀책사유가 없음 즉, 면책사유를 주장·입증하도록 하여 지체상금 약정이 있는 경우는 입증책임의 전환으로 조화롭게 문제를 해결하고자 하는 것으로 보인다.[36]

---

35) 대법원 2007.8.23. 선고 2005다59475, 59482, 59499 판결.
36) 이범상, 앞의 책, 211면.

위와 같은 법원의 입장에 의하면 수급인이 공사가 지연된 기간 중 수급인에게 귀책사유가 없이 지연된 기간을 주장·입증하면 그 기간 동안은 지체일수에서 공제된다 할 것이다. 여기서 지체일수가 공제되는 수급인에게 책임 없는 사유에 대해 대법원[37]은 "공사도급계약에서 예상하지 못하였던 사정이 발생하였고, 그 사정으로 인하여 일정한 기간 동안 예정된 공사를 진행할 수 없어 공사의 지연이 불가피한 경우를 말한다"라고 판시하고 있다.

어떤 사유가 수급인의 귀책사유와 경합하여 공사기간이 연장될 가능성만 있는 때에는 배상예정액의 감액에서 고려할 수 있으므로 수급인의 면책사유에 해당할 정도는 아니더라도 공사 진행에 지장을 주는 사유가 있을 경우 이를 주장·입증하면 법원이 지체상금의 감액을 고려하게 될 것이다.

2. 지체상금의 감액

가. 민법 제398조 제2항

지체상금 약정은 특별한 사정이 없는 한 대체적으로 손해배상액의 예정으로 추정되기 때문에 법원은 그 금액이 부당하게 과다하다고 인정되는 경우에는 민법 제398조 제2항에 의하여 감액할 수 있다. 만약 지체상금 약정을 위약벌로 볼 수 있는 특별한 사정이 있는 경우라면 앞서 살펴본 것처럼 민법 제398조 제2항을 유추 적용하여 감액할 수는 없고, 다만 그 의무의 강제에 의하여 도급인이 얻는 이익에 비하여 약정된 벌이 과도하게 무거울 때에는 그 일부 또는 전부가 공서양속에 반하여 무효가 될 수는 있을 것이다.[38]

따라서 손해배상액의 예정이 어떠한 경우 부당하게 과다한 경우

37) 대법원 2005.11.25. 선고 2003다60136 판결.

38) 대법원 2000.4.23. 선고 2000다56976 판결; 대법원 1993.3.23. 선고 92다46905 판결.

로 보아 감경이 가능한지 살펴보기로 한다.[39] 대법원[40]은 "국가를 당사자로 하는 계약에 관한 법령도 국가와 사인 간의 계약관계에서 관계 공무원이 지켜야 할 계약사무 처리에 관한 필요한 사항을 규정한 것으로, 국가의 내부규정에 불과할 뿐만 아니라 그 본질적인 내용은 사인간의 계약과 다를 바가 없어 그 법령에 특별한 규정이 있는 경우를 제외하고는 사법의 규정 내지 법원리가 그대로 적용되므로, 그 법령 소정의 지체상금에 관한 규정이 손해배상액의 예정으로 인정되는 이상 그 예정액이 부당히 과다한 경우에는 민법 제398조 제2항에 의하여 법원은 적당히 감액할 수 있다"라고 판시하였다.

나. 기준 시점

손해배상의 예정액이 부당하게 과다한지 및 그에 대한 적당한 감액의 범위를 판단하는 데 있어서는 법원이 구체적으로 그 판단을 하는 때 즉, '사실심의 변론종결 당시를 기준'으로 하여 그 사이에 발생한 위와 같은 모든 사정을 종합적으로 고려하여야 할 것이다. 대법원[41]도 "민법 제398조 제2항에 의하면 손해배상의 예정액이 부당히 과다한 경우에는 법원이 이를 적당히 감액할 수 있다고 규정하고 있는바, 여기서 '부당히 과다한 경우'라고 함은 채권자와 채무자의 각 지위, 계약의 목적 및 내용, 손해배상액을 예정한 동기, 채무액에 대한 예정액의 비율, 예상 손해액의 크기, 그 당시의 거래관행 등 모든 사정을 참작하여 일반 사회관념에 비추어 그 예정액의 지급이 경제적 약자의 지위에 있는 채무자에게 부당한 압박을 가하여 공

---

39) 발주자의 입장에서 보면 지체상금 약정(손해배상액의 예정)이 부당히 과다하다고 인정될 경우 감경될 여지만 있고, 과소하다고 인정될 경우 증액될 여지는 없으므로 추가 손해가 있을 경우 별도로 손해배상을 청구할 수 있다라는 조항을 계약시 주장할 수도 있을 것이다.

40) 대법원 1996.4.26. 선고 95다11436 판결.

41) 대법원 2002.12.24. 선고 2000다54536 판결; 대법원 1999.4.23. 선고 98다45546 판결.

정성을 잃는 결과를 초래한다고 인정되는 경우를 뜻하는 것으로 보아야 하고, 한편 위 규정의 적용에 따라 손해배상의 예정액이 부당하게 과다한지의 여부 내지 그에 대한 적당한 감액의 범위를 판단하는 데 있어서는, 법원이 구체적으로 그 판단을 하는 때 즉, 사실심의 변론종결 당시를 기준으로 하여 그 사이에 발생한 위와 같은 모든 사정을 종합적으로 고려하여야 한다"라고 판시하고 있다.

다. 감액의 기준

이 때 '손해배상액이 부당하게 과다한지 여부'는 손해가 없다든가 손해액이 예정액보다 적다는 것만으로는 부족하고, ① 계약당사자의 지위, ② 계약의 목적과 내용, ③ 손해배상액을 예정한 동기, ④ 실제의 손해와 그 예정액의 대비, ⑤ 예상손해액의 크기, ⑥ 그 당시의 거래관행 및 경제상태 등 제반사정을 참작하여 일반 사회관념에 비추어 그 예정액의 지급이 경제적 약자의 지위에 있는 채무자에게 부당한 압박을 가하여 공정성을 잃는 결과를 초래한다고 인정되는 경우를 뜻한다고 보아야 한다.[42]

따라서 수급인은 소송과정에서 도급인에 비하여 경제적인 약자의 지위에 있다는 점, 계약의 목적물을 늦게 사용하게 된 것에 비하여 도급인의 실손해가 많지 않다는 점, 실제 손해가 지체상금보다 많다는 점 등을 이유로 손해배상의 예정액이 부당하게 과다함을 주장할 수 있을 것이다. 또한 계약이행을 지체한 자는 자신에게 귀책사유가 있는 이상 상대방이 계약을 해제하지 않으면 계속 늘어나는 지체상금을 부담할 수밖에 없는데 이러한 사정이 있다면 역시 고려

---

42) 대법원 2008.11.13. 선고 2008다46906 판결(본 판결에서는 손해배상의 예정액이 부당히 과다하다고 단정하여 이를 감액한 원심판결에 대하여 법리를 오해하여 판결에 영향을 미친 위법이 있다 하여 파기환송하였다); 대법원 2002.1.25. 선고 99다57126 판결; 대법원 1999.3.26. 선고 96다23306 판결; 대법원 1996.5.14. 선고 95다24975 판결; 대법원 1991.3.27. 선고 90다14478 판결 등 다수.

하여야 할 것이다. 지체상금이 부당하게 과다하다고 인정되지 아니하는 경우에는 이에 대하여 당사자의 주장이 없다면 법원이 직권으로 지체상금이 부당하게 과다하지 않다는 것을 판단할 필요까지는 없다.[43]

라. 감액의 방법

지체상금의 감액에 있어서는 개별 지체일수 산정이 적정한지에 대하여도 판단을 하지만, 구체적 사정이 명확하지 않거나 손해배상액의 예정액이 부당히 과다한지를 판단하기 위해서는 결국 지체상금의 총액을 기준[44]으로 할 수밖에 없다고 생각되며, 대법원[45]도 "손해배상의 예정에 해당하는 지체상금의 과다여부는 지체상금 총액을 기준으로 하여 판단하여야 한다"고 판시하였다. 통상의 경우에는 지체상금의 액수를 감액하지만, 지체상금률을 감하기도 한다. 대법원[46]은 "지체상금의 약정은 그 성질상 준공기한의 약정 위반에 대한 손해배상액의 예정이므로 그 액수가 부당히 과다한 경우에는 법원이 적당히 감액할 수 있다고 보아 통상의 공사도급계약상의 지체상금률인 1/1000 보다 3배나 높게 정한 약정 지체상금을 감액한 원심의 판단에 대하여, 통상의 지체상금률보다 높은 지체상금률을 정한 구체적인 동기 내지 사정에 대한 심리가 미진하다"고 판시하였다.

---

43) 대법원 2002.12.24. 2000다54536 판결.

44) 이와 관련하여 감액의 기준은 총액을 기준으로 하는 이상 감액의 방법 또한 총 금액으로 감액하는 방법을 취하는 것이 원칙일 것이나, 지연손해금비율 자체가 이례적으로 과다하다는 등과 같은 경우에는 굳이 총 금액으로 환산하는 절차를 거칠 필요 없이 바로 지연손해금 비율 자체를 감축할 수도 있다고 보는 것이 간편하고 합리적이라는 의견(윤재윤, 앞의 책, 210면)이 있다. 필자도 이러한 의견에 동의하며, 지연손해금 비율이 이례적으로 과다하다는 이유로 실제로 감액한 판례(대법원 2000.7.28. 선고 99다38637 판결)도 있다.

45) 대법원 1996.4.26. 선고 95다11436 판결.

46) 대법원 2001.1.30. 선고 2000다56112 판결.

마. 감액의 효과

법원이 손해배상액의 예정액이 부당히 과다하다고 하여 감액을 한 경우에는 손해배상액의 예정에 관한 약정 중 감액부분에 해당하는 부분은 처음부터 무효로 보아야 한다.[47)]

바. 과실상계 인정여부

지체상금 약정과 관련하여 발주자의 과실이 인정될 경우 이에 대한 과실상계가 허용되는지와 관련하여, 대법원[48)]은 "지체상금이 손해배상의 예정으로 인정되어 이를 감액함에 있어서는 채무자가 계약을 위반한 경위 등 제반사정이 참작되므로 손해배상액의 감경에 앞서 채권자의 과실 등을 들어 따로 감경할 필요는 없다"라고 판시하였다.

3. 연대보증인이 있는 경우 판단기준

대법원[49)]은 "공사수급인의 연대보증인이 부담하는 지체상금 지급의무는 주채무자인 공사수급인이 지급하여야 할 지체상금의 범위에 부종하는 것이므로 이른바 손해배상액의 예정으로서 '지체상금액이 과다한지 여부'는 주채무자인 공사수급인을 기준으로 판단하여야 할 것이지 연대보증인을 중심으로 판단할 것은 아니다"라고 판시하면서도 연대보증인 보호를 위하여 주채무자가 정당한 계약상 의무를 지체하여 발생하는 지체상금의 범위가 불확실하므로 경우에 따라서는 거액의 책임을 부담할 수도 있으므로 법원은 이를 제한하기 위하여 민법 제485조를 유추 적용하여 도급인의 고의 또는 과실에 기한 연대보증인의 책임이 확대되는 것을 제한하고 있다.[50)]

47) 대법원 2004.12.10. 선고 2002다73852 판결.
48) 대법원 2002.1.25. 선고 99다57126 판결.
49) 대법원 2005.8.19. 선고 2002다59764 판결.

또한 대법원[51]은 보증계약 성립 후 채무자와 채권자 사이에 채무불이행시의 손해배상액을 예정한 경우 보증인의 보증책임 범위와 관련하여 "보증인은 특별한 사정이 없는 한 채무자가 채무불이행으로 인하여 부담하여야 할 손해배상채무에 관하여도 보증책임을 진다고 할 것이고, 따라서 보증인으로서는 채무자의 채무불이행으로 인한 채권자의 손해를 배상할 책임이 있다고 할 것이나, 원래 보증인의 의무는 보증계약 성립 후 채무자가 한 법률행위로 인하여 확장, 가중되지 아니하는 것이 원칙이므로 채무자의 채무불이행시의 손해배상의 범위에 관하여 채무자와 채권자 사이의 합의로 보증인의 관여 없이 그 손해배상 예정액이 결정되었다고 하더라도 보증인으로서는 위 합의로 결정된 손해배상 예정액이 채무불이행으로 인하여 채

---

50) 위 판결에서는 구체적으로 다음과 같이 설시하고 있다.
"지체상금과 같은 공사도급계약상의 손해배상채무는 그 발생이 불확실하고 범위 역시 불확정적이어서 경우에 따라서는 감당하기 어려울 정도의 거액에 달해 도급계약을 검토하여 채무의 발생가능성과 그 범위를 미리 예측한 바탕 위에서 연할 수도 있는 것이므로, 그러한 채무를 연대보증하는 사람으로서는 당대보증을 하는 것이 통상적이고, 이 경우 그 도급계약에 손해배상채무의 발생이나 확대를 방지하는 장치가 마련되어 있다면 그러한 장치는 일종의 담보적 기능을 하는 극히 중요한 사항으로서 연대보증계약을 체결함에 있어 당사자들은 그 장치가 도급계약상의 취지대로 가동될 것을 당연한 전제로 하여 예후를 가늠하게 될 것인데, 일반적으로 그러한 장치는 도급계약의 직접 당사자인 도급인에게만 이를 가동할 권한이 있을 뿐 연대보증인에게는 아무런 권한이 없는 경우가 대부분이므로, 위와 같은 거래상의 신뢰관계에 비추어 도급인으로서는 연대보증인과의 관계에서 손해배상채무의 발생이나 확대를 방지하는 도급계약상의 각종 장치가 그 취지대로 가동되도록 적절히 권한을 행사함으로써 예상 밖으로 손해배상의 범위가 확대되는 것을 방지할 신의칙상의 의무가 있다고 할 것이고, 만일 도급인이 고의 또는 과실로 그러한 장치의 가동을 불가능하게 하여 손해배상채무가 확대되었다면 그 한도 안에서 연대보증인은 책임을 면한다고 해석함이 상당한바, 이러한 법리는 채권자의 고의 또는 과실로 담보가 상실 또는 감소된 경우 보증인 등의 책임을 감면하도록 한 민법 제485조로부터 유추될 수 있다."

51) 대법원 1996.2.9. 선고 94다38250 판결.

무자가 부담할 손해배상 책임의 범위를 초과하지 아니한 한도 내에서만 보증책임이 있다"고 판시하고 있다.

한편 계약상대자가 지체상금을 납부하지 않거나 상계할 대가가 없는 경우에는 연대보증인이 대신 납부하여야 할 것이다.

제6절 | 공동수급체와 지체상금

1. 공동수급체

'공동수급체'라 함은 구성원을 2인 이상으로 하여 수급인이 당해 계약을 공동으로 수행하기 위하여 잠정적으로 결성한 실체를 말한다.[52] 공동수급체를 구성하기 위한 공동도급계약은 그 이행방식에 따라 '공동이행방식'과 '분담이행방식' 및 '주계약자관리방식'으로 구분할 수 있다.

이러한 공동수급체 사이에 있어 일부구성원의 잘못으로 이행이 지체되고 지체상금이 발생한 경우에 ① 공동으로 지체책임을 지느냐 아니면 공동수급체 상호간의 내부적인 출자비율에 따른 책임만 부담하는지가 문제되며, ② 그 경우 지체상금의 기준금액(母數)이 전체 계약금액인지 또는 지체책임이 있는 구성원의 분담부분으로 할 것인지가 쟁점이다.

2. 공동이행방식

공동이행방식은 공동수급체 구성원으로 하여금 발주자에 대한 의무이행을 연대하여 책임지는 형태이므로 지체상금도 구성원 전부

52) 공동계약 운용요령 제2조 제2호.

가 공동으로 책임진다고 보아야 한다.[53] 또한 지체상금의 기준이 되는 금액도 전체 계약금액(단, 장기계속계약의 경우에는 연차별 계약금액이 될 것임)이 된다.

3. 분담이행방식

분담이행방식은 계약이행과 관련하여 각자 분담부분에 대하여만 책임을 지는 형태이므로 다른 구성원 분담부분에 대하여는 아무런 관계가 없다고 보아야 하고, 특별한 사정이 없는 한 분담부분에 한정하여 책임을 부담하므로 지체책임이 있는 구성원이 자신의 분담부분을 기준으로 지체책임을 진다.

이와 관련하여 대법원[54]은 "공동수급인이 '분담이행방식'에 의한 계약을 체결한 경우에는 공사의 성질상 어느 구성원의 분담부분 공사가 지체됨으로써 타 구성원의 분담부분 공사도 지체될 수밖에 없는 경우라도, 특별한 사정이 없는 한, 공사 지체를 직접 야기한 구성원만 분담부분에 한하여 지체상금의 납부의무를 부담한다"고 판시하고 있다.

위와 같은 판례의 입장에 의할 때 공동도급계약(분담이행방식)으로써 체결된 계약에 있어 일부 구성원의 분담부분은 완성되었으나, 타 구성원의 분담부분의 이행이 지체됨으로써 계약기간 내에 전체 계약목적물의 이행이 완료되지 못한 경우 분담부분을 완성한 구성원에 대하여는 책임 없는 사유로 인한 지체로 보아 지체상금의 면제가 가능할 것으로 생각된다.[55]

---

53) 이에 대하여 기본적으로 공동이행방식의 경우 공동수급체 구성원이 모든 지체상금에 대하여 책임을 지지만, 이행지체의 책임이 명백히 판별되는 경우에는 그 부분에 대하여 다른 공동수급체의 구성원에게 연대책임을 묻는 것은 타당하지 않으며 개인책임의 원칙에 반하는 결과를 초래할 수 있다는 견해도 있다(구해동, 앞의 논문, 102면).

54) 대법원 1998.10.2. 선고 98다33888 판결.

한편, 대법원[56]은 분담이행방식으로 공사를 수행한 것에 대하여 "갑과 을이 함께 지하차도 확장공사를 국가로부터 도급받아 갑은 포장을 제외한 전체 공사를, 을은 포장공사를 각 나누어 받기로 한 경우 공사 중 갑 및 을이 각 책임지기로 한 부분이 특정되어 있기는 하나, ① 공사이행에 관하여 상호연대보증을 하였으며, ② 도급인인 국가의 입장에서 보면 갑 및 을이 맡은 위 각 공사는 전체로서 지하차도 확장공사라는 하나의 시설공사를 이루고 있는 것이고, 또한 ③ 위 공사의 성질상 을이 맡은 포장공사는 갑이 맡은 나머지 공사를 완공한 후에 할 수 있는 공사이어서, 갑이 자신이 맡은 공사를 완공하지 못하는 경우는 을도 그가 맡은 포장공사를 준공기한 내에 하지 못하는 것이며, ④ 위 도급계약에서 정한 준공기한도 갑이 맡은 공사만의 준공기한이 아니라 을이 맡기로 한 포장공사까지 포함한 공사 전체의 준공기한이므로, 갑이 자신이 맡은 공사를 위 준공기한 내에 하지 못함으로써 지체상금을 부담하는 경우 그 지체상금의 기준이 되는 계약금액은 갑이 맡은 부분에 해당하는 공사대금뿐만 아니라 공사의 전체 공사대금으로 보아야 한다"라고 판시하고 있는데, 이는 구체적인 계약내용상 공동수급체 구성원 상호간에 연대보증을 하였기 때문에 그러한 결론을 내린 것으로 보인다.

4. 주계약자 관리방식

주계약자 관리방식은 구성원은 발주자에 대한 계약상의 의무이행에 대하여 분담내용에 따라 각자 책임을 지는 반면, 주계약자는 다른 구성원의 계약의무이행에 대하여 연대하여 책임을 진다고 규정하고 있다. 그러므로 공동수급체의 구성원은 각자의 계약대금에 대하여 지체상금을 부담하나, 주계약자는 각 구성원이 책임질 지체상

55) 기획재정부 유권해석(회계 45107-526, 1995.4.17.)도 같은 취지이다.

56) 대법원 1994.3.25. 선고 93다42887 판결.

금에 대하여 연대하여 책임을 진다고 보아야 할 것이다.

제7절 | 지체상금을 둘러싼 구체적 쟁점

1. 지체상금과 계약보증금의 관계

가. 계약보증금

공공계약에 있어 계약상대방의 계약이행을 담보하기 위하여 계약금액의 10/100 이상을 계약보증금으로 지급하도록 약정하는데, 실제 거래에 있어서는 금전으로 납부하는 대신 보증회사가 발급하는 계약이행보증서로 제출하는 것이 일반적이다.

만약 채무불이행시 귀속방법에 관한 약정이 없는 경우라면 계약이 해제되었다고 하여 바로 계약이행보증서에서 정한 보증금을 청구할 수는 없다고 할 것이다. 대법원[57]도 "도급인과 수급인 사이에 계약보증금의 한도에 관한 약정이 있었을 뿐, 보증금에 해당하는 금액을 위약벌 내지 제재금이나 손해배상액의 예정으로 하는 특약이 있었다고는 인정되지 아니하는 경우, 도급인이 수급인의 채무불이행을 이유로 보증인에 대하여 계약보증금을 청구하기 위하여는 보증인이 이행을 보증한 수급인의 구체적인 채무 및 그 채무액에 대한 입증이 필요하다고 할 것이므로 공사도급계약이 해제되었다는 사유만으로 계약보증서에 정한 보증금 전액을 청구할 수 없다"라고 판시하고 있다.

한편, 국가계약법 제12조 제3항 및 지방계약법 제15조 제3항에서는 계약상대자가 계약상의 의무를 이행하지 아니한 때에는 당해 계약보증금을 국고(지방자치단체)에 귀속시켜야 한다라고 규정하고 있으나, "국가를 당사자로 하는 계약에 관한 법률은 국가가 사인과의

57) 대법원 1999.3.26. 선고 96다23306 판결.

사이의 계약관계를 공정하고 합리적 · 효율적으로 처리할 수 있도록 관계 공무원이 지켜야 할 계약사무처리에 관한 필요한 사항을 규정한 것으로, 국가의 내부규정에 불과하다 할 것이다"라고 보는 대법원[58]의 태도에 비추어 보면 관계 법률에서 계약보증금의 귀속방법이 정해진 것이 아니라 계약당사자간의 계약에 따라 계약상대방을 구속하는 것이므로 계약조건으로 채무불이행시 발주기관에 계약보증금이 귀속된다는 것을 명시하여야 할 것이다.

나. 계약보증금의 법적 성격

계약보증금의 귀속여부에 대하여 정해 놓은 경우에도 이를 손해배상의 예정으로 볼 것인지, 위약벌로 볼 것인지가 문제된다.[59] 이는 결국 계약서 및 약관 등을 종합하여 개별적으로 당사자의 의사를 해석하여 결정할 사항이나, 위약벌로 볼 수 있는 별도의 조건을 당사자 사이에 특별히 약정하지 않는 이상 계약보증금은 손해배상액의 예정으로 보아야 할 것이다.

이와 관련하여 종래 대법원은 도급계약에 있어 계약이행보증금과 지체상금의 약정이 있는 경우에는 특별한 사정이 없는 한 계약이행보증금은 위약벌 또는 제재금의 성질을 가지고, 지체상금은 손해배상의 예정으로 봄이 상당하다는 입장이었다.[60] 그러나 대법원은 2000다35771 판결을 통하여 "당사자 사이의 도급계약서에 계약보증금 외에 지체상금도 규정되어 있다는 점만을 이유로 하여 계약보증금을 위약벌로 보기는 어렵다"고 판시하였고, 그 이후에도 "도급계

58) 대법원 2001.12.11. 선고 2001다33604 판결.

59) 민간 건설공사 표준도급계약서 일반조건 제5조 제1항에는 "계약의 해제 또는 해지에 따른 손해배상액이 계약보증금을 초과한 경우에는 그 초과분에 대한 손해배상을 청구할 수 있다"라고 규정하고 있어 일반적으로 계약보증금을 손해배상액의 예정으로 보아 처리하는 것과는 다르다.

60) 대법원 1997.10.28. 선고 97다21932 판결; 대법원 1996.4.26. 선고 95다11436 판결.

약서 및 그 계약내용에 편입된 약관에 수급인의 귀책사유로 인하여 계약이 해제된 경우에는 계약보증금이 도급인에게 귀속한다는 조항이 있는 경우, 그 계약보증금이 손해배상액의 예정인지 위약벌인지는 도급계약서 및 위 약관 등을 종합하여 개별적으로 결정할 의사해석의 문제이고, 위약금은 민법 제398조 제4항에 의하여 손해배상액의 예정으로 추정되므로 위약금이 위약벌로 해석되기 위하여는 특별한 사정이 주장·입증되어야 하는바, 도급계약서에 계약보증금 외에 지체상금도 규정되어 있다는 점만을 이유로 하여 계약보증금을 위약벌이라고 보기는 어렵다 할 것이다"라고 하여 그 입장을 계속 유지[61]하고 있다.

또한 대법원[62]은 약정해지시 계약보증금의 귀속과 관련하여 "공개경쟁입찰 절차를 거쳐 장기간으로 체결된 계약에서 계약기간 동안 계약의 계속적 이행 내지 존속을 보증 내지 담보하기 위한 목적에서 예치한 계약보증금은 손해배상금의 예정에 해당하므로, 계약서상의 약정해지권 조항에 따라 해지권을 행사하였더라도 계약이 당초의 계약기간까지 계속적으로 존속하지 못한 것이 해지권자의 귀책사유로 인한 것이라면, 그 상대방은 위 계약보증금을 자신에게 귀속시킬 수 있다"라고 판시하고 있다.

다. 양자의 관계

계약보증금을 구체적인 의사해석에 따라 손해배상액의 예정으로 보는 경우 계약보증금 규정 이외에 지체상금 규정도 함께 있는 경우에 납기 이후 계약이행이 지연되고, 계약이 해제된다면 두 규정을 모두 적용하는지, 아니면 어느 하나의 규정만 적용하는지가 문제된다.[63] 지체상금은 수급인이 공사를 완공하였으나 완공을 지체한 경

61) 대법원 2005.11.10. 선고 2004다40597 판결; 대법원 2001.1.19. 선고 2000다42632 판결.

62) 대법원 2007.4.26. 선고 2006다87040 판결.

우에 지연배상의 성격이 있는 것이고, 계약보증금은 수급인이 공사를 완공하지 못하고 계약이 해제된 경우에 손해배상을 담보하는 성격이 있으며 계약해제시 계약관계가 종료되므로 계약이 유효함을 전제로 하는 지체의 개념이 있을 수 없다는 점에서 계약보증금과 지체상금을 동시에 적용할 수는 없다고 생각된다.[64)]

대법원[65)]도 "수급인의 동일한 채무불이행에 대하여 계약보증금과 별도로 지체상금을 인정하여서는 아니될 것이고, 다만 계약보증금을 초과한 지체상금을 배상한다는 규정이 있는 경우에는 그 초과된 부분에 대하여 계약보증금과 별도로 지체상금을 인정할 수 있을 것이다"라고 판시하고 있다.

그리고 계약서에 계약보증 및 지체상금의 약정이 있는 경우에 그 약정에 따라 산정되는 지체상금액도 계약보증의 대상이 되는지 여부와 관련하여 대법원[66)]은 "계약보증에 관한 각 규정을 종합하여 보면, '계약보증'은 건설공사도급계약의 수급인이 도급계약을 약정대로 이행하는 것을 보증하고, 만약 수급인의 귀책사유로 도급계약을 불이행하는 경우에는 그로 인한 수급인의 도급인에 대한 손해배상채무의 이행을 계약보증금의 한도에서 보증하는 것이므로, 수급인의 귀책사유로 도급계약의 목적이 된 공사의 완공이 지연되는 경우에 그 지연으로 인한 손해배상채무도 당연히 계약보증의 대상이 되는 것이고, 이 경우 만일 도급인과 수급인 사이에 공사완공의 지연에

---

63) 구해동, 앞의 논문, 78면 이하.

64) 기획재정부 유권해석(회계41301-2132, 1997.7.30.)도 "국가기관이 체결한 계약에 있어 계약상대자가 계약기간 내에 계약이행을 완료하지 못하여 지체되는 도중에 계약담당공무원이 동 계약을 해제 또는 해지하였다면 국가를 당사자로 하는 계약에 관한 법률 시행령 제51조의 규정에 의거 계약보증금을 국고에 귀속시켜야 합니다. 다만, 이 경우 계약은 이행이 완료되지 못하였기 때문에 동법 시행령 제74조의 규정에 의한 지체상금은 부과할 수 없음"이라고 하고 있다.

65) 대법원 1999.8.20. 선고 98다28886 판결.

66) 대법원 2006.4.28. 선고 2004다39511 판결.

대비한 지체상금의 약정이 있다면 그 약정에 따라 산정되는 지체상금액이 계약보증의 대상이 되는 것이다"고 판시하고 있다. 따라서 계약이행보증금이 지체상금과 함께 약정된 경우에 지체상금도 계약보증의 대상이 되므로 계약이행보증금 이외에 별도로 지체상금을 청구할 수 없는 것으로 보아야 한다.[67]

한편, 계약당사자 사이에 계약보증금을 초과하는 손해가 있으면 그 초과분에 대한 손해배상을 청구할 수 있다는 조항과 지체상금을 배상한다는 규정이 모두 있는 경우라면 그 초과된 부분에 한하여 계약보증금과는 별도로 지체상금을 청구할 수 있다고 보아야 할 것이므로 구체적·개별적 계약의 내용이 중요하다.

2. 계약해제시 지체상금 청구 여부

가. 법정해제와 지체상금

1) 납기 이후의 해제

계약이 수급인의 채무불이행으로 법정해제된 경우 지체상금 약정에 기하여 지체상금 청구가 가능한가와 관련하여 지체상금 약정은 종된 계약이므로 주된 계약의 해제시 소멸된다는 입장도 있으나, 대법원[68]은 "도급계약에 있어서 지체상금 약정의 적용범위를 정하는 것은 도급계약에 나타난 당사자 의사의 해석 문제로서, 당사자 의사가 명확하지 아니한 경우, 그 약정의 내용과 약정이 이루어지게 된 동기 및 경위, 당사자가 이로써 달성하려는 목적, 거래의 관행 등을 종합적으로 고려하여 보고, 특히 건설공사 도급계약의 경우 지체상금 약정을 하는 것은 공사가 비교적 장기간에 걸쳐 시행되기 때문에 그 사이에 공사의 완성에 장애가 되는 사정이 발생할 가능성이 많으

---

67) 이범상, 앞의 책, 225면.

68) 대법원 1999.1.26. 선고 96다6158 판결.

므로 이러한 경우에 대비하여 도급인의 손해액에 대한 입증 곤란을 덜고 손해배상에 관한 법률관계를 간이화할 목적에서라는 점을 감안하여 당사자의 의사를 합리적으로 해석한 다음 그 적용 여부를 결정하여야 한다"라고 판시하여 지체상금 약정의 적용범위를 일률적으로 판단할 것이 아니라 당사자의 의사를 합리적으로 해석하여 지체상금 약정이 적용되는지를 정하고 있다.

또한 대법원[69]은 "건물신축의 도급계약은 그 건물의 준공이라는 일의 완성을 목적으로 하는 계약으로서 그 지체상금에 관한 약정은 수급인이 이와 같은 일의 완성을 지체한 데 대한 손해배상액의 예정이므로 수급인이 약정된 기간 내에 그 일을 완성하여 도급인에게 인도하지 않는 한 특별한 사정이 있는 경우를 제외하고는 지체상금을 지급할 의무가 있고, 약정된 기일 이전에 그 공사의 일부만을 완료한 후 공사가 중단된 상태에서 약정기일을 넘기고 그 후에 도급인이 계약을 해제함으로써 일을 완성하지 못한 것이라고 하여 지체상금에 관한 약정이 적용되지 않는다고 할 수는 없다"고 판시하여 계약이 해제되더라도 지체상금 청구가 가능하다는 입장이다.

계약이 해제되는 경우 최초 계약당사자와의 계약관계가 종료되므로 지체일수를 얼마로 산정하여야 하는지가 문제된다. 이에 대하여 대법원[70]은 "지체상금은 약정된 준공기일의 익일부터 발생하고, 종기는 수급인이 공사를 중단하거나 기타 해제사유가 있어 실제로 해제한 때가 아니고 이를 해제할 수 있었을 때로부터 도급인이 다른 업자에게 의뢰하여 건물을 완성할 수 있었던 기간이 경과하기까지의 시점이다"라고 판시하고 있다.[71]

---

69) 대법원 1989.7.25. 선고 88다카6273, 88다카6280(반소) 판결; 대법원 1999. 1.26. 선고 96다6158 판결은 "지체상금 약정이 수급인이 약정한 기간 내에 공사를 완공하지 아니한 경우는 물론 수급인의 귀책사유로 인하여 도급계약이 해제되고 그에 따라 도급인이 수급인을 다시 선정하여 공사를 완공하느라 완공이 지체된 경우에도 적용된다"고 하고 있다.

70) 대법원 1998.2.24. 선고 95다38066, 38073 판결 외 다수.

만약 제3자와의 계약이 늦어져 공사가 지연되더라도 원칙적으로 이는 수급인이 책임질 사유는 아니므로 지체일수에서 제외하여야 한다. 대법원[72]도 “수급인이 책임질 수 없는 사유로 인하여 공사가 지연된 경우에는 그 기간만큼 공제되어야 한다”고 하고 있다. 그런데 계약해제를 당한 수급인이 공사인계를 방해하거나 자재를 방치하는 등 제3자의 공사를 방해하여 수급인을 보호할 필요가 없는 경우에는 해당 기간을 지체일수에 포함하여야 할 것이다. 책임질 수 없는 사유의 입증책임은 수급인에게 있다.

2) 납기 이전의 해제

계약해제가 계약상의 준공기한 전에 이루어진 경우 지체상금 약정이 적용될 수 있는가와 관련하여 대법원[73]은 “건축도급계약시 도급인과 수급인 사이에 준공기한 내에 공사를 완성하지 아니한 때에는 매 지체일수마다 계약에서 정한 지체상금률을 계약금액에 곱하여 산출한 금액을 지체상금으로 지급하도록 약정한 경우 이는 수급인이 완공예정일을 지나서 공사를 완료하였을 경우에 그 지체일수에 따른 손해배상의 예정을 약정한 것이지 공사도중에 도급계약이 해제되어 수급인이 공사를 완료하지 아니한 경우에는 지체상금을 논할 여지가 없다”고 판시하고 있다. 위 판결에 따르더라도 지체상금 약정이 적용되지 않는다는 것일 뿐 계약해제에 따른 손해배상청구는 가능하다.

나. 약정해제와 지체상금

1) 약정해제사유

당사자간의 약정에 의하여 일정한 해제사유를 정한 경우 이러한

71) 이에 대하여 공사도급계약상 완공기일에 수급인이 공사를 마치지 못한 경우에는 지체일수를 산술적으로 산정한다는 것은 불가능하고, 도급계약의 해제사유, 미완성된 부분의 공정률 등을 종합하여 법률적인 개념으로 산정할 수밖에 없다고 한다(이범상, 앞의 책, 213면).

72) 대법원 1995.9.5. 선고 95다18376 판결.

73) 대법원 1989.9.12. 선고 88다카15901, 15918(반소) 판결.

조건이 반사회질서행위나 불공정행위가 아닌 경우 유효하다고 할 것이다. 계약일반조건(회계예규)에서는 계약상대자의 책임 있는 사유로 인한 계약해제·해지를 규정하고 있는데, 그 사유로는 ① 정당한 이유 없이 약정한 착수기일을 경과하고도 계약이행에 착수하지 아니할 경우, ② 계약상대자의 귀책사유로 인하여 계약이행기간까지 당해 계약을 완료하지 못하거나 완료할 가능성이 없다고 명백히 인정되는 경우, ③ 지체상금이 당해 계약(장기계속계약의 경우에는 차수별 계약)의 계약보증금 상당액에 달하는 경우, ④ 장기계속계약에 있어서 제2차 이후의 계약을 체결하지 아니하는 경우, ⑤ 계약의 수행 중 뇌물수수 또는 정상적인 계약관리를 방해하는 불법·부정행위가 있는 경우, ⑥ 당해 계약이행과 관련하여 계약상대자가 최저임금법 제6조 제1항 및 제2항 또는 근로기준법 제112조에 따라 처벌을 받은 경우, ⑦ 기타 계약조건을 위반하고 그 위반으로 인하여 계약의 목적을 달성할 수 없다고 인정될 경우를 들고 있다.

또한 계약당사자의 합의에 의하여도 해제가 가능한데, 계약당사자간 명시적인 합의뿐만 아니라 묵시적인 합의도 가능하다. 합의해제의 경우에는 그 해제내용에 따라 손해배상 여부가 결정되는데, 대법원[74)]은 "계약이 합의해제된 경우에는 그 해제시에 당사자 일방이 상대방에게 손해배상을 하기로 특약하거나 손해배상청구를 유보하는 의사표시를 하는 등 다른 사정이 없는 한 채무불이행으로 인한 손해배상을 청구할 수 없다"라고 판시하였다.

2) 약정해제와 지체상금 청구 여부

약정해제사유가 사실상 채무불이행을 구체화한 것인 경우에는 계약을 해제하여도 손해배상청구가 가능하다고 할 것이다. 이와 관련하여 대법원[75)]은 "기계제작 및 설치계약의 조항에 도급인의 해제

74) 대법원 1989.4.25. 선고 86다카1147, 86다카1148 판결.
75) 대법원 1994.12.22. 선고 93다60632, 93다60649(반소) 판결.

권 발생요건을 규정하고 있지만 이는 모두 수급인의 귀책사유로 인한 채무불이행의 경우에 도급인에게 해제권이 있다는 규정으로서 실질에 있어서는 채무불이행 이외의 별도의 해제권을 유보하는 특약을 한 것이 아니라 채무불이행으로 인한 법정해제권이 발생할 중요한 경우를 구체화한 것에 불과하고, 비록 도급인이 계약해제시에 수급인에게 보낸 기계설치공사 해약 및 철거통보서에 위 계약조항을 들고 있기는 하지만 그 전체적인 의미는 수급인의 귀책사유로 인하여 계약목적을 달성할 수 없어 계약을 해제한다는 취지로 볼 수 있으므로, 도급인의 계약해제는 기계제작 및 설치계약에 별도로 특별히 유보된 약정해제권의 행사에 의한 것이 아니라 채무불이행을 이유로 한 법정해제권의 행사라고 보아야 할 것이고, 따라서 도급인은 해제와 동시에 채무불이행으로 인한 손해배상을 청구할 수 있다"고 판시하였다.

따라서 약정해제권의 실질이 법정해제와 같은 경우에는 지체상금 약정에 따른 청구가 가능하다고 할 것이다. 대법원[76]도 "건물신축의 도급계약은 그 건물의 준공이라는 일의 완성을 목적으로 하는 계약으로서 그 지체상금에 관한 약정은 수급인이 이와 같은 일의 완성을 지체한 데 대한 손해배상액의 예정이므로 수급인이 약정된 기간 내에 그 일을 완성하여 도급인에게 인도하지 않는 한 특별한 사정이 있는 경우를 제외하고는 지체상금을 지급할 의무가 있고, 약정된 기일 이전에 그 공사의 일부만을 완료한 후 공사가 중단된 상태에서 약정기일을 넘기고 그 후에 도급인이 계약을 해제함으로써 일을 완성하지 못한 것이라고 하여 지체상금에 관한 약정이 적용되지 않는다고 할 수는 없다"고 판시하여 같은 입장을 취하고 있다.

---

76) 대법원 1989.7.25. 선고 88다카6273, 88다카6280(반소) 판결.

3. 검사와 지체상금의 관계

가. 계약이행을 완료한 날과 검사에 합격한 날

실무적으로 계약의 이행을 완료한 날과 검사에 합격한 날이 다를 경우나 계약상대자가 계약의 이행은 완료하였으나, 발주기관에서 여러 가지 사정으로 인하여 검사가 지연되는 경우 과연 무엇을 기준으로 볼 것인지가 문제된다.

대법원[77]은 공사완성일과 관련하여 "공사가 도중에 중단되어 예정된 최후의 공정을 종료하지 못한 경우에는 공사가 미완성된 것으로 볼 것이지만, 공사가 당초 예정된 최후의 공정까지 일응 종료하고 그 주요 구조 부분이 약정된 대로 시공되어 사회통념상 일이 완성되었고 다만 그것이 불완전하여 보수를 하여야 할 경우에는 공사가 완성되었으나 목적물에 하자가 있는 것에 지나지 아니한다고 해석함이 상당하고, 예정된 최후의 공정을 종료하였는지 여부는 수급인의 주장이나 도급인이 실시하는 준공검사 여부에 구애됨이 없이 당해 공사 도급계약의 구체적 내용과 신의성실의 원칙에 비추어 객관적으로 판단할 수밖에 없고, 이와 같은 기준은 공사 도급계약의 수급인이 공사의 준공이라는 일의 완성을 지체한 데 대한 손해배상액의 예정으로서의 성질을 가지는 지체상금에 관한 약정에 있어서도 그대로 적용된다"고 판시하여 준공일이 아닌 사회통념상 건물로서 완성된 때를 공사완료일로 보고 있다.

나. 검사합격일을 이행완료일로 명시한 경우

관급공사의 경우 준공검사 합격 판정을 대금지급의 요건으로 삼음과 함께 보수·개수공사 후 다시 합격받을 때까지의 지체상금까지

---

77) 대법원 2010.1.14. 선고 2009다7212 판결; 대법원 2009.6.25. 선고 2008다18932 판결; 대법원 1997.10.10. 선고 97다23150 판결.

물리게 함으로써 공사의 완전한 이행을 담보하기 위하여 계약의 이행완료일을 검사에 합격한 날로 하고 있는데, 이 경우는 과연 어떻게 해석하여야 하는지 문제된다.

대법원[78]은 "당사자 사이에 건축공사의 완공 후 부실공사와 하자보수를 둘러싼 분쟁이 일어날 소지가 많음이 예상됨에 따라 그러한 분쟁을 사전에 방지할 의도로 통상의 건축공사 도급계약과는 달리 도급인의 준공검사 통과를 대금지급의 요건으로 삼음과 동시에 하자보수 공사 후 다시 합격을 받을 때까지 지체상금까지 부담하게 함으로써 공사의 완전한 이행을 담보하기 위해 지체상금의 종기를 도급인의 준공검사 통과일로 정하였다고 볼 만한 특별한 사정이 있다면 그에 따라야 할 것이다"라고 판시하고 있다.

4. 행정절차상 지체상금의 감면

계약담당공무원 내지는 지체상금조정위원회(계약심의회) 등에서 여러 가지 사정을 종합하여 계약상대자의 책임에 속하지 않는 사유인지 여부를 판단한 다음 지체상금을 감면하는 것이 현행법상 허용될 것인가가 문제된다.[79]

이에 대하여 국가채권관리법 제33조 제1항[80]에 의하면 국가의 채권의 전부 또는 일부를 면제하거나 효력을 변경함에 있어서는 '법률'에 의하여야 한다고 규정하고 있으므로 계약담당공무원이나 행정

---

78) 대법원 2010.1.14. 선고 2009다7212, 7229 판결; 대법원 1996.7.12. 선고 94다58230 판결.

79) 지체상금의 부과여부는 법령에 명문으로 정하고 있으나, 부과된 지체상금의 감면여부는 법령에 명문규정이 없어서 문제된다.

80) 국가채권관리법 제33조(채권에 관한 계약내용)
① 법령의 규정에 의하여 계약이나 채권의 발생에 관한 행위를 하는 자(계약담당공무원)가 채권의 내용을 정함에 있어서 다른 법령에 규정된 경우를 제외하고는 채권의 감면이나 이행기간의 연장에 관하여 규정할 수 없다.

기관 내규에 의하여 조직된 위원회가 근거 법률 없이 임의로 지체상금을 감면해 줄 수는 없다고 하는 견해[81]가 있다. 그러나 행정기관 내부에서 구체적인 사실관계를 확정하기 위하여 명확한 지체일수를 정하는 것은 가능하며, 다만 산정된 지체상금 총액이 과다하다는 이유로 발주기관과 계약상대자간의 과실비율에 따라 지체상금을 감액하는 것은 위 국가채권관리법 및 민법 제398조 제2항의 규정에 비추어 볼 때 법원에서 결정할 사안으로 허용되지 않는다고 보아야 할 것이다.

81) 구해동, 앞의 논문, 104면.

제5장 부정당제재처분

국가계약의 주요 쟁점

제1절 | 서 설

공적 조달을 목적으로 하는 계약은 일반공개경쟁을 통해 누구나 제한 없이 계약에 접근할 수 있도록 보장함이 원칙이다. 그러나 이러한 원칙만을 강조한 나머지 계약에 관하여 불성실하거나 부당 또는 부정한 행위를 일삼는 업체에게까지 이러한 접근권을 무한정 보장한다면 공적 조달은 계약을 통해 달성하려는 목적 자체가 위협받는 지경에 이를 수 있다. 이 때문에 국가나 지방자치단체, 공기업·준정부기관 등이 발주하는 계약에 있어서는 일정한 방법으로 위와 같은 부정당한 업체가 계약으로 진입하는 것을 방지하는 제도를 두고 있는데[1] 이를 '부정당업자의 입찰참가자격 제한'이라고 하며 흔히 실무에서는 '부정당제재'라고 통칭되고 있다.

입찰참가자격의 제한은 그 기간 내에 사실상 관급계약에의 참가가 불가능할 뿐만 아니라 기간의 종료 후에도 다른 계약의 적격심사나 제안서 평가 등에 상당기간 영향을 미칠 수 있다. 관급을 주로 하는 영세업체의 경우에는 부정당제재로 인해 도산하는 경우까지도 어렵지 않게 볼 수 있을 만큼 업체가 받는 불이익은 매우 지대하고, 이 때문에 부정당제재로 인한 분쟁은 공공계약과 관련된 분쟁 중에서도 가장 빈번히 발생하는 분쟁유형의 하나로 자리잡고 있다.

한편 공적 조달을 위한 계약관계는 사법(私法)관계로서 사법상 원리의 규율을 받는 데 반하여, 부정당업자의 입찰참가자격제한은 행정처분으로서 비례원칙이나 평등원칙 등 공법상 원리에 입각하여 이루어지고 이에 관한 쟁송도 행정쟁송절차에 의하게 된다. 단, 국가나 지방자치단체가 아닌 공기업 등에서 이루어지는 입찰참가자격제

---

1) 「국가를 당사자로 하는 계약에 관한 법률」 제27조, 「지방자치단체를 당사자로 하는 계약에 관한 법률」 제31조, 「공공기관의 운영에 관한 법률」 제39조 제2항 등.

한처분은 행정처분이 아니라 사법상의 효력을 가지는 통지행위에 불과하다는 것이 현재까지 판례[2)]의 입장이므로 일반 민사재판절차를 통해 구제받아야 한다는 점에서 차이가 있다.

제2절 | 입찰참가자격의 제한사유

1. 국가계약법 시행령상의 제재사유(국가계약법 시행령 제76조 제1항)

국가계약법은 경쟁의 공정한 집행 또는 계약의 적정한 이행을 해칠 염려가 있거나 기타 입찰에 참가시키는 것이 부적합하다고 인정되는 경우를 부정당제재의 사유로 규정하고 있으나 세부사항은 국가계약법 시행령에 위임하고 있다. 국가계약법 시행령 제76조 제1항이 규정하고 있는 제재사유는 공기업・준정부기관 계약사무규칙 제15조에 의하여 공기업 등에서 행하는 제재에도 동일하게 적용된다.

---

2) 한국토지개발공사의 사장이 한 입찰참가자격제한통지의 처분성을 부정한 것에 대법원 1995.2.28. 선고 94두36, 한국전력공사 사장 명의의 통지에 대하여는 1985.8.20. 선고 85누371, 한국전력공사 명의의 통지에 대하여는 1999.11.26. 선고 99부3 등. 다만, 위의 사례들은 정부투자기관이나 공기업의 입찰참가자격제한조치가 정부투자기관회계규정에 근거하던 시기에 이루어진 것으로서 현재는 「공공기관의 운영에 관한 법률」 및 「공기업・준정부기관 계약사무규칙」에 명백한 근거를 두고 있으며 이로 인해 일정한 경우에는 국가나 지방자치단체가 실시하는 입찰의 참가에도 제한을 받을 수 있다는 점에서 과거와 동일시하기 어려운 면이 있으나, 근본적으로 그 업무가 행정권한을 위탁받아 수행하는 것이 아니라는 점에서 처분성을 인정하기에는 어려움이 있을 것으로 보인다. 다만 하급심 중에는 대한주택공사의 입찰참가자격제한조치에 대하여 동 조치가 처분임을 전제로 이를 취소한 사례가 있으나(서울고등법원 2005.9.7.선고 2003누9734 판결), 이를 두고 우리 판례의 입장이 명시적으로 변경된 것이라고는 보기 어렵다고 판단된다.

1) 계약의 부실 · 조잡 · 부당한 이행, 이행상 부정행위(1호)

제1호의 제재사유는 계약의 체결 이후 계약상대방의 성실한 이행을 담보하기 위한 것으로서 그 사유가 매우 추상적 · 포괄적으로 규정되어 있으나 관련 법령에는 부실, 조잡, 부당, 부정행위 등에 대하여 별도의 정의규정을 두고 있지 않다. 한편 입찰참가자격제한의 세부기준을 정하고 있는 국가계약법 시행규칙 별표2에는 제1호의 제재사유와 관련하여 부실시공 또는 부실한 설계 · 감리로 부실벌점[3]을 받거나, 공사의 하자비율[4]이나 물품의 보수비율[5]이 일정비율이상으로 된 경우, 내구성 연한의 단축 또는 안전도의 위해를 가져오는 등 설계서(규격서)와 다른 부당한 시공(제조)을 한 경우, 설계서의 기준규격보다 품질 등이 낮은 자재를 사용하는 등 부정한 시공을 한 경우를 열거하고 있다.

단순히 완성된 계약목적물에서 하자가 발견되었다는 사정만으로는 본호의 제재사유에 해당하지 않는다. 여기의 부실 또는 조잡한 계약이행에 해당하기 위해서는 목적물의 객관적 상태가 부실 또는 조잡하다는 사정 이외에 계약상대방이 그러한 상태가 발생하리라는 것을 인식하고도 이를 용인하였다는 주관적 사정(또는 이를 추정할 수 있는 객관적 사정의 존재)이 함께 소명되어야 한다. 그렇지 않은 경우 계약목적물의 객관적 하자는 단순히 하자보수의 문제로 국한된다.

국가계약법 시행규칙 별표2에 열거된 사유 이외의 경우에도 본호를 적용하여 부정당제재를 하는 것이 가능한지는 실무상 논란이 있다. 이는 비단 본호에만 국한된 문제가 아니고 국가계약법 시행령 제76조 제1항의 각호에 공통된 문제이긴 하나, 가장 포괄적 사유인

---

3) 건설기술관리법 제21조의4에 따른 부실벌점(국가계약법 시행규칙 별표2 비고1).

4) 하자담보책임기간 중 하자검사결과 하자보수보증금에 대한 하자발생 누계금액비율(국가계약법 시행규칙 별표2 비고2).

5) 물품보증기간 중 계약금액에 대한 보수비용발생 누계금액비율(국가계약법 시행규칙 별표2 비고3).

본호와 관련해 실무상 분쟁이 자주 발생하게 된다. 국가계약법 시행령 제76조 제2항은 부정당제재의 기간과 기간의 가감 그 밖에 필요한 사항을 기획재정부령으로 정하도록 하고 있는바, 원칙적으로 시행규칙으로 정할 것은 '부정당제재의 기간'에 관한 사항이지 '부정당제재의 사유'에 관한 사항이라고 할 수 없고 부령상의 재량준칙에 대하여는 아직까지 판례가 법규성을 부정하고 있다는 점[6]에서 부정당제재의 사유가 별표2에 열거된 것들로만 한정되어야 할 법논리적 당위성은 없다고 할 것이다. 결국 시행령의 범위를 넘어서지 않는 한도에서는 별표2에 규정되지 않은 사유로도 부정당제재가 가능하다고 볼 것이다. 다만, 불이익처분의 사유는 그 성격상 엄격하게 해석될 필요가 있음에도 관련 법령상 별도의 정의규정이 없기 때문에 담당공무원들이 별표에 열거된 것 이외의 사유로는 부정당제재를 하지 않는 것이 실무관행이라는 점에서 논의의 실익은 생각만큼 크지 않다고 하겠다.

2) 하도급제한규정 위반(2호)

「건설산업기본법」·「전기공사업법」·「정보통신공사업법」 기타 다른 법령[7]에서 정한 하도급의 제한규정에 위반하여 하도급한 자는

---

6) 대법원 1984.2.28. 선고 83누551 판결, 대법원 1993.5.25. 선고 92누18726 판결, 대법원 1997.11.28. 선고 97누12952 판결 등. 다만, 대법원 2006.6.22. 선고 2003두1684 판결에서는 제재적 행정처분이 그 처분에서 정한 제재기간의 경과로 인하여 그 효과가 소멸되었으나, 부령인 시행규칙 또는 지방자치단체의 규칙의 형식으로 정한 처분기준에서 제재적 행정처분을 받은 것을 가중사유나 전제요건으로 삼아 장래의 제재적 행정처분을 하도록 정하고 있는 경우, 선행처분인 제재적 행정처분을 받은 상대방이 그 처분에서 정한 제재기간이 경과하였다 하더라도 그 처분의 취소를 구할 법률상 이익이 있다고 하여 소송요건으로서의 법률상이익의 범위를 넓게 해석한 바 있으나 처분기준 자체에 법규성을 인정 할 것인지에 대하여는 명확한 설시를 하지 않았다(처분기준에 법규성을 인정해야할 것이라는 별개의견이 있었음). 따라서 위 판결에도 불구하고 판례가 아직까지 부령상의 재량준칙에 대하여 직접적으로 법규성을 인정하고 있다고 보기는 어려운 것으로 판단된다.

부정당제제를 받게된다. 다만 하도급을 제한하는 법령에서도 대부분 일정범위까지는 하도급을 허용하되 이를 발주자에게 통지하도록 하고 있는바, 단순히 이러한 통지의무의 위반은 부정당제재의 사유에 해당하지 않는다. 한편 단순히 하도급의 통지의무만을 규정한 경우와는 달리 발주자의 승인을 받아야만 하도급을 할 수 있도록 하고 있는 경우[8]에 발주관서의 승인없이 하도급을 한 경우는 부정당제재 사유에 해당하며 발주관서의 승인을 얻은 하도급조건을 변경한 경우도 마찬가지다.

국가계약법 시행규칙 별표2에는 하도급제한규정에 반하여 하도급한 경우(건설업미등록자에게 하도급하거나 발주기관의 승인없이 하도급한 경우, 재하도급금지규정에 반하여 하도급한 경우는 별도로 규정)에 있어 전부 또는 주요부분의 대부분을 하도급한 경우에 관하여만 제재기간을 정하고 있는데 만일 주요부분이 아닌 부분 또는 주요부분의 일부분만을 하도급한 경우에도 부정당제재가 가능할지 문제되나 이는 국가계약법 시행규칙 별표2의 규범력을 인정할 것인지의 문제로 앞서 제1호의 사유인 부실 · 부당 · 조잡에서와 동일한 평면에서 이해되어야 할 것이다.

별표 2의4. 바.에서는 하도급조건을 하도급자(하수급인)에게 불리하게 변경한 자는 4월의 기간동안 부정당제재를 하도록 되어 있다. 이에 관하여는 국가계약법시행령 제76조 제1항 제2호에 규정되지 않은 것으로서 이를 이유로 부정당제재처분을 하는 것은 위법의 소지가 있다는 견해가 있다.[9] 시행령의 부정당제재사유는 제한적 열거로서 엄격히 해석되어야 함에는 이론의 여지가 없으므로 별표에 정한 '하도급조건을 하도급업자에게 불리하게 변경한 자'는 시행령의 취지

7) 예) 소방시설공사업법 제22조, 정보통신공사업법 제31조.

8) 예) 소프트웨어산업진흥법 제20조의3.

9) 정원, "부정당업자에 대한 입찰참가자격제한의 내용과 문제점," 국방조달계약연구논집, 국방부조달본부, 2005.

에 맞게 '발주관서의 승인을 얻은 하도급조건을 하도급자에게 불리하게 변경한 자'로 좁혀 해석하여야 할 것이다.[10]

3) 공정거래위원회 또는 중소기업청장의 요청이 있는 경우(3호, 3호의2)

「독점규제 및 공정거래에 관한 법률」 위반행위 및 「하도급거래 공정화에 관한 법률」 위반행위에 대하여 공정거래위원회로부터 요청이 있는 경우와 「대·중소기업 상생협력 촉진에 관한 법률」 위반행위에 대하여 중소기업청장으로부터 요청이 있는 경우에는 입찰참가자격을 제한하여야 한다. 이 중 「하도급거래 공정화에 관한 법률」 및 「대·중소기업 상생협력 촉진에 관한 법률」의 경우는 각각 부정당제재를 요청할 수 있는 위반행위의 기준을 직접 정하고 있으나[11] 「독점규제 및 공정거래에 관한 법률」은 위와 같은 직접적인 규정이 없이 공정거래위원회가 행한 시정조치의 이행을 확보하기 위하여 필요한 경우 관계행정기관장 등에게 필요한 협조를 의뢰할 수 있다고만 규정하고 있다.[12] 「독점규제 및 공정거래에 관한 법률」상 시정조치가 가능한 경우는 매우 넓으며 이 중에는 대규모내부거래의 공시의무[13]와 같이 공공계약의 공정경쟁이나 계약의 적정한 이행과 직접적 관련이 없는 절차적 의무 위반의 경우에도 시정조치와 관계행정기관장에의 협조요청이 가능한 것으로 규정하고 있다. 따라서 자칫

10) 이렇게 해석할 경우 발주관서의 승인을 얻은 하도급조건을 변경하더라도 하도급자에게 유리하거나 유·불리를 판별할 수 없는 경우는 부정당제재사유가 아니라는 결론에 이른다.

11) 하도급거래의 공정화에 관한 법률 제26조 제2항, 대·중소기업 상생협력 촉진에 관한 법률 제27조 제5항은 각각 벌점의 부과대상인 위반행위를 열거하고 벌점의 누산점수가 10점을 초과하는 경우에 부정당제재처분을 요구할 수 있음을 규정하고 있다.

12) 독점규제 및 공정거래에 관한 법률 제64조 제3항.

13) 독점규제 및 공정거래에 관한 법률 제11조의2, 이에 대한 위반시 시정조치는 제16조.

본호의 사유를 제한 없이 해석한다면 국가계약법 제27조가 "기타 입찰에 참가시키는 것이 부적합하다고 인정되는 자"를 대통령령이 정하는 바에 따라 입찰참가자격을 제한하도록 한 것은 다분히 포괄위임입법에 해당할 소지가 있게 된다. 따라서 이 경우는 부정당제재의 본취지에 맞게 입찰 또는 계약의 공정성을 해치는 경우로 좁혀 해석할 필요가 있다고 할 것이다.

4) 조사설계금액 또는 원가계산금액의 부적정 산정(4호)

조사설계용역계약 또는 원가계산용역계약에 있어서 고의 또는 중대한 과실로 조사설계금액이나 원가계산금액을 적정하게 산정하지 아니한 자에 대하여도 입찰참가자격을 제한하여야 한다. 고의나 중대한 과실을 입증하는 문제는 별론으로 하더라도 어떠한 과실을 중대한 과실로 볼 것인지에 대한 명확한 기준이 없음으로 인해 분쟁의 소지가 있다고 할 것이다.

5) 타당성조사의 부실 수행으로 발주기관의 손해발생(4호의2)

건설기술관리법 제2조에 따른 타당성조사용역계약에 있어서 고의 또는 중대한 과실로 수요예측 등 타당성조사를 부실하게 수행하여 발주기관에 손해를 끼친 자에 대하여도 입찰참가자격을 제한한다. 부실한 수행 이외에 발주기관의 손해가 있을 것도 요한다.

6) 안전관리부실(5호)

국가와 체결한 계약의 이행에 있어서 안전대책을 소홀히 하여 사업장의 근로자가 아닌 공중에게 생명·신체·재산상의 위해[14]를 가하거나, 산업안전보건법에 따른 안전 및 보건에 관한 조치를 소홀

14) '위해'는 건축법, 건설기술관리법 등 타법령의 사용례에 비추어 단순한 위험성을 넘어서 사망, 상해, 손해발생 등의 현실적인 결과가 발생했을 것을 요한다고 보아야 한다.

히 하여 근로자가 사망하는 재해를 발생시킨 자에 대하여도 입찰참가자격을 제한한다. 근로자의 사망재해에 관하여 국가계약법 시행규칙 별표2는 동시에 사망한[15] 근로자수에 따라 제재기간을 정하고 있을 뿐 1인의 근로자가 사망한 경우에 대하여는 별도 기준을 정하지 않고 있다.

7) 정당한 이유 없는 계약불체결 및 불이행(6호)

여기에서 '계약불체결'이란 계약체결의무가 있는 자가 정당한 이유 없이 계약의 체결을 거부하는 경우를 말한다. 장기계속계약의 경우 이미 계약된 금액을 공제한 범위 안에서 계약을 체결할 것을 부관으로 약정하게 되므로[16] 체결 후 2차년도 이후 연차별계약의 체결을 거부하는 것도 여기의 계약불체결에 포함된다.

종전에는 국가계약법 시행령 제76조 제1항 본문이 부정당제재의 대상을 계약상대자 또는 입찰자로 엄격히 한정하고 있었기 때문에 경쟁입찰[17]에서 낙찰된 자가 계약체결을 거부하는 경우만 본호의 적용이 가능하다고 보는 것이 일반적이었으며 수의계약의 상대방으로 지목된 자가 계약체결을 하지 않는 경우라도 제재는 불가하다고 보고 있었다. 한편 수의계약의 경우에도 계약체결에 대한 신뢰가 충분히 형성된 후 계약체결을 일방적으로 거부하는 경우 발주처로서는 적시조달에 커다란 차질을 빚을 수밖에 없어 이에 대한 제재 필요성이 제기되어온 바 있다. 이로 인해 후술하는 바와 같이 2010년 국가계약법 시행령 개정시에는 일정한 수의협상 상대방으로서 계약을 체결하지 않은 경우도 제재대상에 포함되었다.

회계예규 공사입찰유의서 제22조 제2항은 공사이행보증서의 제

---

15) 사망시점이 동일한 것을 의미하는 것이 아니라 사망원인이 동일한 것을 의미하는 것으로 해석하여야 할 것이다.

16) 국가계약법 시행령 제69조 제2항

17) 일반공개경쟁은 물론 제한경쟁과 지명경쟁을 모두 포함한다.

출의무가 있는 낙찰자가 정당한 이유 없이 기한 내 이를 제출하지 못하여 계약을 체결하지 못한 경우 당해 낙찰자를 부정당업자로 제재하도록 하고 있는바, 이는 공사이행보증서의 부제출을 별도의 제재사유로 창설한 것이 아니라 계약의 불체결로 인한 부정당제재의 예시를 열거한 것에 불과하다고 할 것이다. 회계예규로써 부정당제재의 사유를 창설할 수 없음은 이론의 여지가 없다.

본호의 제재사유로서 가장 전형적인 경우는 이행불능 또는 이행지체의 발생시 발주기관이 계약을 해제함과 동시에 부정당업자로 제재하는 경우이다. 나아가 이행지체가 발생하였으나 업체가 추후 이행을 완료한 경우도 본호의 계약 불이행으로서 부정당제재가 가능하다는 것이 판례[18]의 입장이다. 그러나 국가계약법 시행령 및 시행규칙 별표가 '이행하지 아니한 자'로 규정하고 있는 이상 위와 같은 판례의 입장은 문리해석 측면에서 설득력이 충분하지 않다는 점과 실제 공공계약에서 이행지체가 발생하는 빈도 및 제재의 현실적 필요성, 납기연장의 수정계약이 체결된 경우와의 형평성, 지체상금 및 추후 적격심사에서의 감점 등의 불이익에 더해 부정당제재까지 할 경우 업체가 이행을 완료했음에도 불이익이 지나치게 가혹하다는 점 등을 고려하면 단순한 이행지체는 본호의 제재사유로 보지 않는 것이 타당할 것이다. 실무례도 이행지체가 발생하였으나 추후 이행을 완료한 경우에는 제재처분을 하지 않는 것으로 보인다.

국가계약법 시행규칙 별표2에는 본호의 계약불이행에 하자보수의무를 불이행한 경우, 공사계약의 연대보증인으로서의 보증이행을 요구받고도 이에 불응하는 경우, 공동계약에서 정한 구성원간의 출

18) 대법원 1991.11.22. 선고 91누551 판결.
"이 사건 제1공사를 약정준공기일보다 1개월 지연한 1989.10.11.에, 이 사건 제2공사를 약정준공기일보다 17일 지연한 같은해 8.28.에 각 준공하였다는 것이므로 이는 위 구 예산회계법 시행령 제89조 제1항 제6호 소정의 '정당한 이유 없이 계약을 이행하지 아니한 때'에 해당하므로…."

자비율 또는 분담내용에 따라 시공하지 아니한 경우를 포함시키고 있다. 이 이외에도 공사이행보증서의 제출의무위반이나 하도급관리계획 또는 외주근로자 근로조건 이행계획의 위반 등과 같이 계약상의 부수적 의무의 불이행도 계약불이행에 포함하고 있다. 별표상에 표시되지 않은 계약상의 부수적 의무 위반시 제재가 가능한지는 별표상의 제재사유를 한정적 열거로 볼 것인지의 문제로서 앞서 설명한 바와 동일하다.

본호의 사유에서 정당한 이유란 업체에 귀책사유가 없는 것을 의미한다고 볼 것이며 그 예로는 천재·지변[19] 등을 들 수 있다. 입찰시 오기로 인해 과소금액을 기재하였고 이 금액이 기초예가 또는 타인의 입찰가에 비하여 현저히 낮은 금액이더라도 이와 같은 사유만으로는 정당한 이유가 있는 경우에 해당한다고 할 수 없을 것이다. 다만 회계예규인 입찰유의서[20]는 입찰자가 입찰서 중요부분의 오기를 이유로 개찰현장에서 입찰의 취소의사를 표시하고 계약담당공무원이 이를 인정한 경우 입찰은 무효로 하도록 하고 있는데, 이를 무효로 하지 않고 낙찰자로 결정한 후 계약체결불응을 이유로 부정당제재처분을 한 것은 위법하다고 한 판례[21]가 있으나 이는 개찰현장에서 즉시 입찰의 취소의사를 표시하고 계약담당공무원이 이를 확인한 경우에 한하기 때문에 지정정보처리장치에 의한 전자입찰 등

---

19) 국가를 당사자로 하는 계약에 관한 법령의 조달청 해석기준(조달청 훈령) 제76조 76-5-2-1 참조.

20) 공사입찰유의서 제10조 제4항, 제15조 제6호, 용역입찰유의서 제9조 제4항, 제12조 제6호, 물품구매(제조)입찰유의서 제9조 제4항, 제12조 제6호.

21) 대법원 1983.12.27. 선고 81누366 판결.
"대리인이 입찰금액을 60,780,000원으로 기재한다는 것이 착오로 6,078,000원으로 잘못 기재한 것은 입찰유의서가 정하는 입찰서 기재의 중요부분에 착오가 있는 경우이므로 이를 이유로 즉시 입찰취소의 의사표시를 한 이상 입찰을 무효로 선언함이 마땅하고 공사계약체결에 불응하였음에는 정당한 이유가 있다고 할 것이니 원고를 부정당업자로서 6월간 입찰참가자격을 정지한 피고의 처분은 재량권을 일탈하여 위법하다."

에서는 이와 같은 사례가 발생키 어려울 것이다.

이행지체 중 제3자의 불법행위나 천재지변 등으로 인해 계약의 이행이 불가능한 것으로 확정된 경우는 정당한 이유가 있는 것으로 볼 것인지 문제된다. 이에 대하여는 앞서 판례와 같이 이행지체가 발생하기만 하면 추후 이행의 완료여부와 상관없이 계약불이행으로 인한 제재사유에 해당한다고 보는 입장에서는 당연히 정당한 이유가 없다고 보게 된다. 그러나 민법 제392조의 규정취지와 같이 원칙적으로 이행지체 중에 발생한 사유로 이행이 불능하게 되었을 때에는 부정당제재가 가능한 것으로 보되, 이행기에 이행을 하였더라도 계약의 목적을 달성할 수 없었던 경우[22]는 부정당제재의 면제요건인 정당한 이유가 있는 것으로 보는 것이 타당할 것이다.

8) **담 합**(7호)

경쟁입찰에 있어서 입찰자간 서로 상의하여 미리 입찰가격을 협정하였거나 특정인의 낙찰을 위하여 담합한 자에 대하여는 입찰참가자격을 제한한다. 판례[23]는 입찰유의서 등에 따라 입찰이 무효가 되는 담합을 세 가지 유형으로 나누고 있는데, 첫 번째 유형은 실질적으로는 단독입찰인 것을 유찰의 방지를 위해 들러리에 불과한 제3자를 시켜 형식상 입찰을 하게 한 경우, 두 번째 유형은 입찰자들끼리 특정한 입찰자로 하여금 낙찰받게 한 경우, 세 번째 유형은 입찰자간 가격경쟁을 함에 있어 적정한 가격을 저지하여 특정 입찰자에게 부당한 이익을 주고 입찰실시자에게는 손해를 입힐 정도로 싼값으로 낙찰되도록 하기 위해 사전협정을 한 경우가 이에 해당한다. 판례는 위 세 가지 어느 경우이건 담합이 성립하기 위해서는 낙찰자에게 책

---

22) 예를 들어 건축공사의 이행지체 중 대상부지가 포락되어 건축물의 완성이 불가능하게 된 경우.

23) 대법원 1982.11.9. 선고 81다537 판결, 대법원 1994.12.2. 선고 94다41454 판결 등.

임을 돌릴 수 있는 경우에 해당하여야 하고, 단지 기업이윤을 고려해 적정선에서 무모한 출혈경쟁을 방지하기 위해 일반거래 통념상 인정되는 범위 내에서 입찰자 상호간에 의사의 타진과 절충을 한 것에 불과한 것은 담합행위에 포함되지 않는다고 하였다.

국가계약법 시행규칙 별표2는 담합을 주도하여 낙찰을 받은 자, 담합을 주도한자, 입찰자 간에 서로 상의하여 미리 입찰가격을 협정하거나 특정인의 낙찰을 위하여 담합한 자를 구분하여 각각 제재기간을 정하고 있다. 다만 어떤 경우에나 본호의 제재대상이 되기 위하여는 입찰에 참가하였을 것을 요한다. 판례[24]는 경쟁입찰의 성립 자체를 방해하는 담합행위자는 설사 그 경쟁입찰을 유찰시켜 수의계약이 체결되도록 하기 위한 목적에서 담합을 하였더라도 계약상대자나 입찰자가 아니므로 제재대상이 아니라고 보고 있다.

9) 입찰 또는 계약에 관한 서류의 위·변조, 부정행사, 허위 서류제출(8호)

입찰 또는 계약에 관한 서류를 위조·변조하거나 부정행사한 자 또는 허위서류를 제출한 자에 대하여는 입찰참가자격을 제한한다. 여기에서 입찰 또는 계약에 관한 서류란 입찰이나 계약에 관련된 모든 서류로서 그 범위에는 제한이 없고,[25] 종이에 작성된 서류 이외에 지정정보처리장치에 사용되는 공인인증서도 입찰 또는 계약

24) 대법원 2008.2.28. 선고 2007두13791 판결.

25) 다만 하급심 판례 중에는 본호의 계약에 관한 서류는 '계약자의 자격요건에 관한 서류나 계약을 체결하기 위한 전제조건 내지 그 고려요소에 관계되는 서류'를 가리킨다고 하면서 계약의 이행과 관련된 서류는 본호의 계약에 관한 서류가 아니라고 한 예가 있다(서울행정법원 2006. 1. 12. 선고 2006구합24582 판결). 그러나 계약에 관한 서류를 계약체결에 관한 서류와 계약의 이행에 관한 서류로 구분할 명백한 기준이 없다는 점 및 국가계약법 제27조 제1항에서 계약의 적정한 '이행'을 해칠 염려가 있는 자를 제재의 대상으로 하고 있음을 감안한다면 계약의 이행에 관한 서류를 본호의 제재사유에서 제외할 합리적 이유가 있다고 보기 어렵다고 할 것이다.

에 관한 서류에 포함된다.

형사범죄에서 위조는 타인의 명의를 도용하여 문서를 작성하는 것인 데 반하여 변조는 타인명의로 작성된 문서에 변경을 가하는 것을 말하는 것으로서 양자 모두 문서의 명의가 핵심적 의미를 가진다. 그러나 본호에서 말하는 서류의 위·변조는 형법상 문서위·변조죄보다 더 넓은 개념으로 보아야 하므로[26] 작성명의인이 없거나 불특정된 경우 또는 자신의 명의로 허위의 사실을 작성하거나(무형위조) 이미 작성된 자신명의의 문서에 변경을 가하는 경우도 여기의 위·변조에 해당한다고 볼 것이다.[27] 다만 무형위조된 서류의 제출과 관련해서는 별도로 허위서류의 제출이 제재사유로 신설되었다.

부정행사란 사용권한을 가지지 않은 자가 타인명의 또는 타인의 사실증명과 관련된 서류를 마치 자신과 관련된 것처럼 가장하여 사용하는 것을 말한다.[28]

---

26) 위조는 작성명의를 떠나 논할 수 없는 것이므로 본호의 제재사유도 모두 문서를 전제로 한 것이라는 견해가 있으나 국가계약법 시행령이 '문서'가 아닌 '서류'로 규정하고 있으며 공인인증서까지도 서류에 포함시키고 있는 이상 여기의 서류를 문서에 한정된다고 보는 것은 입법취지에 반하여 지나치게 그 대상을 축소하여 해석하는 것이라고 보인다.

27) 판례 중에는 허위서류의 작성도 본호의 위조에 포함된다고 한 사례가 있다(대법원 2000.10.13. 선고 99두3201 판결). 허위서류의 제출이 제재사유로 신설된 이상 무형위조를 위조에 포함시켜 해석할 현실적 필요성은 약하게 되었으나 허위서류의 작성 후 제출하지 않은 상태에 있는 경우를 제재사유로 포함시킬지의 여부에 대해서는 여전히 위 판례가 이론적 의미가 있다고 할 것이다.

28) 예를 들어 납품실적을 증명하는 서류를 제출함에 있어 상호가 유사한 타회사의 실적증명서를 마치 자신의 실적증명서인 것처럼 가장하여 제출하는 행위는 부정행사에 해당한다. 하급심판례 중에는 본호의 부정행사를 형법상 문서의 부정행사죄에서와 동일한 행위유형으로 파악한 것도 있다(광주지방법원 2004.7.15. 선고 2003구합278 판결. "서류의 부정행사란 진정하게 성립된 문서를 사용할 권한이 없는 자가 문서명의자로 또는 사용권한이 있는 것처럼 가장하여 행사하거나, 사용할 권한이 있더라도 본래의 사용목적이나 정당한 용법에 반하여 사용 또는 행사하는 것으로 보아야…").

국가계약법 시행령은 '위조 · 변조하거나 부정하게 행사한 자 또는 허위서류를 제출한 자'라고 규정하고 있는데 부정행사나 허위서류의 제출은 당연히 문서의 행사를 전제로 하고 있음에 반해 위조나 변조는 행사를 요구하고 있지 않으므로 위 · 변조한데 그치고 실제로는 제출되지 않은 경우도 이론상 제재가 가능하다고 할 것이다. 다만, 단순히 위 · 변조에 그치고 제출되지 않은 이상 그 서류가 당해 계약에 관련된 서류임을 입증하기 곤란할 것이기 때문에 현실적으로 제재대상으로 상정 가능한 것은 서류가 제출된 경우로 한정된다.

위 · 변조 또는 허위서류의 제출 등이 대표자나 법인의 대표이사 등에 의하여 직접 행해져야 하는 것도 아니다. 대리인이나 직원 등 피용자에 의하여 이루어진 것이라도 그 사람이 당해 업체의 정상적 감독범위 내에 있는 이상 제재의 효과는 당해 업체에 미친다고 할 것이다. 마찬가지로 대표자 등이 제출된 서류가 위 · 변조되었다는 사실 또는 허위라는 사실을 몰랐다는 것만으로는 부정당제재를 함에 어떠한 장애가 되는 것은 아니며 위조 등의 사실을 알지 못한 것을 비난할 수 없는 정당한 사유가 있는 등의 특별한 사정이 없는 한 제재의 대상이 된다고 하겠다.[29] 개정된 국가계약법 시행령 제76조 제1항 단서는 이러한 취지를 분명히 하고 있다.

10) 고의의 무효입찰(9호)

고의로 입찰무효사유[30]에 해당하는 행위를 한 경우는 입찰참가자격을 제한한다. 여기에서 고의란 입찰무효사유가 존재함을 인식한 것을 말한다. 이 이외에 자신의 입찰을 무효화시키려는 목적까지도

---

29) 행정제재의 요건으로서 위반자의 고의나 과실을 요하지 않는다는 것에 대법원 1979.2.13. 선고 78누92 판결, 대법원 1980.5.13. 선고 79누251 판결, 대법원 1997.5.16. 선고 95누14062 판결, 대법원 2000.5.26. 선고 98누5972 판결 등.

30) 세부사항은 국가계약법시행규칙 제44조 및 회계예규 물품구매(제조)입찰유의서 제12조, 용역입찰유의서 제12조, 공사입찰유의서 제12조 참조.

있어야 하는지에 대하여 판례는 이를 부정한다.[31] 즉 고의의 무효입찰이란 자신의 입찰에 무효사유가 있다는 것을 인식하면서 입찰에 나아간 것을 말하고 종국적으로 자신의 입찰을 무효화시키려는 목적까지 있어야 하는 것은 아니다.

11) 뇌물제공(10호)

계약과 관련해 공무원 또는 각종 계약관련 위원회의 민간인 위원[32]이나 민간인인 계약업무관련자[33]에게 뇌물을 제공하는 것도 부정당제재의 사유에 해당한다. 여기의 공무원이 계약담당공무원의 지위에 있을 것을 요하는 것은 아니며 계약과 관련해서 직간접의 영향력을 행사할 수 있는 정도로 족하다고 할 것이다. 뇌물을 받은 공무원 등이 계약에 있어 증뢰자에게 유리한 행위까지 하였을 것을 요하는 것도 아니다.

뇌물에 관하여는 국가계약법 시행령 등에 별도의 정의규정이 없다. 따라서 형법상 뇌물의 개념에 따라 그 가치를 객관적으로 측정할 수 있는 이익에 해당하는 것은 모두 뇌물에 포함되며 반드시 금전이나 전형적 향응제공일 필요는 없다고 보아야 할 것이다.[34]

---

31) 대법원 1986.10.14. 84누314 판결.
"고의라 함은 입찰무효의 요건이 되는 구체적인 의무위반 사실을 인식하면서도 감히 그와 같은 의무위반 행위를 하는 것을 말하고 입찰을 무효화시키려는 목적이 있어야 하는 것은 아니다."

32) 국제계약분쟁조정위원회(국가계약법 제29조 제1항), 입찰금액적정성심사위원회(국가계약법 시행령 제42조 제7항, 지방계약법 시행령 제42조의2 제2항), 제안서평가위원회(국가계약법 시행령 제43조 제8항, 지방계약법 제43조 제8항), 계약심의위원회(국가계약법 시행령 제94조 제1항, 지방계약법 제32조), 지방자치단체 계약분쟁조정위원회(지방계약법 제35조), 건설기술관리법에 의한 중앙건설기술심의위원회·특별건설기술심의위원회 및 설계자문위원회의 위원이 여기에 해당한다.

33) 전문기관의 계약담당자(지방계약법 제7조 제1항), 주민참여감독자(지방계약법 제16조 제2항).

34) 예컨대 투기사업에 참여할 기회 또는 시중보다 낮은 금리의 대출, 성관계

뇌물의 제공이 회사의 대표이사 등에 의하여 직접 이루어지거나 대표이사 등이 지시하여 이루어진 것이 아니라도 제재사유를 충족하는 데 문제가 없다. 건설회사의 현장감독이 공사의 편의를 위해 공무원에게 금전을 제공하였다면 비록 그 증뢰가 회사자금 또는 대표이사의 지시에 의하여 이루어진 것이 아니더라도 부정당제재의 사유인 뇌물제공에 해당한다는 것이 판례의 입장이다.[35)]

12) 반복적 입찰절차 불참(11호)

입찰참가신청서 또는 입찰참가승낙서를 제출하고도 정당한 이유 없이 당해 회계연도 중 3회 이상 입찰에 참가하지 않은 경우 입찰참가자격을 제한한다. 다만, 지정정보처리장치에 의하여 입찰서를 제출하게 한 입찰은 여기의 입찰에 해당하지 아니하므로 실무에 있어 본 호의 사유를 이유로 한 부정당제재는 자주 발생하지 않는 편이다. 정당한 이유란 앞의 6호에서와 같이 귀책사유가 없는 경우를 의미한다고 보아야 할 것이다.

13) 입찰참가 · 계약체결 · 계약이행 · 감독검사에 대한 방해(12호, 13호)

타인이 입찰하는 행위 또는 낙찰자의 계약체결이나 계약의 이행을 방해하는 행위 및 발주청의 감독이나 검사를 방해하는 행위는 부정당제재사유에 해당한다. 방해행위의 유형에는 제한이 없으므로 직접적인 물리력의 행사뿐 아니라 협박이나 기망행위 등 객관적 입증이 가능한 행위는 모두 포함되는 것으로 볼 것이다. 또한 방해의 위험성이 상당한 정도 인정되는 것만으로도 족하고 현실적인 방해의 결과가 있어야 하는 것도 아니다. 방해행위의 주체는 대표자나 법인

의 제공 등이 모두 포함되는 반면 객관적 측정이 불가능한 개인적 만족감이나 홍미의 충족, 측정 불가능한 가치를 가진 정보의 제공(친부가 누구인지 알려준다는 등)은 뇌물에 해당하지 않는다.

35) 대법원 1985.7.23. 선고 85누136 판결.

의 대표이사 등에 한정되지 않으며 대리인 또는 직원 등 피용자의 경우라도 해당 업체의 감독범위 내에 있는 사람이라면 제한이 없다.

14) 적격심사 또는 입찰금액적정성심사에 관한 서류의 미제출 또는 심사포기(14호, 14호의2)

국가계약법 시행령 제42조에 따라 추정가격이 고시금액[36] 미만인 물품입찰을 제외하고는 경쟁계약인 모든 국가계약에 있어서 적격심사절차를 거쳐야 하는데 이때 적격심사서류의 전부 또는 일부를 제출하지 않거나 서류제출 후 낙찰자 결정 전에 심사를 포기하는 경우 부정당제재사유에 해당한다.

한편 추정가격이 300억원 이상인 공사입찰의 경우에는 예정가격 이하로서 최저가격으로 입찰한 자부터 입찰금액의 적정성을 심사하여 낙찰자를 결정한다.[37] 이때 적정성심사에 필요한 서류의 전부 또는 일부를 제출하지 않거나 서류제출 후 낙찰자 결정 전에 심사를 포기하는 것도 제재사유에 해당한다.

15) 실시설계서의 미제출(15호)

공사의 설계와 시공을 동시에 입찰하는 일괄입찰(소위 Turn-Key 방식)의 경우에는 기본설계를 통해 적격심사대상자를 선정한 후 심사를 통해 실시설계적격자를 결정하고 있는바, 실시설계적격자로 선정된 자가 실시설계서를 제출하면 그 자를 낙찰자로 결정하게 된다. 그러나 실시설계적격자가 정당한 이유 없이 기한 내에 실시설계서를 제출하지 아니한 경우에 그 자를 낙찰자로 결정할 수 없을 뿐더러

---

36) 2010년 현재 고시금액은 물품 및 용역 2억원, 공사는 76억원.

37) 공사수행능력이 아니라 가격의 적정성만을 심사한다는 점에서 적격심사와는 차이가 있다. 심사항목으로는 가격절감사유의 적정성, 자료의 일치성 또는 신뢰성, 물량산출의 적정성 등이 포함되며 세부기준은 회계예규인 '최저가낙찰제의 낙찰금액의 적정성 심사기준'이 정하고 있다.

부정당제재사유에 해당한다.

16) 감리원의 부당한 교체(16호)

건설기술관리법 제52조 제9항은 감리전문회사가 감리원을 교체할 경우 사전에 발주청의 승인을 얻도록 하고 있는데 이러한 승인절차 없이 임의로 감리원을 교체하는 행위는 부정당제재사유에 해당한다. 또한 계약에서 감리원 교체에 관해 별도로 정한 사항이 있다면 이를 위반한 경우도 마찬가지로 입찰참가자격을 제한한다.

17) 사기 등으로 국가에 손해 발생(17호)

사기, 그 밖의 부정한 행위로 입찰·낙찰 또는 계약의 체결·이행 과정에서 국가에 손해를 끼친 자는 손해금액에 따라 입찰참가자격을 제한하도록 하는 내용이 2010년 신설되었다. 다만 1호와 같이 부정한 행위의 개념이 모호하고 실제 발생한 손해금액을 확정하는 데 난점이 있을 것으로 보여 분쟁발생의 여지가 크다고 하겠다.

18) 국가기관의 정보시스템 구축 및 운영과정에서 지득한 정보의 누출(18호)

국가와 계약을 체결한 업체로 인해 정보 누설이 자주 발생하자 부정당제재의 사유로 2010년 신설되었다. 「전자정부법」 제2조 제13호에 따른 정보시스템[38]의 구축 및 유지·보수 계약의 이행과정에서 알게 된 정보 중 각 중앙관서의 장 또는 계약담당공무원이 누출될 경우 국가에 피해가 발생할 것으로 판단하여 사전에 누출금지정보로 지정하고 계약서에 명시한 정보를 무단으로 누출한 자에 대해서는 누출건수에 따라 입찰참가자격을 제한한다.

---

38) 정보의 수집·가공·저장·검색·송신·수신 및 그 활용과 관련되는 기기와 소프트웨어의 조직화된 체계.

2. 지방계약법 시행령상 제재사유

지방계약법 시행령은 국가계약법 시행령이 정하고 있는 사유 이외에 지방 계약법 제33조에 위반하여 특수관계인 등으로서 지방자치단체와 영리목적의 계약을 체결한 자에 대하여도 입찰참가자격을 제한하고 있다. 즉 지방계약법 제33조[39]는 지방자치단체장 또는 지방의회의원은 그 지방자치단체와 영리를 목적으로 하는 일체의 계약을 체결할 수 없도록 하고, 사업자가 지방자치단체장 또는 지방의회의원의 가족 기타 특수관계에 있는 경우는 그 지방자치단체와 영리 목적의 수의계약 체결을 금지하고 있는데 이를 위반하여 계약을 체결한 경우에는 입찰참가자격을 제한하도록 하고 있다.

---

39) 지방자치단체를 당사자로 하는 계약에 관한 법률
제33조 (입찰 및 계약체결의 제한) ① 지방자치단체의 장 또는 지방의회의원은 그 지방자치단체와 영리를 목적으로 하는 계약을 체결할 수 없다.
② 다음 각 호의 어느 하나에 해당하는 자가 사업자(법인의 경우 대표자를 말한다)인 경우에는 그 지방자치단체와 영리를 목적으로 하는 수의계약을 체결할 수 없다.
1. 지방자치단체의 장의 배우자
2. 지방자치단체의 지방의회의원의 배우자
3. 지방자치단체의 장 또는 그 배우자의 직계 존속·비속
4. 지방자치단체의 지방의회의원 또는 그 배우자의 직계 존속·비속
5. 지방자치단체의 장 또는 지방의회의원과 다음 각 목의 관계에 있는 사업자(법인을 포함한다. 이하 같다)
가.「독점규제 및 공정거래에 관한 법률」제2조 제3호에 따른 계열회사
나.「공직자윤리법」제4조 제1항에 따른 등록대상으로서 소유 명의와 관계없이 지방자치단체의 장 또는 지방의회의원이 사실상 소유하는 재산이 자본금 총액의 100분의 50 이상인 사업자
6. 지방자치단체의 장과 제1호·제3호·제5호에 해당하는 자가 소유하는 자본금 합산금액이 자본금 총액의 100분의 50 이상인 사업자
7. 지방자치단체의 지방의회의원과 제2호·제4호·제5호에 해당하는 자가 소유하는 자본금 합산금액이 자본금 총액의 100분의 50 이상인 사업자

3. 방위사업법상 제재사유

방위사업청장은 방산업체 · 일반업체 · 전문연구기관 · 일반연구기관 및 그 대표나 임원 등이 청렴서약서를 위반한 경우에는 해당 업체 또는 기관에 대하여 1년의 범위 안에서 입찰참가자격을 제한하는 조치를 할 수 있으며 동시에 계약을 해제 또는 해지할 수 있다.[40] 그 절차 등에 관해서는 국가계약법 시행령이 정하는 바에 의한다.

〈방위사업법상 제재사유 –¯방위사업법 시행규칙 별표 3〉

입찰참가자격 제한 사유	제재기간
1. 의사결정, 입찰, 계약체결 및 계약이행과 관련하여 관계 공무원에게 금품 · 향응 등을 제공하기로 약속한 경우	6월
2. 방위사업과 관련된 특정정보의 제공을 요구하거나 제공받은 사실이 있는 경우	6월
3. 특정정보누설	
가. 계약기간 중 연구성과물을 임의로 제3자에게 제공하거나 누설한 경우	1년
나. 계약기간 종료 후 방위사업 정책이 결정되기 이전에 연구성과물을 임의로 제3자에게 제공하거나 누설한 경우	6월
4. 원도급자의 우월적 지위 이용	
가. 수급인으로부터 금품을 수수하거나 부당 또는 불공정행위를 하여 계약이행을 부실하게 한 경우	6월
나. 수급인으로부터 금품을 수수하거나 부당 또는 불공정행위를 한 경우	4월

40) 방위사업법 시행령 제70조 제1항.

제3절 | 제재처분의 상대방

1. 계약상대자 등

제재처분은 계약을 체결한 계약상대자, 경쟁입찰에 참여한 입찰자, 수의계약의 체결 전 지정정보처리장치를 이용하여 견적을 제출하는 자(국가계약법 시행령은 이들 세 가지 경우를 '계약상대자 등'으로 칭하고 있다)가 그 대상이 된다. 종전에는 제재처분의 상대방을 계약상대자와 입찰자로 한정하고 있었기 때문에 수의시담의 상대방은 부정당제재의 대상이 되지 않았으나 2010년 국가계약법 시행령의 개정으로 일정범위에서는 수의시담의 상대방까지도 제재의 대상으로 확장되었다.

다만, 모든 수의시담의 상대방이 제재대상이 될 수 있는 것이 아니라 「건설산업기본법」에 따른 건설공사로서 추정가격이 2천만원

〈지정정보처리장치를 통해 견적서제출이 강제되는 수의계약〉

<table>
<tr><th></th><th>추 정 가 격</th><th>예 외</th></tr>
<tr><td>건설공사</td><td>2천만원 이상
2억원 이하</td><td rowspan="4">1. 전문 학술연구용역
2. 농·수산물 및 음식물의 구입 등 신선도와 품질을 우선적으로 고려하여야 하는 경우
3. 그 밖에 계약의 목적이나 특성상 지정정보처리장치에 의한 견적서제출이 곤란한 경우로서 기획재정부장관이 정하는 경우</td></tr>
<tr><td>전문공사</td><td>2천만원 이상
1억원 이하</td></tr>
<tr><td>그 밖의 공사</td><td>2천만원 이상
8천만원 이하</td></tr>
<tr><td>물품제조·구매·용역계약 등</td><td>2천만원 이상
5천만원 이하</td></tr>
</table>

이상 2억원 이하인 공사, 전문공사로서 추정가격이 2천만원 이상 1억원 이하인 공사, 그 밖의 공사로서 추정가격이 2천만원 이상 8천만원 이하인 공사, 추정가격이 2천만원 이상 5천만원 이하인 물품의 제조·구매, 용역, 그 밖의 계약(임차 또는 임대의 경우에는 연액 또는 총액을 기준)의 경우로서 국가계약법 시행령 제30조 제2항에 의하여 지정정보처리장치를 통해 견적서를 제출한 자만이 그 대상이 될 수 있다.

2. 대리인 · 지배인 · 그 밖의 사용인

대리인이나 지배인 또는 그 밖의 사용인[41]이 법령상 부정당제재 사유에 해당하는 행위를 한 경우 본인이나 영업주(사용주)인 계약상대자 등 외에 행위를 직접 한 대리인·지배인·그 밖의 사용인에 대하여도 입찰참가자격을 제한할 수 있다. 다만, 제재처분의 효과가 당연 확장되는 명문의 규정이 없는 이상 본인이나 영업주에 대하여 제재가 있었다고 하여 당연히 이들에게도 제재의 효과가 미치는 것은 아니며 처분의 상대방으로서 별도로 이들에 대한 제재절차를 거쳐야 할 것이다.

계약상대자 등의 사용인의 행위로 인하여 입찰참가자격의 제한사유가 발생한 경우에는 계약상대자 등과 사용인을 모두 제재하여야 한다. 다만 계약상대자 등이 그 사용인의 행위를 방지하기 위하여 상당한 주의와 감독을 기울인 경우에는 사용인의 행위에도 불구하고 계약상대자 등은 제재의 대상에 해당하지 않는다. 상당한 주의와 감독에 대하여는 별도로 기준을 정한 바 없기 때문에 구체적 사안에

41) 종전에는 '기타 사용인'이라고 규정하고 있었다. 이에 관해서는 대리인이나 지배인에는 포함되지 않으면서 제재의 효과가 미친다는 점을 고려하면 '사실행위에 관한 이행을 보조하는 자로서 대리인이나 지배인이 아닌 자'가 여기에 해당한다고 할 것이며 대표적으로는 하수급업체를 들 수 있다.

따라 판단할 수밖에 없을 것이다.

3. 대 표 자

부정당제재를 받은 자가 법인 기타 단체인 경우에는 그 대표자에 대하여도 입찰참가자격을 제한한다.[42] 비록 법문언에 법인 기타 단체라고 정하고 있으나 공적 조달계약에서 비법인사단 등 법인 외의 단체는 현실적으로 상정 곤란하므로 여기에서의 단체는 곧 법인을 의미한다고 보아도 무방하다. 따라서 대표자는 민사회사나 유한회사의 이사, 주식회사의 대표이사, 합명회사의 업무집행사원, 합자회사의 무한책임사원 등을 말하는 것으로 볼 것이다.

대표자가 수인인 경우에는 당해 입찰 또는 계약에 관한 업무를 관장하지 아니한 대표자에 대하여는 입찰참가자격을 제한하지 않는다. 또한 법인이나 단체에 대한 제재가 있었다고 하여 당연히 대표자에게 제재의 효과가 미치는 것은 아니며 처분의 상대방으로서 별도로 제재절차를 거쳐야 함은 앞의 대리인 등과 같다.[43]

4. 중소기업협동조합의 조합원

입찰참가자격의 제한을 받은 자가 중소기업협동조합[44]인 경우에는 그 원인을 직접 야기시킨 조합원에 대하여도 부정당제재가 가능하다.[45] 중소기업협동조합 자체에 대한 제재처분 이외에 해당 조합원에 대해 별도로 제재처분이 있어야 한다.

42) 국가계약법 시행령 제76조 제4항.
43) 그러나 실무에서는 모든 대표자에 대하여 제재를 하고 있지는 않은 것으로 보인다.
44) 중소기업협동조합은 민법상 조합이 아니라 법인이므로 조합 자체가 제재의 대상이 된다(중소기업협동조합법 제4조).
45) 국가계약법 시행령 제76조 제4항.

5. 공동수급체

국가계약법 시행령 제76조 제3항은 공동계약의 경우에는 입찰참가자격의 제한사유를 야기시킨 자에 대하여 제재를 하도록 규정하고 있다. 판례[46]는 공동수급체 중 단체성이 강한 공동이행방식의 공동수급체에 대해서조차 이를 민법상의 조합으로 보고 있는데,[47] 조합에게는 독립한 공법상 지위를 인정할 수 없는 이상 공동수급체는 부정당제재처분의 상대방이 될 수 없다. 결국 이 경우 부정당제재는 당연히 공동수급체의 구성원을 상대로 할 수밖에 없는데 위 규정은 이러한 당연한 논리적 귀결을 확인하는 이상의 의미를 지닌 것은 아니라고 보인다.

제4절 | 제재의 절차 – 계약심의회

1. 계약심의회

각 중앙관서의 장 또는 그 소속기관의 장은 국가계약에 관한 사항의 자문을 위하여 계약심의회를 설치·운영할 수 있다. 부정당업자의 입찰참가자격 제한에 관한 사항도 계약심의회의 심의대상에 포함되는데 업무의 실제에 있어서는 계약심의회의 결정이 제재절차의 핵심을 이루고 있다. 다만, 국가계약에서 계약심의회는 자문기구에 불과하므로 계약심의회의 결정은 중앙관서장을 구속할 수 없고, 계약심의회의 운영에 관한 내부규정 등에 반하여 결정이 있는 경우

46) 대법원 2000.12.12. 선고 99다49620 판결, 대법원 2006.8.25.선고 2005다16959 판결 등.

47) 자세한 내용은 정원, "건설공동수급체의 법률관계 및 운영상의 개선방안," 국방조달계약 연구논집(2005), 599면 이하 참조.

라도 이를 이유로 처분인 부정당제재의 절차상 하자가 인정되기는 어려울 것으로 판단된다. 통상 계약심의회에서는 제재대상업자의 출석 또는 서면에 의한 진술권이 보장된다.

2. 계약심의위원회

국가계약에 있어 계약심의회가 자문기구에 불과한 것과 달리 지방자치단체계약에 있어 계약심의위원회는 필수적 심의기구이다. 지방계약법 제32조는 지방자치단체의 장은 일정 규모 이상[48]의 계약과 관련하여 적절성과 적법성을 심의하기 위하여 계약심의위원회를 설치·운영하도록 하고 있으며 부정당제재에 관한 사항도 계약심의위원회의 심의대상에 해당한다. 다만 부정당제재에 관하여는 계약의 규모와는 상관없이 언제나 심의를 거치도록 하고 있으나, 그 사유가 승인 없는 하도급 또는 하도급 조건변경인 경우(2호), 공정거래위원회로부터 요청이 있는 경우(3호), 정당한 이유 없는 계약 불체결 또는 불이행의 경우(6호), 입찰참가신청서 또는 입찰참가승낙서를 제출하고도 정당한 이유 없이 해당 회계연도 중 3회 이상 입찰에 참가하지 아니한 경우(11호), 입찰참가를 방해하거나 낙찰자의 계약체결 또

48) 지방자치단체를 당사자로 하는 계약에 관한 법률 시행령

제108조(계약심의위원회 심의대상) ① 법 제32조 제1항에서 "대통령령이 정하는 규모 이상의 계약"이라 함은 다음 각 호에 해당하는 계약을 말한다. 다만, 긴급한 재해복구사업, 지역경제 활성화를 위하여 예산을 조기 집행할 필요가 있는 사업 및 「조달사업에 관한 법률」에 따라 조달청에 의뢰한 계약은 제외한다.

1. 시·도위원회 : 해당 시·도에서 발주하는 추정가격이 70억원 이상인 공사계약(물품·용역 등의 경우에는 20억원 이상).
2. 시·군·구위원회 : 해당 시·군·구에서 발주하는 추정가격이 50억원 이상인 공사계약(물품·용역 등의 경우에는 10억원 이상).

② 제1항에도 불구하고 법 제32조 제1항 제4호(부정당업자의 입찰 참가자격 제한에 관한 사항) 및 제5호(지방자치단체의 장이 심의가 필요하다고 인정하는 사항)에 관한 사항은 계약의 규모에 관계없이 계약심의위원회의 심의를 거쳐야 한다.

는 이행을 방해한 경우(12호), 감독 또는 검사를 방해한 경우(13호), 정당한 이유 없이 계약이행능력의 심사에 필요한 서류를 제출하지 아니하거나 심사를 포기한 경우(14호), 실시설계적격자로 선정된 후 정당한 이유 없이 기한 내에 실시설계서를 제출하지 아니한 경우(15호) 등은 계약심의위원회의 심의를 생략할 수 있도록 하고 있다.[49]

또한 계약심의위원회는 그 심의 결과를 지방자치단체의 장에게 지체 없이 통지하여야 하며, 지방자치단체의 장은 특별한 사유가 없으면 그 심의 결과를 반영하여야 한다. 따라서 지방자치단체의 장이 계약심의위원회의 심의와 다른 처분을 하거나 계약심의위원회의 운영에 관한 법령 또는 조례에 위반하여 심의가 이루어진 경우 등은 모두 부정당제재처분의 하자사유로 주장이 가능하다. 계약심의위원회 위원장은 그 지방자치단체의 경리관 또는 분임경리관이 되고 위원은 변호사 등의 관련분야 전문가 또는 학계나 시민단체의 추천을 받은 자, 국가공무원 또는 다른 지방자치단체의 소속 공무원 등을 위촉하되 당해 지방자치단체의 공무원은 위원장을 제외하고는 위원이 될 수 없도록 하고 있다.

제5절 | 제재기간

1. 서 설

국가계약법 제27조 및 지방계약법 제31조는 부정당제재기간을 2년의 범위 이내로 제한하고 있다.[50] 한편 제재기간은 1월 이상일

---

49) 지방계약법 시행령 제92조 제1항 단서. 다만, 제108조 제2항과의 관계에서는 입법형식상 부적절한 측면이 있다고 판단된다.

50) 종전에는 국가계약법 제27조가 대통령령이 정하는 바에 의하여 '일정기간' 입찰참가자격을 제한하도록 하고 있었으나 이는 포괄위임입법금지원칙과 명

것을 요하므로[51] 구체적 제재기간은 1월부터 2년까지의 범위에서 결정된다.

부정당제재는 행정처분에 해당하므로 처분의 통지문서를 업체에게 송달함으로써 그 효력이 발생한다. 다만 대부분의 경우 이러한 통지서상에 제재기간의 시기(始期)와 종기(終期)를 명시하고 있는데[52] 명시된 시기의 이전에 통지서가 도달된 경우에는 당해 시기가 도래함으로써 제재의 효력이 발생하게 되는 반면에 명시된 시기를 경과하여 도달된 경우에는 당연히 도달된 시점부터 제재의 효과가 발생한다.[53]

국가계약법 시행령 제76조 제1항은 제재사유의 발생 후 '지체없이' 제재처분을 한다고만 규정하고 있을 뿐 그 구체적 시기에 관하여는 정한 바가 없다. 제재처분의 시기를 언제로 하느냐에 따라 종기도 달라질 수밖에 없기 때문에 제재처분의 시기는 향후 입찰참가의 가부를 결정할 수 있는 중요한 문제이나 이에 관하여는 특별한 기준 없이 각 관서의 사정에 따라 제각각 이루어지고 있는 것으로 보인다. 다만, 시기에 관하여 법령상의 제한이 없으므로 사유발생 후 수 년이 지난 다음에 제재처분을 하는 경우와 같이 극단적인 상황을 제외하고는 시기의 문제를 이유로 처분의 당부를 다투는 것은 곤란한 것으로 판단된다. 이 부분에 대하여는 입법적 해결의 필요성이 있다.

확성의 원칙에 위배된다는 이유로 헌법재판소에서 불합치결정을 받았고(2005.6.30. 2005헌가1) 2005.12.14. 법 개정으로 2년의 범위가 신설되었다.

51) 국가계약법 시행규칙 제76조 제4항, 지방계약법 시행규칙 제75조 제5항.

52) 『2010.○.○. ~ 2010.○.○.』 등과 같이 일자를 구체적으로 기재하고 있다.

53) 다만 부정당제재는 지정정보처리장치를 통해 공시하는데 통지서의 도달시점 이전에 공시가 되고 이로 인해 입찰참가가 제한된 경우에는 이를 다툴 수 있게 된다. 또한 시기를 경과하여 도달된 경우라도 신뢰보호측면에서 통지서상 표시된 종기일이 처분의 실질적 종기일이 된다고 할 것이다.

2. 사유별 제재기간

입찰참가자격 제한사유	국가 계약법상 제재기간	지자체 계약법상 제재기간
1. 부실시공 또는 부실설계·감리를 한 자		
가. 부실벌점이 150점 이상인 자	2년	1년 10월 이상 2년 이하
나. 부실벌점이 100점 이상 150점 미만인 자	1년	11월 이상 1년 1월 미만
다. 부실벌점이 75점 이상 100점 미만인 자	8월	7월 이상 9월 미만
라. 부실벌점이 50점 이상 75점 미만인 자	6월	5월 이상 7월 미만
마. 부실벌점이 35점 이상 50점 미만인 자	4월	3월 이상 5월 미만
바. 부실벌점이 20점 이상 35점 미만인 자	2월	1월 이상 3월 미만
※ "부실벌점":「건설기술관리법」 제21조의4에 따른 부실벌점		
2. 계약의 이행을 조잡하게 한 자		
가. 공 사		
(1) 하자비율이 100분의 500 이상인 자	2년	1년 10월 이상 2년 이하
(2) 하자비율이 100분의 300 이상 100분의 500 미만인 자	1년	11월 이상 1년 1월 미만
(3) 하자비율이 100분의 200 이상 100분의 300 미만인 자	8월	7월 이상 9월 미만
(4) 하자비율이 100분의 100 이상 100분의 200 미만인 자	3월	2월 이상 4월 미만
※ "하자비율": 하자담보책임기간 중 하자검사결과 하자보수보증금에 대한 하자발생 누계금액비율		
나. 물 품		
(1) 보수비율이 100분의 25 이상인 자	2년	1년 10월 이상

		2년 이하
(2) 보수비율이 100분의 15 이상 100분의 25 미만인 자	1년	11월 이상 1년 1월 미만
(3) 보수비율이 100분의 10 이상 100분의 15 미만인 자	8월	7월 이상 9월 미만
(4) 보수비율이 100분의 6 이상 100분의 10 미만인 자	3월	2월 이상 4월 미만
※ "보수비율"이라 함은 물품보증기간 중 계약금액에 대한 보수비용발생 누계금액비율		
3. 계약 이행을 부당하게 하거나 계약을 이행함에 있어 부정한 행위를 한 자		
가. 설계서(물품제조의 경우에는 규격서를 말한다. 이하 같다)와 달리 구조물 내구성 연한의 단축, 안전도의 위해를 가져오는 등 부당한 시공(물품의 경우에는 제조를 말한다. 이하 같다)을 한 자	1년	11월 이상 1년 1월 미만
나. 설계서상의 기준규격보다 낮은 다른 자재를 쓰는 등 부정한 시공을 한 자	6월	5월 이상 7월 미만
4. 하도급관련 의무를 위반한 자		
가. 전부 또는 주요부분의 대부분을 1인에게 하도급한 자	1년	11월 이상 1년 1월 미만
나. 전부 또는 주요부분의 대부분을 2인 이상에게 하도급한 자	8월	7월 이상 9월 미만
다. 건설업미등록자에게 하도급한 자	8월	7월 이상 9월 미만
라. 발주기관의 승인 없이 하도급한 자	6월	5월 이상 7월 미만
마. 재하도급금지 규정에 위반하여 하도급한 자	4월	3월 이상 5월 미만
바. 하도급조건을 하도급자에게 불리하게 변경한 자	4월	3월 이상 5월 미만
5. 공정거래위원회 또는 중소기업청장으로부터 입찰참가자격제한 요청이 있는 자		

가. 별표상에 정한 제한기준이 있는 경우	해당 기준	해당 기준
나. 별표상에 정한 제한기준이 없는 경우	3월	2월 이상 4월 미만
6. 조사설계금액/원가계산금액을 부적정하게 산정한 자, 타당성조사의 부실수행으로 발주기관에 손해를 끼친 자		
가. 고의에 의한 경우	6월	5월 이상 7월 미만
나. 중대한 과실에 의한 경우	3월	2월 이상 4월 미만
7. 안전·보건조치를 소홀히하여 근로자에게 위해를 가한 자		
가. 안전대책을 소홀히하여 사업장 근로자 외의 공중에게 생명·신체상의 위해를 가한 자	1년	11월 이상 1년 1월 미만
나. 안전대책을 소홀히하여 사업장 외의 공중에게 재산상의 위해를 가한 자	6월	5월 이상 7월 미만
다. 사업장에서 「산업안전보건법」에 따른 안전·보건조치를 소홀히 하여 근로자가 사망하는 재해를 발생시킨 자		
(1) 동시에 사망한 근로자수가 10인 이상인 자	1년	11월 이상 1년 1월 미만
(2) 동시에 사망한 근로자수가 6인 이상 10인 미만인 자	6월	5월 이상 7월 미만
(3) 동시에 사망한 근로자수가 2인 이상 6인 미만인 자	3월	2월 이상 4월 미만
8. 정당한 이유 없이 계약을 체결 또는 이행하지 아니한 자		
가. 계약을 체결 또는 이행(하자보수의무의 이행을 포함한다)하지 아니한 자	6월	5월 이상 7월 미만
나. 공사계약의 연대보증인으로서 보증이행(하자보수의무의 이행을 포함한다)을 요구받고도 이에 불응한 자	3월	2월 이상 4월 미만
다. 공동계약에서 정한 구성원간의 출자비율 또는 분담내용에 따라 시공하지 아니한 자		

(1) 시공에 참여하지 아니한 자	3월	1월 이상 3월 미만
(2) 시공에는 참여하였으나 출자비율 또는 분담내용에 따라 시공하지 아니한 자	1월	
라. 영 제52조 제1항 단서에 따라 공사이행보증서를 제출하여야 하는 자로서 동 공사이행보증서 제출의무를 이행하지 아니한 자	1월	1월 이상 3월 미만
마. 영 제42조 제5항에 따른 계약이행능력심사를 위하여 제출한 하도급관리계획, 외주근로자 근로조건 이행계획에 관한 사항을 지키지 아니한 자	1월	1월 이상 3월 미만
9. 입찰가격을 협정하거나 특정인의 낙찰을 위하여 담합한 자		
가. 담합을 주도하여 낙찰을 받은 자	2년	•
나. 담합을 주도한 자	1년	11월 이상 1년 1월 미만
다. 입찰자 간에 서로 상의하여 미리 입찰가격을 협정하거나 특정인의 낙찰을 위하여 담합한 자	6월	5월 이상 7월 미만
10. 입찰·계약에 관한 서류를 위·변조 또는 부정행사하거나 허위서류를 제출한 자		
가. 입찰에 관한 서류(입찰참가자격등록에 관한 서류 포함)를 위조·변조·부정행사하거나 허위서류를 제출하여 낙찰을 받은 자	1년	11월 이상 1년 1월 미만
나. 입찰 또는 계약에 관한 서류(입찰참가자격등록에 관한 서류 포함)를 위조·변조·부정행사하거나 허위서류를 제출한 자	6월	5월 이상 7월 미만
11. 고의로 무효의 입찰을 한 자	6월	5월 이상 7월 미만
12. 입찰·낙찰 또는 계약의 체결·이행과 관련하여 공무원에게 뇌물을 준 자		
가. 2억원 이상의 뇌물을 준 자	2년	2년
나. 1억원 이상 2억원 미만의 뇌물을 준 자	1년	1년
다. 1천만원 이상 1억원 미만의 뇌물을 준 자	6월	6월
라. 1천만원 미만의 뇌물을 준 자	3월	3월

13. 입찰참가신청서(승낙서)를 제출하고도 정당한 이유 없이 3회 이상 입찰에 불참한 자	1월	1월 이상 3월 미만
14. 입찰참가를 방해하거나 낙찰자의 계약체결 또는 그 이행을 방해한 자	3월	2월 이상 4월 미만
15. 감독 또는 검사에서 직무수행을 방해한 자	3월	2월 이상 4월 미만
16. 계약이행능력심사서류의 미제출 또는 서류제출 후 낙찰자결정 전 심사를 포기한 자	3월	2월 이상 4월 미만
17. 실시설계적격자로 선정된 후 정당한 이유 없이 심사에 필요한 서류의 전부 또는 일부를 제출하지 아니한 자	3월	2월 이상 4월 미만
18. 감리원을 부당하게 교체한 자	8월	7월 이상 9월 미만
19. 사기 등으로 입찰·낙찰 또는 계약의 체결·이행 과정에서 국가에 손해를 끼친 자		
가. 국가에 10억원 이상의 손해를 끼친 경우	2년	1년 11월 이상 2년 미만
나. 국가에 10억원 미만의 손해를 끼친 경우	1년	11월 이상 1년 1월 미만
20. 사전에 누출금지정보로 지정하고 계약서에 명시한 정보를 무단으로 누출한 자		
가. 정보 누출 횟수가 2회 이상인 경우	3월	3월
나. 정보 누출 횟수가 1회 이상인 경우	1월	1월
※ 특수관계에 있는 사업자로서 계약체결금지의무를 위반한 자		5월 이상 7월 미만

3. 제재기간의 가감

1) 가중제재[54)]

부정당제재처분의 시기(始期)부터 제재기간 종료일 이후 6월이

54) 국가계약법 시행규칙 제76조 제2항, 지방자계약법시행규칙 제76조 제2항.

경과하는 날까지의 기간 중 당해 업자에게 다시 제재사유가 발생한 경우에는 재량으로 제재기간을 가중하여 처분할 수 있다. 국가계약 및 공공기관계약에 있어서는 별표에서 정한 기간에 1/2을 가중한 범위 안에서 제한이 가능하고 지자체계약에 있어서는 별표에 정한 기간(또는 기간의 상한)에 2배까지 가중한 범위 안에서 제한할 수 있다. 다만 가중하여 제재하는 경우에도 그 기간은 2년을 넘을 수 없다.

제재기간의 가중에 관한 규정도 불이익처분에 관한 조항으로서 엄격한 해석을 요한다고 볼 것이므로 제재처분의 시기 이전에 별도의 제재사유가 발생한 경우는 가중제재의 대상이라고 할 수 없고 아래의 복수의 제재사유가 있는 경우로 처리하여야 한다.[55]

2) 복수의 제재사유가 있는 경우[56]

국가계약이나 지자체계약을 막론하고 수개의 제재사유가 동시에 존재하는 경우에는 그 제재사유 중 가장 무거운 제한기준(모두 동일한 제한기준에 해당하는 경우는 그 제한기준)에 의하여 입찰참가자격을 제한한다.

3) 특별경감[57]

각 중앙관서의 장 및 공기업·준정부기관의 장은 부정당업자에

55) 국가계약과 지자체계약에 있어서 계약심의회와 계약심의위원회는 각각 자문기관과 심의기관에 불과하지만 현실에서는 의결기관과 유사한 지위를 가지고 운영되는바, 위원회의 개최 전 별건의 제재사유가 발생한 경우는 복수의 제재사유가 있는 경우로 보고 1개의 부정당제재처분만을 받는 데 반하여 계약심의회의 개최 이후에 2차적인 제재사유가 발생하는 경우는 별도의 계약심의회에서 이를 심의하게 되고 이로 인해 2개의 제재처분을 받게 된다.

56) 국가계약법 시행규칙 제76조 제3항, 지방자치단체계약법 시행규칙 제76조 제3항.

57) 국가계약법 시행규칙 제76조 제4항, 지방자치단체계약법 시행규칙 제76조 제4항.

대한 입찰참가자격을 제한하는 경우 자격제한기간을 그 위반행위의 동기·내용 및 횟수 등을 고려하여 별표에서 정한 기간의 2분의 1의 범위 안에서 감경할 수 있고, 지방자치단체의 장은 위반정도가 경미하거나 그 밖에 정상을 참작할 특별한 사유가 있는 경우에 제한기간(또는 기간의 하한)을 6월의 범위 안에서 경감할 수 있다. 실무에서는 계약의 이행률, 기존의 납품실적, 각종 상훈사실, 입찰금액의 명백한 오기 추정 여부 등이 감경요소로 고려된다. 다만 경감을 하는 경우에도 제재기간은 1월 이상이 되도록 하여야 한다.

제6절 | 제재의 효과

1. 입찰참가의 금지

부정당제재를 받은 업체는 제재기간 동안 각 중앙관서, 지방자치단체, 공공기관 등이 행하는 경쟁입찰에서 참가자격이 박탈된다. 중앙관서장, 지방자치단체장, 공공기관장이 행한 부정당제재는 각각 모든 중앙관서, 모든 지방자치단체, 모든 공기업·준정부기관에서 행하는 경쟁입찰에서 당해 업체의 입찰참가자격을 박탈한다. 나아가 중앙관서장은 지방자치단체장이나 공공기관장이 제재한 업체에 대하여, 지방자치단체장은 중앙관서장이나 공공기관장이 제재한 업체에 대하여, 공공기관장은 중앙관서장이나 지방자치단체장이 제재한 업체에 대하여 자신이 행하는 경쟁입찰에서 참가자격을 제한할 수 있고 일정한 경우[58]에는 반드시 입찰참가자격을 제한하도록 하고 있다.

58) 국가계약법 시행령 제76조 제1항 제1호 내지 5호, 제7호, 제8호, 지방계약법 시행령 제92조 제1항 제1호 내지 5호, 제7호, 제8호의 사유가 있는 경우 등. 그러나 실무에서는 부정당제재기간 중 제재사유를 구분하지 않고 모두 입찰참가자격을 제한하고 있어 본 항의 실질적 의미가 없다.

입찰참가자격이 있는지 여부는 입찰참가신청서류의 접수마감일(입찰참가등록마감일)을 기준으로 판단하므로 제재를 받은 업체는 입찰참가등록마감일의 전일까지 제재기간이 만료되어야 입찰에 참가할 수 있다. 다만, 현장설명참가가 의무인 공사에서는 현장설명일의 전일까지 제재기간이 만료되어야 하고, 현장설명일 이후 제재를 받은 경우에는 입찰참가등록마감일 전일까지 제재기간이 만료되어야 입찰참가가 가능하다.[59]

한편 낙찰자로 결정이 된 이후라도 계약의 체결 전에 부정당제재를 받은 경우에는 계약을 체결할 수 없다.[60] 다만 장기계속계약인 국가계약에 대해서는 계약의 안정적 이행을 보장하기 위하여 예외를 두고 있는데 계약상대자가 계약의 이행중에 제재를 받더라도 해당 장기계속계약의 연차별계약을 체결하는 것이 허용된다.[61]

계약공무원의 실수로 부정당제재기간 중에 있는 업체가 입찰에 참가해 낙찰을 받은 경우라도 그 업체의 입찰은 무효가 되고[62] 낙찰자 결정은 취소된다. 이 경우에 부적격자를 제외하고도 2인 이상 유효한 입찰이 성립되어 있는 때에는 차순위자 순으로 필요한 심사 등을 통해 낙찰자를 결정하게 되나,[63] 2인 이상의 유효한 입찰이 없는 경우는 재공고입찰에 부친다.

입찰 및 낙찰자결정을 통해 이미 계약이 체결되어 이행 중에 있는 상태에서 부정당제재를 받은 경우에는 제재로 인하여 이행중인 계약에 영향을 미치지 않는다.

---

59) 회계예규 물품구매(제조)입찰유의서 제3조의2 제3항, 용역입찰유의서 제3조의2 제3항, 공사입찰유의서 제3조의2 제3항.

60) 국가계약법 시행령 제76조 제10항, 지방계약법 제92조 제10항.

61) 국가계약법 시행령 제76조 제10항 후문, 그러나 지방자치단체계약에 대하여는 위와 같은 예외규정이 존재하지 않는다.

62) 국가계약법 시행규칙 제44조 제1호.

63) 물품구매(제조)입찰유의서 제16조 제10항, 용역입찰유의서 제15조 제6항, 공사입찰유의서 제18조 제6항.

2. 수의계약체결의 금지

각 중앙관서의 장 또는 계약담당공무원은 부정당제재를 받은 자와 수의계약을 체결하여서는 아니된다. 다만, 입찰참가자격을 제한받은 부정당업자 외에는 적합한 시공자나 제조자가 존재하지 아니하는 등 부득이한 사유가 있는 경우에는 예외적으로 수의계약의 체결이 가능하다.[64] 수의계약의 체결이 금지되는 기간은 제재기간으로 한정된다고 보아야 할 것이다. 공기업·준정부기관에 대해서도 위의 수의계약 제한규정이 존재하나,[65] 지방자치단체계약에 있어서는 위와 같은 수의계약금지에 관한 규정이 별도로 존재하지 않는다.

3. 적격심사 등에서의 감점

각 중앙관서의 장 등은 적격심사기준이나 협상에 의한 계약에서 제안서 평가 세부기준을 각 관서별 특징을 반영하여 별도로 정할 수 있는데, 관서에 따라서는 부정당제재를 받은 업체에 대해서는 일정기간 동안 신인도 등에서 감점사유로 정하고 있는 예가 있다.[66]

4. 선금지급의 제한[67]

계약금액이 3천만원 이상인 공사 또는 물품제조계약과 5백만원 이상인 용역계약에서 계약상대자가 선금의 지급을 요청할 때에는 계약금액의 100분의 70을 초과하지 아니하는 범위 내에서 선금을 지

64) 국가계약법 제27조 제3항.
65) 공기업·준정부기관 계약사무규칙 제15조 제9항.
66) 예를 들어 방위사업청지침인 물품적격심사기준은 최근 1년 이내에 부정당제재를 받은 업체에 대하여는 신인도항목에서 1점을 감점하도록 하고 있다.
67) 회계예규 정부입찰계약집행기준 제33조 제1항 제2호. 단, 행정안전부예규인 '지방자치단체 입찰 및 계약 집행기준'에는 이와 같은 제한이 없다.

급할 수 있는데, 국가계약에서 계약상대자가 부정당제재를 받아 그 기간 중에 있는 경우에는 선금을 지급하지 아니한다.

5. 연대보증인 · 보증이행업체 선정의 제한

공사계약에 있어 계약담당공무원은 계약이행의 보증을 위하여 계약보증금을 받는 이외에 연대보증인을 세우거나 보증기관의 공사이행보증서를 제출하도록 할 수 있다. 이때 부정당제재를 받고 그 기간 중에 있는 자는 연대보증인이 될 수 없다.[68] 또 공사이행보증서가 제출된 경우 계약상대자가 정당한 이유 없이 계약상의 의무를 이행하지 아니한 경우에 보증기관은 보증이행업체를 지정하여 당해 계약을 이행하게 하여야 하는데 이때 부정당제재를 받고 그 기간 중에 있는 업체는 보증이행업체로 지정될 수 없다.[69]

6. 입찰대리의 금지[70]

입찰참가신청인이 대리인을 지정한 경우에는 그 대리인이 입찰에 참가할 수 있는데 부정당제재를 받아 그 제재기간 중에 있는 자는 대리인으로 지정될 수 없다.

---

68) 국가계약법 시행규칙 제66조 제1항, 회계예규 공사계약일반조건 제9조 제1항 제2호, 지방계약법 시행규칙 제64조 제1항.

69) 회계예규 정부입찰계약집행기준 제45조 제1항 제2호, 행정안전부예규 지방자치단체 입찰 및 계약 집행기준 제1장 입찰 및 계약집행기준 V. 4. 가. 2).

70) 물품구매(제조)입찰유의서 제7조 제4항, 용역입찰유의서 제7조 제4항, 공사입찰유의서 제8조 제4항, 지방자치단체 입찰 및 계약 집행기준 제6장 공사입찰유의서 제8조 제4항, 제7장 용역입찰유의서 제7조 제3항, 제8장 물품구매(제조)입찰유의서 제7조 제3항.

제7절 | 제재효력의 인적 확장

1. 제재처분을 받은 대표자를 사용하는 경우

각 중앙관서의 장은 입찰참가자격이 제한된 자를 대표자로 사용하여 그 대표자가 입찰에 관여하는 경우에는 그 사용자에 대하여도 입찰참가자격을 제한한다.[71] 개인사업자에 있어서는 대표자가 있을 수 없고, 민법상 조합은 공법상 권리의무의 주체가 아니어서 제재 자체가 불가능하므로 여기에서의 사용자란 법인을 의미한다고 볼 것이다.[72] 본 조항을 단순히 해석하면 갑이 A회사와 B회사의 대표이사를 겸임하고 있는 경우에 A회사가 부정당제재를 받을 경우 B회사도 입찰참가자격이 제한된다는 결론에 이른다. 그러나 이러한 해석은 법인이라는 별개의 권리주체로서의 법인격을 무시한 것으로 과잉금지 또는 책임원칙에 반하여 위헌의 소지가 있다고 할 것이다. 따라서 '입찰에 관여하는'이라는 요건을 엄격하게 해석하여 제재처분을 받은 대표자가 직접 입찰에 참가하는 경우와 같이 입찰참가자격이 제한되는 경우를 좁혀 해석할 필요가 있다고 판단된다. 이 경우의 입찰참가자격 제한은 법률상 제재이므로 별도로 B법인에 대한 처분이 있을 것을 요하지는 않는다.

71) 국가계약법 시행령 제76조 제5항.

72) 비법인사단도 독립한 공법상 주체임은 분명하므로(행정심판법 제10조, 대법원 1996.8.20. 선고 96누1405 판결 등) 여기의 사용자에 해당할 여지가 없는 것은 아니나 현실적으로는 비법인사단이 공공계약에 참여하는 경우를 상정키 어려워 보인다.

2. 회사의 합병 · 분할 · 영업양도 · 조직변경 등

원칙적으로 행정행위는 일신전속적인 것으로서 승계되지 않지만 소위 대물적 행정행위의 성질을 가진 것, 즉 행정행위가 물건의 성상 등 객관적 사정에 대하여 이루어진 경우에는 승계가 가능하다고 보는 것이 일반적이다. 따라서 물건의 객관적 성상과는 상관없는 부정당제재는 그 분류상 대인적 행정행위에 해당하고 타인에게는 그 효과 등이 원칙적으로 승계되지 않는다고 할 것이다. 다만 다음의 경우와 같은 구체적 사안에 있어서는 부정당제재 효과의 승계 또는 이전을 인정할 것인지 실무상 문제되고 있다.

우선 회사의 합병과 관련하여, '부정당제재사유의 발생 이후 제재처분이 있기 이전' 또는 '제재처분 후 그 기간 중'에 기존의 회사가 합병되는 경우 합병후 회사에 대하여 직접 제재처분을 하거나 기존의 제재처분의 효력을 승계시킬 수 있을지 문제된다. 이에 관해 유권해석[73]은 "관련법령에 의하여 권리의무가 포괄적으로 합병법인에 승계되는 경우 제재조치 전 합병되었다면 제재사유가 승계되는 것으로 보아 합병법인에 대하여 제재가 가능하며, 합병법인이 부정당업자 제재를 받은 법인의 면허번호, 등록번호 및 법인등록번호 등과 각각 동일한 사항이 있어 동질성이 인정된다고 판단될 경우에는 입찰참가자격이 제한된다"고 한다. 즉, 기존회사와 합병회사의 동일성이 인정되는 경우에는 제재사유나 제재효과가 그대로 승계된다는 입장이다. 그러나 합병이란 통상의 권리의무의 양도와는 달리 인격적 합일로서 기존의 권리의무관계가 계속(포괄적으로 승계되는)되는 것이고 여기에는 사법상의 권리의무관계는 물론이고 공법상의 권리의무관계까지도 포함되므로[74] 신설합병이나 흡수합병을 막론하고 별도

73) 회계 45101-1560(1995.8.24.), 회제 41301-407(2002.3.28.).

74) 대법원 1994.10.25. 선고 93누21231 판결, 대법원 2004.7.8. 선고 2002두1946 판결.

로 동일성의 여부를 논할 필요 없이 합병후회사에 대하여 부정당제재사유나 부정당제재의 효과가 그대로 계속된다고 볼 것이다.

분할 또는 분할합병의 경우도 합병과 마찬가지로 분할되는 것은 인격이지 재산이 아니라고 본다면 분할 또는 분할합병으로 인하여 설립되는 회사 또는 존속하는 회사에는 모두 부정당제재사유나 부정당제재의 효과가 그대로 계속된다고 해야 한다. 만일 분할계획서 또는 분할합병계약서에 공법적 지위를 임의로 특정 회사가 승계하도록 정하거나, 분할되는 객관적 재산에 따라 처분의 효과를 이전할 기준을 설정하는 것을 허용한다면 이는 관련 당사자의 의사에 따라 공법적 지위를 자유로이 양도할 수 있도록 하는 것과 다를 바 없게 된다. 결국 공법관계의 법률적 특성 및 제재의 실효성 확보 측면에서 위와 같은 당사자간 합의에 의한 제재효과의 승계는 인정될 수 없다고 하겠다.

합병과 달리 영업양도는 그 본질이 재산의 이전에 있는바 판례[75]는 영업양도가 있는 경우 대물적 행정행위에 따른 권리의무는 양수인에게 이전한다고 보고 있다. 그러나 부정당제재는 대물적 행정행위가 아니므로 영업양도가 있더라도 제재사유나 효과는 양도인에게 그대로 존속하고 양수인에게 이전되지 않는다고 보아야 할 것이다.

회사의 상호를 변경하거나 회사의 형태를 유한회사에서 주식회사로 바꾸는 등과 같이 단순히 조직만을 변경한 경우는 회사 자체의 동일성이 유지되므로 처분의 승계문제도 발생할 여지가 없게 된다. 따라서 기존 회사가 가지고 있는 부정당제재사유 또는 제재의 효과

75) 대법원 1986.7.22. 선고 86누203 판결.
"석유판매업(주유소)허가는 소위 대물적 허가의 성질을 갖는 것이어서 그 사업의 양도도 가능하고 이 경우 양수인은 양도인의 지위를 승계하게 됨에 따라 양도인의 위 허가에 따른 권리의무가 양수인에게 이전되는 것이므로 만약 양도인에게 그 허가를 취소할 위법사유가 있다면 허가관청은 이를 이유로 양수인에게 응분의 제재조치를 취할 수 있다 할 것이고, 양수인이 그 양수 후 허가관청으로부터 석유판매업허가를 다시 받았다 하더라도 이는 석유판매업의 양수도를 전제로 한 것이어서 이로써 양도인의 지위승계가 부정되는 것은 아니라 할 것이다."

는 그대로 변경 후 회사에 계속된다고 보게 된다.

제8절 | 부정당제재에 대한 구제

1. 취소심판

행정청의 위법 또는 부당한 처분을 취소 또는 변경하려는 경우에는 행정심판법에 따라 취소심판을 청구할 수 있다. 부정당제재처분에 대한 취소심판은 행정소송의 필요적 전치절차가 아니므로 이를 거치지 않고서도 취소소송의 제기가 가능하다. 그러나 취소심판은 행정내부절차로서의 본질적 한계에도 불구하고, 소송보다 비용면에서 저렴한데다 제재처분의 취소재결이 있는 경우 행정청이 이에 불복할 수 없고 그 효과가 바로 확정되기 때문에 경우에 따라서는 소송보다 신속한 분쟁해결방법이 될 수 있다는 데 의의가 있다.

2. 취소소송

부정당제재도 행정처분이므로 위법 또는 부당한 제재에 대해서는 당연히 법원에 취소소송을 제기할 수 있다. 그러나 부정당제재는 그 기간이 수개월에 불과한 경우가 많아 집행정지 없이 취소소송의 제기전 또는 소송의 계속 중 기간이 경과한 때에는 법률상 이익의 흠결로 인해 소는 언제나 각하될 것인지 문제된다. 즉 처분 자체에 효력기간이 정해져 있다면 기간의 경과 후에는 특별한 사정이 없는 한 처분의 취소를 구할 법률상의 이익이 없는 것으로 보게 되는데 부정당제재에 따르는 부수적 불이익의 존재가 특별한 사정에 해당하는지 여부이다.

판례는 행정명령에 불과한 회계예규에서 부정당업자로서 제재를 받은 후 1년이 경과하기 전에는 연대보증인이 될 수 없다거나 선금 지급을 받을 수 없도록 한 것 등은 사실상·경제상의 불이익에 불과하므로 이를 이유로 기간이 경과한 부정당제재를 취소할 법률상 이익이 없다고 보고 있다.[76] 또한 판례[77]는 영업정지처분을 받게 되면 행정규칙인 적격심사기준상 추후 계약에서 신인도평가의 감점을 받게 된다는 사정만으로는 이의 취소를 구할 법률상 이익이 인정되지 않는다고 하고 있는바, 부정당제재에서도 마찬가지로 제재기간 종료 후 일정기간 동안 적격심사에서 감점을 받는다는 사정만으로는 법률상 이익을 인정할 수 없다고 할 것이다.

한편 부정당제재처분의 시기부터 제재기간 종료일 이후 6월이 경과하는 날까지의 기간 중 당해 업자에게 다시 제재사유가 발생한 경우에는 제재기간을 가중하여 처분할 수 있는데 이러한 가중제재의 위험성을 이유로 기간이 종료한 부정당제재의 취소청구에 법률상 이익을 인정할 수 있을지 문제된다. 판례[78]는 제재적 처분의 가중사유에 관한 규정이 법령이 아니라 규칙의 형식으로 되어 있다고 하더라도 그 규칙이 법령에 근거를 두고 있는 이상 담당공무원은 이를 준수할 의무가 있으므로 규칙에 정해진 바에 따라 행정작용을 할 것이 당연히 예견되고, 그 결과 행정작용의 상대방인 국민으로서는 그 규칙의 영향을 받을 수밖에 없으므로 선행처분의 취소소송을 통하여 그 불이익을 제거할 현실적 필요성이 인정되고 결국 법률상 이익도 인정될 수 있다고 한다. 생각건대 가중사유를 정하고 있는 것이 법령이든 행정규칙이든 관계공무원을 구속함에는 차이가 없고 이로써 상대방이 받는 불이익은 구체적·현실적이므로 이의 취소를 구할 법

76) 대법원 1995.7.14. 선고 95누4087 판결. 다만 현재는 부정당제재를 받은 업체의 연대보증인 자격제한을 국가계약법 시행규칙 66조 제1항, 지방계약법 시행규칙 제64조 제1항이 직접 규정하고 있으나 그 제한은 부정당제재 기간으로 한정하고 있다.

77) 대법원 1999.2.23. 선고 98두14471 판결.

78) 대법원 2006.6.22. 선고 2003두1684 판결.

률상 이익을 인정할 필요성이 있다고 할 것이다. 다만, 국가계약법 시행규칙 제76조 제2항 등은 가중제재에 대한 재량을 부여하고 있는데 불과하고 가중하여 제재하도록 관계공무원을 구속하는 것이 아니어서 이것만으로는 가중제재를 받을 위험이 구체적·현실적인 것이라고 보기 힘들다고 판단된다. 따라서 제재처분의 기준 등에 대한 당해 관서의 행정규칙까지를 종합적으로 고려하여 가중제재의 위험이 구체적·현실적이라고 인정되는 예외적인 경우에 한하여 법률상 이익을 인정할 것이다. 예외적으로 법률상 이익이 인정되는 경우라도 제재기간의 종료일로부터 6월이 경과하면 더 이상 이를 이유로 한 가중제재는 불가능해지므로 법률상 이익은 소멸한다.

3. 집행정지신청

행정처분은 불복절차의 제기에도 불구하고 정지되지 않는 것이 원칙이다. 따라서 취소심판이나 취소소송을 막론하고 부정당제재처분에 대하여 집행정지결정을 받지 않는 이상 제재기간은 그대로 진행하게 되고 그 기간 중에 입찰참가자격이 제한을 받음은 물론 제재기간이 경과되면 경우에 따라서는 앞서 설명한 법률상 이익의 부존재로 소송이 각하될 위험에 놓이게 된다. 따라서 부정당제재에 대하여 불복하고자 하는 경우 우선적으로[79] 집행정지결정을 받아야 이후 처분의 당부에 관하여 충분한 여유를 가지고 불복절차를 진행할 수 있다. 적법한 집행정지신청이 되기 위해서는 부정당제재처분에 대한 취소소송이 계속 중이어야 함은 여타의 경우와 마찬가지이다.

집행정지가 인정되기 위하여는 회복하기 어려운 손해가 발생할 위험이 높아 행정처분의 집행을 정지할 긴급한 필요성이 인정되어야

79) 다만 집행정지는 취소심판이나 취소소송이 적법하게 계속 중일 것을 요건으로 하므로 최소한 이러한 불복방법과 동시에 제기되어야 한다.

한다. 대체적으로 판례는 부정당제재처분에 대한 집행정지신청에서 이러한 요건을 폭넓게 인정하고 있는 편이다.

집행정지결정의 효력은 결정의 주문에서 정해진 시기까지 존속하는데 주문에서는 계속중인 취소소송의 판결선고시 또는 판결확정시까지로 정하여 결정한다. 판결선고시로 정해진 경우에는 본안소송의 판결선고에 의하여 당해 정지결정의 효력은 소멸하고 제재처분의 효력이 다시 진행되게 된다. 따라서 상소 등을 제기하는 경우에는 다시 집행정지결정을 받아야 한다.

집행이 정지되면 부정당제재가 없었던 것과 법률상 효과에 있어 동일하므로 집행정지의 효력이 소멸되기 전에는 입찰절차에 참가할 수 있고 낙찰받은 경우 계약의 체결도 가능하다. 계약의 체결 이후 부정당제재처분에 대한 취소청구가 기각되고 이로 인해 집행정지의 효력이 소멸되더라도 이미 체결된 계약의 효력에는 영향을 미치지 않게 된다.

〈집행정지신청서 예시〉

효력정지신청

신 청 인 ○○산업 주식회사
서울 강남구 도곡동 ××
대표이사 △△△
소송대리인 변호사 ○○○

피신청인 ○○청장
서울 영등포구 여의도동 ××

신 청 취 지

피신청인이 2010.10.18. 신청인에 대하여 한 6개월간의 입찰참가자격 제한처분은 신청인과 피신청인 사이의 귀원 2010구합××××호 입찰참가자격

제한처분취소청구사건의 판결 확정시까지 그 효력을 정지한다
라는 결정을 구합니다.

신 청 원 인

1. 신청인은 전기설비제품을 제조납품하는 회사입니다.
2. 피신청인은 신청인이 적격심사시 허위서류를 제출하였다는 이유로 신청인에 대하여 2010.10. 18. 6개월간 입찰참가자격을 제한하는 처분을 하였습니다. 그러나 신청인은 적격심사시 허위서류를 제출한 바가 없으므로 처분은 위법합니다.
3. 신청인은 주로 국가기관 및 지방자치단체 등에 납품을 하는 업체로서 6개월간 입찰에 참가하지 못할 경우 회사가 도산할 위험에 처하게 되므로 효력정지의 필요성이 절박합니다.
4. 이상의 이유로 효력정지결정을 구하는 바입니다.

소 명 방 법

1. 소갑 제1호증　　처분서
1. 소갑 제2호증　　보고서

첨 부 서 류

1. 위 소명방법　　각 1통
2. 위임장　　1통
3. 법인등기부등본　　1통
4. 신청서 부본　　1통

2010. 10. 19.
신청인의 대리인
변호사 ○○○

서울행정법원 귀중

〈집행정지 결정문 예시〉

서울행정법원
제 ○ 부
결 정

사 건 2010아××××
신 청 인 ○○산업 주식회사
서울 강남구 도곡동 ××
대표이사 △△△
소송대리인 변호사 ○○○
피신청인 ○○청장
서울 영등포구 여의도동 ××

주 문

피신청인이 2010.10.18. 신청인에 대하여 한 6개월간의 입찰참가자격제한처분은 위 당사자 사이의 이 법원 2010구합××××호 입찰참가자격제한처분 취소사건의 판결 선고시까지 그 효력을 정지한다.

신 청 취 지

피신청인이 2010.10.18. 신청인에 대하여 한 6개월간의 입찰참가자격제한처분은 신청인과 피신청인 사이의 이 법원 2010구합××××호 입찰참가자격제한처분취소청구사건의 판결 확정시까지 그 효력을 정지한다.

이 유

신청인 제출의 소명자료에 의하면, 위 입찰참가자격제한처분의 집행으로 신청인에게 회복하기 어려운 손해를 예방하기 위하여 긴급한 필요가 있다고 인정되고, 달리 집행정지로 인하여 공공복리에 중대한 영향을 미칠 우려가 있는 때에 해당한다고 인정할 자료도 없으므로 주문과 같이 결정한다.

2010.10.28.
재판장 판사 ○○○
판사 ○○○
판사 ○○○

| 찾아보기 |

ㅂ

ㅅ

ㅇ

ㅈ

ㅊ

ㅌ

ㅍ

ㅎ

| 저자약력 |

강 성 용

부산 사직고등학교 졸업
연세대학교 법학과 졸업
연세대학교 법과대학원 졸업(상법)
사법연수원 수료
국방부 검찰단 검찰1과장
춘천지방법원 민사조정위원
인제지부 국가배상심의위원장
(現) 방위사업청 내자법무담당

강 선 일

대구 경상고등학교 졸업
경북대학교 법과대학 졸업
경북대학교 법과대학원 졸업(법학석사)
공인노무사 시험 합격
노무법인 창조컨설팅 노사전략팀
(現) 노무법인 혜안 대표
(現) 네이버 지식IN 전문상담 공인노무사

이 장 준

광주 금호고등학교 졸업
연세대학교 법학과 졸업
서울대 환경대학원 수료
사법연수원 수료
광주지부 국가배상심의위원장
육군 보통검찰부 수석 검찰관
육군 제2군단 법무참모
(現) 방위사업청 송무계획법무관

성 주 목

휘문고등학교 졸업
연세대학교 법학과 졸업
사법연수원 수료
육군 제3재판부 군판사
국방부 법무관리관실 인권정책 및 침해구제담당
(現) 육군 제2재판부 부장군판사

강 석 민

창원고등학교 졸업
경희대학교 법학과 졸업
경희대학교 법과대학원 수료(전자상거래)
사법연수원 수료
육군 제2재판부 군판사
대통령소속 군의문사진상규명위원회 법무팀장
(現) 육군 제2군단 법무참모

정 재 진

대구 경상고등학교 졸업
경북대학교 법과대학 졸업
사법연수원 수료
육군 제3재판부 군판사
국방부 법무관리관실 국회담당
국방부 특별배상심의위원회 위원
제2작전사령부 법무과장
(現) 육군 제3재판부 국선변호부장

기업법무 매뉴얼 시리즈 3

국가계약의 주요 쟁점

2011년 1월 5일 초판 인쇄
2011년 1월 10일 초판 발행

저 자 강성용 · 이장준 · 강석민
강선일 · 성주목 · 정재진
발행인 이 방 원
발행처 세창출판사
서울 서대문구 냉천동 182 냉천빌딩 4층
전화 723-8660 팩스 720-4579
e-mail: sc1992@empal.com
http://www.sechangpub.co.kr
신고번호 제300-1990-63호

잘못 만들어진 책은 바꾸어 드립니다. **정가 24,000원**

ISBN 978-89-8411-324-4 93360